DECIDE
P. Mercedes

¿Estás luchando con tus fuerzas, sin ver resultados?
¿Tus hijos, tu hogar, tu matrimonio, tus finanzas se te
escapan de las manos como la arena del mar?
Mujer, hoy te digo, **decide***...*
Decide *pararte firme en la brecha,*
decide pelear esta batalla de rodillas, **decide** *cambiar para*
ver cómo cambia tu entorno. Mujer, hoy te digo, **decide***...*
Decide *ser esa mujer que Dios te llamó a ser.*
Decide *orar fervientemente,*
orar sin cesar hasta que veas los resultados.
Decide *no llorar más por tu pasado.*
Decide *entregarle todo a Dios.*
Decide *entrar en el ejército de Dios, pararte en tu lugar,*
vestirte de la armadura y estar firme.
Hoy te digo, mujer
DECIDE
¡Vístete de la armadura de Dios y pelea!

La oración ferviente de una mujer, una mujer decidida a pelear por los suyos; una mujer cansada de luchar con sus fuerzas. El poder de una mujer decidida a cambiar.

Y todo lo que hagáis, hacedlo de corazón, como para
el Señor y no para los hombres (Colosenses 3:23).

Decide
P. Yolanda

¡Decide, mujer!
Vivir responsablemente
Como mujer sabia,
Sin indiferencias con la Palabra de Dios,
Con discernimiento para reconocer lo que
El Espíritu Santo quiere que hagamos,
Vestidas con sus armaduras de poder
Para vencer en el nombre de Jesús, amén.

Nuestra responsabilidad como mujeres decididas en Dios es vivir estos principios y luego enseñarlos a otras.
¡DECIDE!

Cuando una mujer se decide

P. Mercedes

Este libro es un poco diferente de los que quizás estás acostumbrada leer, ya que vas a encontrar un doble texto de todo. Verás dos dedicatorias, dos prefacios, dos introducciones, etc. Pero no te asustes, el Espíritu Santo arrestó a dos mujeres para caminar juntas en esta jornada, y luego añadió a una tercera mujer, la cual Dios estuvo preparando un día antes, entregándole la palabra profética de que escribiría en un libro de sus vivencias pastorales.

Todas nosotras sabemos que este libro será de bendición para tu vida.

> *Y si alguno prevaleciere contra uno, dos le resistirán; y cordón de tres dobleces no se rompe pronto* (Eclesiastés 4:12).

CUANDO UNA MUJER SE DECIDE
P. Yolanda

Cuando una mujer se decide lleva una agenda, y dentro de esa agenda se refleja el uso del tiempo; mas la Palabra vivida nos lleva en avances.

Oh Jehová, tú me has examinado y conocido. Tú has conocido mi sentarme y mi levantarme; has entendido desde lejos mis pensamientos; has escudriñado mi andar y mi reposo, y todos mis caminos te son conocidos (Salmo 139:1-3).

Decide reservar tu cita diaria con Dios, pues esa relación renovará tu espíritu.

Decide reflejar amor sin fingimientos, verdadero, y dile al Señor: eres tú quien me enseñas, te amo, eres mi todo.

Decide llevar una vida de oración.

Decide llevar la responsabilidad, coteja tu agenda, cómo es que andan tus negocios y los negocios del Reino de Dios, y fíjate si están en caminos rectos, con métodos rectos, como conviene a quienes temen a Dios.

Y todo lo que hagáis, hacedlo de corazón, como para el Señor y no para los hombres (Colosenses 3:23).

¡CUANDO UNA MUJER SE DECIDE CONQUISTA!

LAS PÁGINAS DEL CORAZÓN EN METAMORFOSIS

P. Yolanda

¡El resultado increíble de un gusano llamado oruga que se transforma en mariposa!

Pensaríamos que fuesen dos seres distintos; la oruga, o larva, se alimenta y cambia de exoesqueleto en cada muda, hasta que tiene lugar la metamorfosis. Pero en un momento la oruga deja de alimentarse por sí misma, tal vez sintiendo que le llegó su fin y busca un sitio adecuado para transformarse en mariposa. ¿Cuánto tiempo pasa para que una oruga se convierte en mariposa? Durante muchos días, en las fases de su vida, ella pasa el tiempo comiendo y creciendo. Se va comiendo la misma hoja en la que se paraba, tardándose hasta acabarla toda.

Me llama la atención y te pregunto: ¿Te sientes como una oruga? Tal vez sea un sí, pero tranquila, observa la naturaleza de la que formas parte y sabrás que cualquier final no es más que un nuevo principio, pasando las páginas tu corazón en metamorfosis.

Toma estos hábitos de oruga y permite que crezcan tus alas, para que suceda lo que ha de suceder. Recuerda, si estás luchando con tus fuerzas, arrastrándote como la oruga sin ver resultados; tus hijos, tu hogar, tu matrimonio, tus finanzas, se te escapan por las manos como la arena del mar. Mujer, hoy te digo DECIDE, decide devorar la Palabra de Dios hasta saciarte. Ora, y en todo tiempo que puedes mucho mejor; encuéntrate con Su hermosa presencia, y vuela.

Entender esto requiere fe, creer en lo que Dios dice aunque no lo veamos o lo sintamos; y ya que vas pasando las páginas de tu corazón, abre tus oídos para oír y tus ojos para ver las maravillas de lo que eres en Dios. Para reflexionar, te invito a leer el libro de la pastora Mercedes Pérez *Metamorfosis*, que también da muchos consejos, dónde la bendición de Jehová es la que enriquece y no añade tristeza con ella (Proverbios 10:22). ¡Se lo recomiendo! Ser una mujer transformada por Dios.

> *Fueron halladas tus palabras, y yo las comí; y tu palabra me fue por gozo y por alegría de mi corazón; porque tu nombre se invocó sobre mí, oh Jehová Dios de los ejércitos* (Jeremías 15:16).

CUANDO UNA MUJER *Se Decide*

21 DÍAS DE AYUNO
40 PIEDRAS LISAS PARA LA BATALLA

Mercedes Pérez • Yolanda Ortiz Modesti
Idsia Murga Díaz *(Vivencias Pastorales)*

Cuando una mujer se decide
© 2021 Mercedes Pérez. Yolanda Ortiz Modesti.
Reservado todos los derechos. Con la colaboración de Idsia Murga Díaz / *Vivencias pastorales*.

No se autoriza la reproducción de este libro
ni partes de este en forma alguna, ni tampoco que sea archivado
en un sistema de almacenamiento de información o transmitido
por algún medio (electrónico, mecánico, fotocopia, grabación u otro)
sin permiso previo y por escrito de los autores y editores.

Publicado por:
Christian Editing Publishing House
Miami, Florida
ChristianEditing.com

Cubierta y diseño interior: Adilson Proc
Ilustraciones de portada: José Meléndez
Fotos: Stephanie Juri

Todas las referencias bíblicas fueron tomadas de la Biblia Reina-Valera, revisión de 1960, a menos que se indique otra fuente.

ISBN 978-0-9980394-8-0
Categoría: Vida cristiana.

Dedicatorias

Primeramente, le doy gracias a mi Dios Padre, Hijo y Espíritu Santo, mi fortaleza, mi roca, mi salvador, mi consolador, al que me llamó HIJA. Aquel que en todo momento de mi vida me guarda.

Dedico este libro a mis tres hijos y a mi nieto (mis ojitos bellos), y a mi bebé Destiny, mi otra hija (Dios te entregó a mí en el momento que más lo necesite); gracias le doy a Dios y veremos las oraciones cumplidas de una madre decidida.

Y a mi esposo, el pastor Félix Pérez, por estar a mi lado en todos los proyectos que Dios pone en mis manos.

Mercedes Pérez

Agradezco en primer lugar al Autor de mi vida, pues somos la obra maestra de Dios, quien nos amó tanto que entregó a su único Hijo a morir para darnos el perdón de pecados y salvación en Él; siendo resucitado al tercer día y levantado nos dejó a su Espíritu Santo divino, nuestro guía y consolador, que está en control de nuestras vidas y nuestras familias, y que espera hagamos las cosas buenas que preparó para nosotros desde tiempo atrás en obediencia a Él.

También dedico este libro a quienes me motivan a modelar, primeramente, desde mi hogar. A mi esposo y pastor Carlos Ortiz Modesti; muchas gracias, mi amor, por tu apoyo para que yo avance en el Reino de nuestro Dios y alcance victorias; gracias por tu oración cada día para mí, por las palabras de un esposo incondicional sin limitarte en nada, sin condiciones y por pastorearme. ¡Un abrazo, te amo!

A mis tres hijos, Carlos Ortiz Jr, Noirene Y. Ortiz y Elvis X. Ortiz. Sin pasar por alto a Luz Elvira Peña, una hija especial que el cielo me ha colocado en el camino.

A mis hijas espirituales en Iglesia Mishkan, Lugar de Adoración las Guerreras que Conquistan Ungidas.

También a mi madre María Soto Lebrón y a Papito Gelo, en fin, a toda mi familia, y a la familia de mi esposo Ortiz Modesti.

Como diría mi suegro Carlos Ortiz Rivera, ¡somos una familia grande! Un abrazo para todos, los amo y estoy agradecida y bendecida por tener una familia tan especial.

Hoy le doy gracias a Dios por confiarme esta tarea juntamente con mis hermanas en la fe; desde el principio hasta el final de estos escritos, continúo dándole gracias al Todopoderoso, a Jehová de los Ejércitos, a Él sea la gloria y la exaltación por todos los siglos.

Padre, lleva este libro a tus lugares altos y bendícelo más; te lo pido en el nombre de Jesús, Amén.

Yolanda Ortiz Modesti

Presentaciones

La vida se compone de decisiones, algunas muy complejas y otras simples. Cada una de ellas nos permite afrontar las situaciones que se nos presentan, sean estas recurrentes o no. Desde que nos levantamos hasta que nos acostamos estamos tomando decisiones; algunas buenas, otras no tanto. Por eso es sumamente importante estar llenas del Espíritu Santo, quien nos guía, habilita, empodera, capacita y nos permite, tomadas de su mano, vencer.

La primera decisión que debes tomar es leer este libro; te aseguro te bendecirá. Podrás encontrar aquí herramientas que facilitarán tu vida y te ayudarán a escoger el mejor camino posible en tu situación. No importa el rumbo que tu vida lleve ahora mismo, tienes el poder de cambiarlo de trayectoria con una decisión. Alguien está esperando que tú te decidas, para decidirse. Ten confianza. Tu decisión te va a encaminar hacia el cumplimiento del propósito de Dios en tu vida.

Apóstol Wanda Rolón
Fundadora del Movimiento Apostólico de Restauración
y del Tabernáculo de Alabanza y
Restauración La Senda Antigua.
Presidenta del CTNi.

CUANDO UNA MUJER Se Decide

Tan solo escucha los sonidos de los lápices dejándonos sus trazos en páginas. ¿Qué será? Es nada más y nada menos que el corazón de tres damas que, con discernimiento del Espíritu Santo, escucharon la voz de Dios, y hoy les ha nacido un *bebé* (libro). A medida que los escuches, verás la plasmación de sus pulsos, tomadas de la mano de Dios, dando a luz para este tiempo, con una unción profética para contar las buenas noticias de Jesús.

Tú que lees, cuando el mismo Espíritu Santo te unge, es para ser el vocero de su Palabra hoy. ¡No calles! Te animo a leer este libro, tomándote un espacio, un tiempo en la Palabra de Dios, en oración, y puedas recibir lo que el Señor tiene preparado para ti a través de los testimonios, experiencias vividas en esta jornada de ayunos, oración, vigilias y reflexiones en la Palabra; igualmente quede plasmado en tu corazón, tanto que tomes la decisión de levantarte a responder al llamado de Dios para ti. ¡Cada llamado y palabra que viene de Dios es para que cada persona tome sus promesas y viva agradecidamente!

Te preguntarás, ¿de quién en realidad es este *bebé-libro*? Les diré una historia bíblica; en una ocasión el rey Salomón, hombre sabio, le llevaron un niño vivo y el otro muerto, donde ambas madres afirmaban con sus palabras que el niño vivo es el mío y el muerto es el de ella. El rey entonces dijo: Ésta afirma: Mi hijo es el que vive y tu hijo es el que ha muerto; la otra dice: No, el tuyo es el muerto y mi hijo es el que vive. Y añadió el rey: Traedme una espada. Y trajeron al rey una espada. Enseguida el rey dijo: Partid en dos al niño vivo, y dad la mitad a la una y la otra mitad a la otra. Entonces la mujer de quien era el hijo vivo habló al rey (porque sus entrañas se le conmovieron por su hijo), y le dijo: ¡Ah, señor mío! Dad a ésta el niño vivo, y no lo matéis. Ni a mí ni a ti; ¡partidlo!, dijo la otra. Entonces el rey respondió: Entregad a aquélla el niño vivo, y no lo matéis; ella es su madre. Todo Israel oyó aquel juicio que había pronunciado el rey, y temieron al rey, pues vieron que Dios le había dado sabiduría para juzgar (1 Reyes 3:16-28).

Dios está buscando gente que no manipulen, ni maten el propósito que Él tiene para sus vidas y que lo dejen vivir para su cumplimiento. Le servimos a un Dios vivo, que es omnipotente, omnisciente y omnipresente, es ese ser que tiene un poder ilimitado, es el que tiene todo el conocimiento del mundo, de toda la ciencia, que sabe todo, y es el ser que está presente en todas partes, en todos los lugares, de manera simultánea, y estas características sólo pueden pertenecer a nuestro Dios. Y nos dice: *Porque yo sé muy bien los planes que tengo para ustedes, planes de bienestar y no de calamidad, a fin de darles un futuro y una esperanza.*

Hoy este libro es uno que le plació al Señor y está vivo, veamos el corazón pastoral de quienes Dios mismo ha hecho la mezcla, dándole colores coordinados como uno de sus recursos tanto para aquí como para las naciones. Creo fielmente en el llamado que Dios le ha hecho a cada una de las autoras y dónde están siendo posicionadas, con manos en la obra del Reino de Dios y obteniendo victorias.

Veo el crecimiento de la pastora Idsia Murga Díaz; les puedo decir que de niña la conocí cuando jugaba con mi esposa, también a sus hermanos. Veo cómo ha seguido el ejemplo de sus padres, los pastores Murga, que siempre dieron testimonio de sabiduría y obediencia al llamado de Dios y dónde todas las familias fuimos muy bendecidas en aquella temporada; aunque han pasado los años, el testimonio sigue hablando. Te bendigo, sigue obediente al Señor y a su Palabra.

También creo fielmente en el llamado que Dios le ha hecho a la pastora Mercedes Pérez, una mujer que nos abraza con gran testimonio, haciéndonos parte de su familia, respondiendo igualmente la mía con todo el respeto en amor, ya que han sido muy especiales para cada uno de nosotros en el hogar. Siga obedeciendo lo que Dios le envíe, porque la recompensa de que viene, ¡viene! En el nombre de Jesús.

Y a quien ha apresado mi corazón, tienes una fragancia especial y es hermosa amada mía, la esposa que Dios me ha dado y me hace feliz. Mi ayuda idónea, Yolanda Ortiz Modesti. Reconozco que ha sido una mujer sabia, edificadora, emprendedora, madre, consejera, escritora, mujer de fe; sigue obedeciendo al llamado que Dios te ha hecho en obediencia a Él. Doy testimonio que la pastora Yolanda es una mujer ejemplar y ungida. Sigue dando lugar a que el llamado de Dios continué en cumplimiento en tu vida, te bendigo.

¿De quién es este *bebe-libro*? No te preocupes, experimenta cada vivencia y deléitate tú también; se lo recomiendo, hazlo tuyo también porque ya lo hice mío, para deleitarnos en aquel que es nuestro Padre. Porque de su plenitud recibimos todo para su gloria. Porque de Él, por Él y para Él son todas las cosas. Este es para la gloria de Dios. A Él sea la gloria para siempre. Amén.

Dr. Carlos Ortiz Modesti
Pastor principal de la Iglesia Wesleyan Mishkan,
Lugar de Adoración, Lebanon, TN.

Como pastor y fundador de la Iglesia MICAR y *MICAR Christian University*, quiero felicitar a mi esposa la pastora Mercedes Pérez y una de las autoras de esta piedra poderosa (este gran libro). Al igual felicito a las pastoras Yolanda Ortiz de Modesti e Idsia Murga Díaz por este gran proyecto.

Un día me levanté temprano en la mañana y vi a mi esposa en el suelo de nuestra oficina, adorando humillada ante el Padre; cerré la puerta, y cuando salió de esa intimidad le pregunté si se podía saber el misterio profético que tenía. Mi esposa me cuenta que Dios le dio una orden del cielo para muchas mujeres a las naciones, que serán bendecidas. Le pregunté qué es; me contestó: "Dios me entrega la asignación de escribir un libro para impactar naciones". Yo me quedé asombrado, porque esa mañana me levanté de un sueño viendo a mi esposa escribiendo un libro, y Dios me sorprende todos los días. Mujer, hombre que estás ahí, todavía Dios no ha terminado con su asignación, con su sueño.

Por eso le doy las gracias al Señor por mujeres de oración, conectadas al Padre en obediencia en todo lo que Él le envía. Por eso tenemos que ser sal en la tierra y luz en medio de las tinieblas.

A través de este libro habrá mujeres que le serán destapados los códigos del reino a su favor.

Sé que este libro será un instrumento maravilloso para que vuelvas a retomar las piedras que se te han caído. Puedes preguntar, ¿cuáles son esas piedras? Pueden ser tu matrimonio, hijos, finanzas, empresas, ministerio, etc.

Felicito a mi esposa por su gran esfuerzo, mi mujer maravilla, una mujer de oración. Y a cada una de las ministros.

Recuerda, mujer, que tú también te puedes levantar. Jesús dijo en una ocasión que los enviaba de dos en dos. Tengo la certeza de que mujeres unidas, paradas en la brecha, harán un *tsunami* profético aquí en la tierra.

Retoma tus piedras, Dios te las entrega hoy. No las dejes en el suelo. Mujeres de autoridad, mujeres de cambio, mujeres emprendedoras y mujeres que darán a luz a muchas hijas espirituales a las naciones.

Mujer que lees este libro, tú serás la próxima en escribir un libro, en levantar un ministerio, en levantar a otras mujeres.

Declaro se levantan ministerios apostólicos, pastorales, evangelísticos, proféticos; maestros y misioneros liberados para conquistar. Declaro finanzas y salud para seguir emprendiendo, en el nombre de Jesús. Dios te pondrá el querer como el hacer.

No puedo cerrar estas líneas sin darle las gracias a nuestra apóstol y madre espiritual Wanda Rolón por sus oraciones, por su apoyo a este proyecto y muchos más. Que Dios la bendiga y guarde siempre. Para nosotros es un honor ser parte del Movimiento Apostólico de Restauración La Senda Antigua.

Ama, porque el amor es la llave de la vida; cree, porque la fe es la llave de la esperanza. Sonríe, porque la sonrisa es la llave de la amistad, y siempre confía en Dios, Él es la llave de la eternidad. Mujer, ¡Decide!

Dr. Félix M. Pérez
Iglesia MICAR.
MICAR Christian University.
Kissimmee, Florida.

ÍNDICE

Prefacio I / 23
Prefacio II / 27
Introducción I / 33
Introducción II / 35
Vigilia. Oración. Biblia / 41

7 DÍAS DE AYUNO
El Espíritu Santo me arrestó / 45
Rompecabezas / 47

21 DÍAS DE AYUNO / 51

EXPERIENCIAS DE NUESTRAS VIGILIAS
Vigilia de la primera semana / 103
Vigilia de la segunda semana / 105
Vigilia de la tercera y última semana / 109

RECIBIENDO MIS GALONES
Cuarenta piedras lisas / 117

VIVENCIAS PASTORALES / 277

RECETAS VALIOSAS
Declaraciones de bienestar para tu vida / 377
Palabras finales / 381

Prefacio I

La palabra *decidir* significa formar un juicio definitivo sobre un asunto dudoso; hacer que una persona tome una decisión; hacer que un asunto tome un determinado rumbo o camino; tomar una decisión sobre una cosa. *Determinar, lanzarse, resolver.*

Puedo mencionarte muchas mujeres de la Biblia que decidieron levantarse, tomar su lugar y pelear por los suyos. Podemos ver a Ester, una joven huérfana en tierra extraña que estuvo dispuesta a esconder su identidad judía en una convocatoria por lograr la preferencia de un rey pagano. Ester parecía dispuesta a hacer concesiones morales al dormir con el rey, y luego tomar parte en una boda que necesariamente le exigiría rendir homenaje a dioses extraños. Aun así, demostró gran valor en medio de una crisis. Antes de arriesgar su vida por su pueblo, se humilló y ayunó; luego puso su enorme belleza, sus modales y su sabiduría al servicio del plan de Dios. Y cuando tomó la decisión de pararse a orar y ayunar por su pueblo, ella pudo ver que el luto se convertía en celebración, una vez que los judíos fueron librados de sus enemigos.

Te puedo hablar de Rispa, la concubina de Saúl, que era la madre de Armoní y Mefiboset. Aunque se trataba de una mujer con muy pocos derechos y escaso poder, demostró tener gran valor y lealtad luego de la muerte de sus hijos. No permitió que ningún animal se comiera los cuerpos de sus hijos; ella decidió parase en la brecha y pelear por justicia, y al decidirse pudo ver que los cuerpos de sus hijos finalmente fueran enterrados de manera honorable (2 Samuel 21:8-14).

O una Ruth, una mujer generosa, leal y llena de amor, que era fuerte y serena, capaz de asumir riesgos inusuales y de participar activamente en las circunstancias de la vida. Decidió seguir a Noemí, su suegra, cuando le dijo: *"No me ruegues que te deje, y me aparte de ti; porque a dondequiera que tu fueres, iré yo, y dondequiera que vivieres, viviré. Tu pueblo será mi pueblo y tu Dios será mi Dios"* (Ruth 1:16). Cuando ella tomó la decisión, pudo descubrir de primera mano la naturaleza generosa, leal y tierna de Dios, dado que le proveyó un marido, un hijo y un hogar al que podía considerar propio.

Todas estas mujeres mencionadas solo son algunas que nos dan ejemplo de lo que puede suceder en nuestras vidas cuando decidimos pararnos en la brecha orando, ayunando y leyendo la palabra de Dios. Entregándole a Dios nuestra vida, nuestros planes, entregando todo. Pero en este libro le hablaré de mi propia experiencia en medio de una pandemia mundial; el Señor me arrestó para escribir este libro. Quiero aclarar, no es que no oraba, o ayunaba, o leía la Palabra, es que Dios tenía y quería algo más para mí. ¡Qué lindo saber que Dios tiene cosas más allá de las que uno se puede imaginar! Isaías 55:8,9 dice: *"Porque mis pensamientos no son vuestros pensamientos, ni vuestros caminos mis caminos, dijo Jehová. Como son más altos los cielos que la tierra, así son mis caminos más altos que vuestros caminos, y mis pensamientos más que vuestros pensamientos".*

Lo que comenzó como un diario (*journal*) de oración personal, se ha convertido en este libro que tienes en tus manos. Pues yo, luego de haber comenzado el ayuno parcial de 21 días, me senté en la computadora y comencé a escribir un diario, algo que pensaba compartir con un grupo pequeño de mujeres. Pero como dije anteriormente, los planes de Dios son más grandes. Pues le comenté a la pastora Yolanda lo que estaba haciendo y recuerdo que dentro de mí entendí por el Espíritu *escriban juntas*, pero no dije nada, me quedé con eso en mi mente, pudiendo discernir que Dios me estaba hablando.

Como Dios es Dios y no se equivoca, al siguiente día la pastora me dice sobre la experiencia que tuvo cuando terminamos la llamada por video, y fue que vio claramente la imagen del texto (*journal*) que escribía y era un libro en nuestras manos. Enseguida le comuniqué lo que el Espíritu Santo me ministró en tan solo segundos el día anterior; y me dice, "¿por qué no escribimos juntas las experiencias de lo que Dios está haciendo?" … WOW, no tengo más que decir. Me quedé en shock, y claro está acepté el llamado de Dios y el reto. Dios mismo fue quien lo ha conectado para su propósito y aquí nos encontramos ambas exponiendo las experiencias de nuestros días de ayuno y más.

En los siguientes párrafos encontrarás mi historia, mi experiencia con Dios cuando yo DECIDÍ.

En este libro te dejaremos un diario de 21 días de oración, ayuno y devocionales que nos ayudaron y que creemos te va a ayudar a ti también.

P. Mercedes

Prefacio II

¡Dar buen fruto es parte del plan de Dios para tu vida! En pausar, levantarte, repetir, cambiar la voz. *Selah* es una palabra hebrea que se usa frecuentemente en los Salmos, y es un concepto muchas veces difícil de traducir. Es probable que sea un signo litúrgico musical o una instrucción en la lectura del texto, algo así como *deténgase* y *escuche*.

Según se dice, esta palabra se añadía al texto para indicar que en ese momento los músicos debían subir las manos de sus instrumentos y dejar de tocar. En comparación con esta interpretación de soltar los instrumentos, ¡qué hermoso sería este tiempo día y noche de levantar las manos de cualquier instrumento, cántico, prédica, y todo en nuestras vidas, para que la gloria de Jehová sea la que ministre nuestro ser!

Sé que siempre encontramos ese tiempo día y noche, relacionándonos con Él, pero en nuestro anhelo debe estar un quiero más. Dice la palabra en 2 Crónicas 5:11-14:

> *Y cuando los sacerdotes salieron del santuario (porque todos los sacerdotes que se hallaron habían sido santificados, y no guardaban sus turnos; y los levitas cantores, todos los de Asaf, los de Hemán y los de Jedutún, juntamente con sus hijos y sus hermanos, vestidos de lino fino,*

> *estaban con címbalos y salterios y arpas al oriente del altar; y con ellos ciento veinte sacerdotes que tocaban trompetas), cuando sonaban, pues, las trompetas, y cantaban todos a una, para alabar y dar gracias a Jehová, y a medida que alzaban la voz con trompetas y címbalos y otros instrumentos de música, y alababan a Jehová, diciendo: Porque él es bueno, porque su misericordia es para siempre; entonces la casa se llenó de una nube, la casa de Jehová. Y no podían los sacerdotes estar allí para ministrar, por causa de la nube; porque la gloria de Jehová había llenado la casa De Dios.*

Creo fielmente que cuando tú te decides a pausar, meditar en la palabra del Señor, escuchándole obedientemente, separándote para Él en oración, ayunos y vigilias como su instrumento en adoración, verás la gloria de Dios sobre tu vida.

A *Selah*, yo la llamo "la silenciosa", y al momento que la veo resalta en mi espíritu, siento que algo se desprende y la veo visible, aunque solo esté a un lado de la Escritura.

Te invito que cada vez que la veas, te detengas y medites. Estoy segura de que Dios quiere mostrarte algo que no has conocido todavía, ya que muchas victorias que hoy contamos de ellas llevan ese silencio a nuestro lado, *Selah*.

Les compartiré uno de ellos donde apareció este silencio en mi vida. Después que el Señor me llevó a celebrar el congreso dirigido a las damas en el año de la Visión 2020 Mujer, junto a muchas damas y pastoras amigas de diferentes lugares, tuve una experiencia súper maravillosa; lo que Dios hizo fue al doble, ya que ahí una de las victorias que Dios me regaló fue mi primer libro en el ministerio, para bendecir a cada vida inspirándoles a que luchen por sus sueños y conquisten (si lo desean, lo pueden obtener y les será de mucha bendición, de nombre *Reinas guerreras mujeres ungidas*, y que te invita a estar en la presencia de nuestro Dios).

Hoy le doy la gloria a Dios, primeramente, por bendecirnos tanto ese día especial. Y como dije, al doble, ya que ese día fue maravilloso lo que nuestro Dios hizo, pues mi cuñada Amy pudo lanzar también su primer libro de poemas para levantar el espíritu reflexionando en la Palabra de Dios, titulado *Mujer de Dios en el tiempo de Dios*, por Amanda Lebrón, el cual también te lo recomiendo.

Hago hincapié en lo que allí sucedió puesto que la victoria de ella fue nuestra victoria; fue en uno de los congresos de damas en el 2019 donde Dios le entregó una palabra profética a través de los labios de la pastora Mercedes Pérez, al respecto de que ella no era para estar en la esquina y que yo personalmente no la dejara quedarse allí, y desde entonces comenzamos a orar para definir qué más deseaba Dios para ella. Estuvimos en busca, ya que ella era muy activa en la congregación tanto en la alabanza como maestra y muchas cosas más, por la cual la llamé "la multiusos".

Pero, en una reunión compartiendo un té para damas, el Espíritu Santo me dirigió a orar, e intercediendo por ella es allí donde me da esa palabra en oración de que Dios le entregará el libro de sus sueños; en su testimonio, ella nos da a conocer que desde la edad de 14 años es escritora de poemas y su anhelo era escribir su propio libro. Llegó el momento de Dios para su vida, y aunque tenía el mío en manos, me esperé y celebramos juntas esta bendición, ¡y su victoria fue nuestra victoria!

Hoy la pastora Mercedes Pérez y yo damos fe de lo glorioso que fue ese momento, de lo doble de Dios en nuestras vidas.

Mas a Dios gracias, el cual nos lleva siempre en triunfo en Cristo Jesús, y por medio de nosotros manifiesta en todo lugar el olor de su conocimiento (2 Corintios 2:14). Y hoy este libro no será la excepción; honro la vida de la pastora Mercedes Pérez, la amiga que el cielo me ha regalado; ella es la mujer de Proverbios 31, mujer sabia y virtuosa, te invito a conocerla y a descubrir los tesoros en ella.

Les comparto que después de un día de ayuno con un grupo de mujeres ministros del Señor, le pegué una llamada a la pastora y el Espíritu Santo la arrestó, y debido a circunstancias difíciles en aquel momento nos ministró, dirigiéndonos a unos siete días de ayunos.

Recibiendo esta invitación la pastora, en nuestro ayuno y siguiendo las instrucciones del Padre comenzó a llevar sus propios devocionales, los cuales hoy se han convertido en las páginas de este hermoso libro, tan importante para cada una de nosotras, y aunque ella inspirada comenzó, el Rey también nos mandó a llamar a ser parte de su plan perfecto, participando de este viaje con Jesús y sus promesas.

Es mi gozo ver y experimentar que en estas etapas desde un día de ayuno y oración vemos cómo a Dios le place alcanzar a personas para su plan divino. Y muy luego de los siete, al entrar a los veintiunos, más adelante entramos en unos cuarenta. Les estaremos compartiendo qué sucedió allí, ya que fue como un largo viaje de vivencias en la presencia de nuestro Dios.

Pero no todo quedó allí, veremos que cuando una mujer se decide conquista grandes montañas. En esta última sección, ahí es donde fue arrestada la pastora Idsia Murga Díaz, mi amiga desde la infancia, mi hermanita, a compartir su vivencia pastoral, tomando sus cuarenta piedras lisas y dónde también fue movida por una palabra profética a escribir en un libro las vivencias pastorales.

Podemos ver que Dios tiene planes con nosotros que no imaginamos. Antes bien, como está escrito: *Cosas que ojo no vio, ni oído oyó, ni han subido en corazón de hombre, son las que Dios ha preparado para los que le aman* (1 Corintios 2:9).

¡Siento cómo Dios me ha bendecido tanto y tanto que esta vez me permite celebrar no al doble, sino que al triple!

> *Y si alguno prevaleciere contra uno, dos estarán contra él; y cordón de tres dobleces no presto se rompe* (Eclesiastés 4:12).

Ese cordón hoy lo veo en nuestras vidas, que incluyen nuestras familias, el ministerio que Dios nos ha llamado a cumplir en nombre de Jesús, y nuestro Dios que es el centro. Mientras el enemigo va en contra de la unidad, Dios sigue complaciendo a los suyos para su gloria, amén.

P. Yolanda

Introducción I

No puedo comenzar sin antes darle gracias a Dios por darme este día en el cual puedo escribirte a ti mujer, este día donde Dios te dice *¡toma la decisión*!

Le doy gracias a Dios por una mujer poderosa que me ayudó a levantar, una mujer que siempre supe que Dios la iba a usar como pastora de pastoras; una mentora, amiga y compañera de oración. Pastora Yolanda de Ortiz Modesti, gracias porque cuando pensé que no podía más Dios te usó para levantarme; gracias por las oraciones, por cada llamada, por preocuparte cuando yo no tenía fuerzas. Gracias por ser mi amiga; hemos reído, llorado juntas, pero usted será testigo de lo que Dios va a hacer y de las oraciones contestadas.

Recuerdo el primer día que la conocí, recuerdo que nos vimos en un parqueo de un supermercado; mi esposo la llamó para entregarle algo.

Luego el pastor Carlos Modesti predicó en la iglesia y usted ahí a su lado. De ahí comenzó una linda amistad entre los cuatro, porque al igual que usted ha sido una gran amiga para mí, sé que el pastor Carlos Modesti es un gran amigo para mi esposo.

Nunca lo había dicho, pero la admiro como mujer, madre, esposa y sierva de Dios. Siempre escuchaba sus consejos, me daba cuenta de que eres una mujer que observa todo, una mujer de oración, una mujer de ejemplo.

Pido a Dios que te bendiga siempre.

Dando vueltas en el vehículo sin rumbo ninguno, lágrimas corriendo por su rostro, buscando respuestas y dirección.

Un día esa era yo. Desesperada, a llantos, cuestionando el porqué de tantas cosas, con sentidos de culpabilidad, corajes y tristeza.

Peleando con mis fuerzas, luchando y tratando de llevar la paz, pero no tenía resultados.

Cansada del camino, cansada de los manipuleos, cansada de las mentiras, cansada de la batalla mental que llevaba día a día.

Recuerdo que era sábado; ese día Dios usó a una mujer, una mujer sabia, que me llama en esos momentos y me dice: "no enganches, voy a llamar a otra pastora y vamos a orar por ti"; luego de haber llamado a esa pastora que oró, y les digo que Dios la uso, me habló claro… no lo puedo negar me dio duro. Tuve que reconocer mis errores, pedir perdón, y ahí fue el momento donde decidí…

Decidí no pelear con mis fuerzas, decidí entregarle a Dios todo: mis hijos, mi casa, mi esposo, el ministerio; le digo que muchos dirán *ay, pero ¿tú no eres pastora? ¿No eres ministro? Ay, pero cómo va a ser*. Pues sí, te digo sí, y solo sabrá Dios cuantas más hay en la misma o peor condición en la cual yo me encontraba; pero sabes que solo hace falta una mujer decidida a cambiar, una mujer decidida a permitirle a Dios obrar para ver cambios.

¡Día a día vístete de la armadura de Dios y mantente firme!

P. Mercedes

Introducción II

Quiero familiarizarte con el contenido de este libro, basada en mí experiencia, abriendo mi boca para que puedas escuchar lo que hubo en mis pensamientos y en mi corazón. Todo comenzó cuando, a pesar de lo glorioso que Dios estaba haciendo, entregándome victorias, en mi pensar estuvo bajar el lápiz, permitiendo una barrera, sin darme cuenta de que Dios quería un sí... *sigue escribiendo*.

No lo entendí en el momento, y como les mencioné antes sobre el *selah*, tuve que detenerme y comencé a crear una atmósfera de alabanzas y adoración, diciéndole al Señor que tomara el control de mis pensamientos; como dice la Escritura, pues aunque andamos en la carne, no militamos conforme a la carne; igualmente derribando argumentos que se levanten en contra del conocimiento de Cristo y llevando todo pensamiento cautivo a su obediencia (2 Corintios 10:3 y 5).

En esa alabanza que aparentemente encontré, fue ella la que me encontró a mí, ya que estoy más que segura que Dios mismo un día inspiró por su Espíritu Santo a la persona que la escribió envuelta en su presencia, cantándola; les confieso que yo he sido una de esas personas ministradas y encontré perdón de Dios por haber pensado de esa manera, aunque fue pasajero, pero entiendo que a Dios no se le pone peros.

En ese momento en su primera estrofa, al escucharla, le cantaba al Señor. ¿Cómo se podría escalar sin fuerzas? Ya casi me veía rindiéndome sin fuerzas, envolviéndome en ese cántico, tanto así que en mi interior sentía que era precisamente lo que yo quería escuchar. Pero a la segunda estrofa continuaba diciendo PERO; tú hablaste, yo caminé y me dijiste que yo llegaré, y aunque vea lo contrario yo venceré. Y es cuando el Espíritu Santo me toma, ministrándome a tener un cambio de voz. Nuestro enemigo siempre quiere que veamos las montañas de nuestras situaciones bien altas e imposible de escalar, pero cuando vamos a la presencia de Dios, en su Palabra encontramos la promesa de nuestro Dios que nos deja ver bien claro que nosotros somos más que vencedores por medio de nuestro Dios Padre, en el nombre de Jesús, que vino a darnos esa victoria. ¡Así que escucha, camina y vence!

Fui ministrada y el Espíritu Santo me trajo a la memoria el ayuno parcial según la experiencia de Daniel, el cual lo había practicado antes y me pregunté qué voy a hacer en este ayuno, y claramente pude ver la palabra *instrucciones*; también en su divina conexión primeramente en preparación me llevó a un ayuno absoluto, donde mujeres poderosas en Dios ministraron la palabra de poder, la cual cobra vida en nuestro espíritu. Yo sabía lo que Dios me había pedido y no podía perder la perspectiva de la mismo dentro de ese día de ayuno, y el mismo Espíritu Santo, por medio de los labios de una de aquellas ministros del Señor, hace mención que cuando Dios le pidió en su situación un día de ayuno, luego la llevó a siete días y más adelante a veintiún días con él ayuno de Daniel.

Sensiblemente, con el discernimiento de Espíritu, tomé esas palabras con sentido de pertenencia, y después de aquel día me uní a la pastora Mercedes Pérez a luchar por su situación, que ameritaba una intervención divina allí. Esos siete días rugimos en la presencia de nuestro Dios como nunca, y como les dije antes, fue arrestada a los veintiún días de ayuno, conforme al propósito de Dios para nuestras vidas, y todo fue marchando, cuando me indicó otros cuarenta días de tomar nuestras piedras lisas en ayuno y oración guiadas por el Espíritu Santo por medio de su palabra de poder.

Siempre debemos pedirle a Dios que nos haga sensibles al estruendo de su voz, a su silbo apacible y a sus cuerdas de amor. Todos estos días hemos tenido una gran fiesta en la presencia de Dios. *Dichosos los que tienen hambre y sed de justicia, porque serán saciados* (Mateo 5:6). ¿Tienes hambre de Él y quieres separarte en presentar tu cuerpo en ayuno y oración en su completa adoración? Prepárate para recibir de eso estoy segura, ya que tendrás un festín en su presencia y su Palabra.

Jesús nos dio el ejemplo de ayunar; antes de ir a la cruz pasó cuarenta días y noches ayunando y orando (Mateo 4:1-11). Claro está, sí deseas pasar unos días de ayuno y oración como lo hizo Jesús, sin comida ni bebidas, o como lo hizo Daniel en su ayuno parcial por veintiún días, dejando las comidas que tanto disfrutas como un acto de adoración y consagración, pasándolo con frutas, verduras, nueces, semillas, legumbres, entre otros, debe ser guiado por Dios mismo que lo revele en su Palabra, porque primeramente éste debe ser con un propósito y un orden, debe haber una preparación espiritual y físicamente para lo que vas a emprender, aun debieras si es posible consultar con tu doctor si traes algún impedimento sobre tu salud, entendiendo que Dios estará en control absoluto, y el separarse ciertamente te trae una recompensa, el Señor bendecirá tus esfuerzos.

Muy importante tener un propósito para el cual estarás separada. Realiza un plan de lectura bíblica; mi recomendación, lee Isaías 58 y pasajes sobre el ayuno, ora para que sea Dios alineado a tu vida y pídele sabiduría con lo que quieres para tu vida, lleva un diario para que así compartas con otras personas lo maravilloso que es y encuéntrate con la palabra de Dios y vívela.

También puedes separarte en lo secreto, como puedes hacerlo en grupos, o pedirles a personas maduras, algún líder o ministro del Señor, incluso a tus pastores que te cubran con sus oraciones durante este tiempo, porque será una clave, también como fuente de aliento para ti siempre y cuando sea necesario y así Dios lo permita.

En los alimentos siempre prepárate, fijándote en lo que sí puedes comer y no en lo que no se puede. Antes debes orientarte; lo primordial es enfocarte en el propósito, ya que es la manera que lograrás el objetivo para tu vida. Hay muchas recetas que a través de la pirámide alimenticia puedes variar y preparar varias porciones para que las puedas comer; igualmente te recomiendo un libro de recetas vegetarianas que incluyan cada porción, sino las puedes añadir o quitar de cualquier otra, pero sin desenfocarte, pidiéndole a Dios que te fortalezca y te ayude hasta lograr a lo que te ha llamado durante estos ayunos espirituales, que son completamente diferentes a algún ayuno natural; sigue los pasos para tener éxito, haz un compromiso, preparate espiritual y físicamente, no olvidando la disciplina que conlleva todo esto para el éxito. Yo estoy plenamente convencida que este fue un llamado soberano de parte De Dios para mi vida y yo lo grabé en mi corazón, y lo comparto para el tuyo, que a través del ayuno y la oración se acelera el cumplimiento de la Gran Comisión, donde podemos llevar las buenas nuevas de salvación a aquellos que todavía no han conocido a Jesús, llenos de su presencia. Donde también tú puedas decir como él profeta Isaías 61:1-3:

> *El Espíritu de Jehová el Señor está sobre mí, porque me ungió Jehová; me ha enviado a predicar buenas nuevas a los abatidos, a vendar a los quebrantados de corazón, a publicar libertad a los cautivos, y a los presos apertura de la cárcel; a proclamar el año de la buena voluntad de Jehová, y el día de venganza del Dios nuestro; a consolar a todos los enlutados; a ordenar que a los afligidos de Sion y cada nación se les dé gloria en lugar de ceniza, óleo de gozo en lugar de luto, manto de alegría en lugar del espíritu angustiado; llamándoles árboles de justicia, plantío de Jehová, para gloria suya.*

Y como nos enseña Jesús en Juan 10:10: *El ladrón no viene sino para hurtar y matar y destruir*; pero Él ha venido para que tengan vida, y para que la tengan en abundancia. Y en Juan 3:16,17: *para que todo aquel que en él cree, no se pierda, mas tenga vida eterna. Porque no envió Dios a su Hijo al mundo para condenar al mundo, sino para que el mundo sea salvo por él.*

Este es el plan de salvación, en el cual yo me gozo.

Si tú que me lees y tienes a Jesús, llévalo a todas partes; y si no lo tienes, yo te invito a que lo recibas en tu vida y tendrás un cambio como nunca, gozando de su presencia en todo. De ser así, haz esta oración: *Padre celestial, sé que he pecado contra ti, te pido perdón; sé que mis pecados me separan de ti. Creo en tu Hijo Jesucristo, que murió por mis pecados y fue levantado de los muertos, que vive y oye mi oración; te invito Jesús a ser mi salvador y el Señor de mi vida, a gobernar y reinar en mi corazón desde este día en adelante; de igual manera dame las fuerzas para yo separarme para ti.* ¡Felicidades!, ésta es la mejor decisión; ahora busca un lugar dónde congregarte con más hermanos en la fe y que sea Dios guiándote donde lo debes hacer.

Dios está buscando una mujer que se decida; creo que es un buen momento para tus mejores experiencias.

Y todo esto comenzó en un día de ayuno. ¿Qué vas a hacer? ¡Decídete es ahora!

P. Yolanda

Vigilia. Oración. Biblia

Vigilia. Es la acción de estar despierto o en vela. Según el diccionario, viene del latín *vigilia*. El concepto de vigilia también es frecuente en el ámbito de la religión. Se utiliza para nombrar a la víspera de una festividad, o al oficio que se reza en la víspera de algunas festividades. Los romanos dividían la noche en cuatro vigilias, que generalmente estaban numeradas (Mt 14:25; Mc 6:48; 13:35; Lc 12:38). La primera vigilia (tarde), de las 18 horas a las 21; la segunda (medianoche), de las 21 a las 24; la tercera (el canto del gallo), de cero a tres horas; la cuarta (la mañana), de 3 a 6. Las partes en que se dividían las 12 horas de la noche; los judíos las dividían en tres partes, en tanto que los romanos tenían cuatro vigilias (Mar 6:48).

Oración. Conjunto de enunciados con que el creyente se dirige a Dios, a una divinidad, a un santo, etc., especialmente la que tiene una forma fija y establecida.

Una oración es una unidad sintáctica de sentido completo. Una oración es un sintagma caracterizado por expresar algún tipo de predicación y que consta de un sujeto y un predicado cuyo núcleo es siempre un verbo flexionado. Conforme a la iglesia católica, la oración es un diálogo entre Dios y los hombres. El hombre ha sido creado para glorificar a Dios; a través de la oración se le da gloria, de lo cual el ser humano se beneficia espiritualmente, recibiendo el amor del Padre por la comunión con

Jesucristo a través del Espíritu Santo. La Oración Modelo que Jesús nos dejó se encuentra en dos de los evangelios, específicamente en Mateo 6:9-13 y Lucas 11:2-4. Ahí podemos ver que Jesús usó esa oración como ejemplo para enseñar a sus discípulos cómo orar.

Biblia. Este término procede de la palabra griega βιβλίον (*biblía*, "libros"), que significa rollo, papiro o libro, y de la expresión griega τὰ βιβλία τὰ αγια (*ta biblía ta hágia*), que significa libros sagrados. La Santa Biblia (*biblia sacra en latín*) es el libro más vendido de todos los tiempos. La visión bíblica de la inspiración se encuentra en 2 Timoteo 3:16,17, que dice: *"Toda la Escritura es inspirada por Dios, y útil para enseñar, para redargüir, para corregir, para instruir en justicia, a fin de que el hombre de Dios sea perfecto, enteramente preparado para toda buena obra"*. La frase "inspirada por Dios" proviene de la palabra griega *theopneustos*, que literalmente significa "Dios sopló".

Decir que la Biblia está inspirada por Dios significa que sus palabras son una extensión de Dios mismo, revelando sus enseñanzas para nuestras vidas hoy. La Biblia es una las herramientas poderosas para nuestras vidas; la Palabra de Dios es un nombre muy apropiado, puesto que la Biblia es el libro donde Dios habla a todas las personas de todos los tiempos. Es un libro como no hay otro, único en su clase. La Biblia sirve para llevarnos a toda verdad, llevándonos a la sabiduría que lleva a la salvación ante la fe de Jesús.

P. Yolanda

7 DÍAS DE AYUNO

El Espíritu Santo me arrestó

Bueno todo comenzó con una llamada, como les dije anteriormente. La pastora Yolanda me llama luego de la oración que hicieron por mí y me dice *no sé, pero si quieres te invito a un ayuno que Dios me dijo que tenía que hacer*; al oír esto, yo sin pensarlo pues estaba en un momento crítico en mi vida, rápido acepte la invitación de la pastora, sin saber que el Espíritu Santo me estaba arrestando para cosas que nunca imaginé.

Acepté y a los dos días comenzamos 7 días de ayuno, oración y devocional intenso. En esos 7 días les tengo que confesar que vi la mano de Dios de una manera sobrenatural sobre mi vida y la de mi familia. Tanto fue que yo deseaba, anhelaba aún más de Él. Durante esos 7 días dos mujeres decididas a pelear, a pararse en la brecha, de madrugada pudimos ver, pudimos palpar las grandezas de Dios.

Al igual sé que Dios hizo algo tan especial aun en nuestra amistad. Pues aun conociendo a la pastora por tantos años nunca hemos compartido tanto como en este tiempo.

7 días de ayuno absoluto en el cual nos levantamos temprano, nos conectamos vía la cámara telefónica y ahí juntas oramos, lloramos, nos reímos, nos gozamos en la presencia de nuestro Rey.

Muchas veces yo oraba y le decía al Señor: "No tengo amigas, mi Dios, qué difícil es confiar en la gente; Señor, si solo tuviera una amiga aquí en la tierra, pues sé que tú eres mi amigo fiel pero muchas veces anhelo tener a esa amiguita con la cual pudiera hablar, llorar, reír". Una amiga que no me juzgara, una amiga leal, una amiga no perfecta, así como yo con imperfecciones, pues el único perfecto en todo el mundo es Dios; pero sí una amiga con la cual poder compartir.

P. Mercedes

Rompecabezas

Queremos dejarles un resumen de estos siete días de nuestro ayuno. Como ya saben, después de aquel día de un día de ayuno que Dios me permite tener junto a unas ministros ungidas, luego me permite entrar junto a la pastora Mercedes Pérez a estos siete días.

Cuántas veces hemos escuchado y participando de un rompecabezas. El rompecabezas es un juego de habilidad y paciencia, que consiste en recomponer una figura o una imagen combinando de manera correcta unas determinadas piezas, en cada una de las cuales hay una parte de dicha figura o imagen; las piezas pueden ser planas y de distintas formas, que dan lugar a una sola imagen, o cubos que permiten crear imágenes distintas. Uno puede ver la vida como un rompecabezas, donde nuestro propósito es descubrir las piezas que con la unión de cada una de sus conexiones se convierten en una vida con propósito, o lamentablemente sin propósito debido que las circunstancias de la vida te hacen sentir que no hay nada que te ayude a superar; como también podemos llegar a pensar que todo lo sabemos y lo tenemos muy bien montado.

Déjame decirte que en la palabra De Dios puedes encontrar afirmación para tu vida, primeramente en Proverbios 3:7,8: *No seas sabio en tu propia opinión; teme a Jehová, y apártate del mal; porque será medicina a tu cuerpo, y refrigerio para tus huesos.* Aquí ya vemos cómo vamos en nuestra construcción, dónde Dios quiere que le entregues todo, para hacerlo mejor todavía. Y es aquí donde nuestro Creador de la vida interviene, dejándonos saber que tu casa está algo de bonita, pero Él te quiere dar las piezas correctas para hacerla mejor.

En estos siete días nos examinamos, nos entregamos a nuestro Dios para que siguiera trabajando en nosotras, reconociendo una vez más que puede ser que uno logre separar todos los bordes lisos y armar el contorno (cuadro de nuestra vida), pero es imposible completar el resto. Veamos cómo una vez más a diario en nuestra vida necesitamos de nuestro Alfarero. Así que hoy también te invito a la Palabra que vino a Jeremías de parte del Señor, diciendo: *Levántate y desciende a la casa del alfarero, y allí te haré oír mis palabras.* (Capítulo 18 del libro de Jeremías). Observa bien en tu imaginación la dinámica, y dice que cuando descendió, el alfarero estaba trabajando en una rueda y la vasija que tenía se echó a perder y volvió hacer otra vasija según le pareció mejor. Ves, así es nuestro Alfarero, que es nuestro ADONAI-El Señor, Mi gran Señor, ELOHIM, el Creador Todopoderoso. Nuestro EL-ROI, el Dios que me ve, EL-SHADDAI, el todo suficiente, siempre está trabajando, no importando cómo nos hayamos acomodados, lo difícil que la pasamos, los golpes duros que nos sentimos solos, donde no quedó remedio de encajar esas piezas, pensando *que mal, así me tocó la vida*; te tenemos noticias. Él sigue trabajando, sólo tenemos que descender a nuestro Alfarero y de nuestras piezas Él las hará conectar a un diseño mejor.

Fue una semana muy linda, donde podemos ver cómo la presencia de Papá Dios nos rejuvenece. Les compartiré que tomamos tiempo para todo, y para esos temitas los cuales son muy necesarios tocar. Uno de ellos fueron *tips* para la belleza de la mujer, aunque cada cual a su gusto, pero yo soy una que digo que hay que aprender de todo un poco, al menos lo necesario, porque cuando yo tenga que comer con las manos comeré con las manos y cuando tenga que comer usando cuchillos y tenedores, comeré con los protocolos, y de ahí tocamos varios temas como lo fue también el aseo personal. La higiene, según el diccionario de la Real Academia Española, es la "parte de la medicina que tiene por objeto la conservación de la salud y la prevención de enfermedades". También se podría definir como la limpieza de uno mismo, para prevenir enfermedades y mantener un buen estado de salud. Mantener buenos hábitos de higiene personal es una de las mejores formas de prevenir enfermedades, evitar transmitirlas y mantener limpio y aseado el cuerpo externo. También discutimos el tema de cómo empacar cuando vamos de viajes, sea para visitar o para recorrer diversos lugares o países, por cualquier medio, por cualquier motivo, sea de misiones o cualquier otro, tocando sobre las cosas básicas que debieran estar en su listado para empaque, como por ejemplo, cepillos de dientes, pasta dental, desodorante, peine y cepillo para cabello, lentes si los ocupas y lentes de sol, pijamas, ropas, electrónicos, etc., y encontramos que es necesario buscar recursos que nos orienten cada vez que viajemos, a menos que ya se convirtió en una experta; mi consejito es siempre infórmate; los recursos de la internet están muy avanzados y les puede ayudar en algo, como ponerse de acuerdo a las fuentes de líneas para su viaje, si éste es el caso, para que cumpla con sus requisitos (pólizas).

Les confieso que fue como un viaje toda esta semana, ya que siempre necesitamos reforzar todas nuestras áreas y orientar a las demás. ¡Fueron unos días gloriosos! Con nuestro EL-ROI, que significa *El Dios que me ve*. Dios conoce todos nuestros pensamientos y sentimientos y tiene el control de todas las cosas. Deja que Él trabaje en todas las áreas de tu vida. Sabes, aunque la vida pueda ser tan misteriosa y complicada como un rompecabezas, puedes llegar a entenderla dando el lugar a Dios y a su Palabra viva que nos transforma. Es nuestra oración que el Señor les rejuvenezca, le enseñe y fortalezca en todo.

P. Yolanda

21 DÍAS DE AYUNO

Día 1

Suena la alarma y yo peleando, pues la carne es traicionera; el espíritu está dispuesto pero esta carne lo que quería era ZZZ... seguir en la cama calientita.

Pero dije: NO, NO, NO, me levanto y voy a vencer.

Gracias a Dios lo logré y me conecté primero con una mujer hermosa de Dios, oramos un ratito y leímos la Palabra.

Luego a las 6 am me tocaba conectarme vía *facetime* con la pastora... y comenzar esta jornada.

Hago una pausa aquí para decirles que ya habíamos hablado de los detalles de estos 21 días de oración, ayuno y devocional. Hablamos de las comidas que no íbamos a comer, de los libros de la Biblia que íbamos a leer y los devocionales. Al final le dejaré una información sobre los ayunos.

Siempre planifique bien y ore a Dios por dirección cuando se decida a entrar en estos ayunos y oraciones, pues te digo que estamos en una GUERRA ESPIRITUAL, la cual vamos a vencer ya Dios no ha entregado la victoria; tenemos que buscar las estrategias para poder llegar a la meta en Él.

Así que el día uno comenzamos orando, clamando, cubriendo, declarando en el nombre de Jesús. Confesando nuestros pecados. Dice 1 Juan 1:9: *Si confesamos nuestros pecados, Dios, que es fiel y justo, nos los perdonará y nos limpiará de toda maldad.*

Reconoce tus pecados, y el pecado del pueblo (tus hijos, esposo/a, familia, etc.),

Nuestro Dios es un Dios santo, y cuando vivimos en una desobediencia deliberada, nuestros pecados nos impiden disfrutar de la dulce comunión con Él.

> **Versículos para estudiar:**
> Salmo 33:18, Salmo 51:2, Proverbios 28:13.

DÍA 1

Al levantarnos en nuestra segunda etapa, en nuestro comienzo de los días de ayunos parciales, presentamos nuestros cuerpos en adoración y volvimos nuestros rostros a Dios el Señor, buscándole en oración y ruego, en ayuno, cilicio y ceniza.

Orando a Dios, haciendo confesión de todos nuestros pecados (sin ningún tabú, humildemente), y sin cesar de orar para que aun que tú, que lees hoy, sea Dios que haga misericordia contigo, así como lo hizo con nuestras vidas y familias, sabiendo que nuestro Dios es digno de ser temido, y guarda el pacto y sus misericordias con los que aman y guardan sus mandamientos. Así nos rendimos a Él.

Daniel capítulo 9 nos registra un fundamento de cómo deberíamos comenzar este ayuno.

Día 2

Hoy sí que me agarró el sueño, pero no me venció, pues a las 4:30 am suena la alarma y yo en mi mente dije *ay, me quedan 15 minutos más*; le doy la vuelta en la cama y 15 minutos se convierten en una hora. Ay, ay, ay, a las 5:30 am suena mi teléfono, era la pastora; me paro como relámpago, sin freno corro al baño, me lavo mi cara, me preparo para comenzar este segundo día.

La carne se quiere levantar, desea comer lo que no debe comer, desea seguir durmiendo, desea no leer, desea no hacer nada.

PEROOOO ya yo tomé la decisión de vencer, ya yo dije no importa lo que esta carne desea, mi espíritu está sediento, anhelo más y más de Dios, adorarle a Él, y acercarme a Él.

Así comenzamos a orar, cubrirnos, cubrir a nuestros hijos y declarar en el nombre de Jesús.

Subiendo al monte Moriah.

Dios le dijo a Abraham que llevara a su hijo amado Isaac a un monte para sacrificarlo como un holocausto.

Cuantas veces Dios nos ha pedido que le entregamos esos Isaac, eso que tenemos como ídolo que ponemos en primer lugar cuando el primer lugar le toca a Dios.

No tengas otros dioses además de mí (Éxodo 20:3).

En este día Dios te dice sube al monte y entrégame todo aquello que está tomando mi lugar.

Orar: *Querido Dios, muéstrame si hay algún "Isaac" en mi vida. Dame la fuerza y el valor para destronar las cosas que he puesto en tu lugar. Tú eres mi Señor. TE SIRVO SOLO A TI.*

> **Versículos para estudiar:**
> Génesis 22:1-18, Éxodo 20:4, Isaías 42:8.

DÍA 2

¡Nuestro Dios es de promesas! Cuando Él nos entrega una promesa que es una bendición, muchas veces somos probados, pero no debemos dejar de confiar en Él; lo que sucede es que cuando Él mismo nos bendice, quiere hacernos entender que por encima de toda bendición que nos entrega aquí en la tierra, Él es sobre todo, sobre nuestro esposo, hijos, familiares, finanzas y lo que sea.

Debes tener muy claro que el amor hacia tu Padre, que es el que te bendice, nunca debe cambiar, ya que sólo Él es la fuente de tu bendición y fuera de Él nadie más. Por tanto, lo que promete lo cumple; igualmente nosotros debemos de tenerle toda la atención, porque Él es nuestro Dios y no tendremos otros dioses (Éxodo 20:3). No dejes que lo que te entregó ocupe lo primero en tu vida. Igualmente sacrifica de lo que de su mano nos entrega las veces que te lo pida, porque nosotros no tuviéramos nada si no es por Él, y para Él, para el uso de su Reino. La Biblia nos registra sobre sacrificar aún de lo más preciado, viendo el resultado de la provisión de nuestro Dios de promesas (Génesis 22:1-18).

Día 3

El tercer día escuchaba que era uno de los más fuertes, de los más difíciles.

Les cuento que a las 4:30 am cuando sonó mi alarma abrí mis ojos y sentí un dolor de cabeza que me latía desde el cuello hasta los ojos; la luz me molestaba, todo movimiento me incomodaba. Pero di la vuelta y de una me quedé dormida.

Pero no, el enemigo no obtuvo ventaja, pues aunque tarde me levanté, hice mi oración y devoción a Dios este día, para declarar victoria sobre mi familia y sobre los míos.

En este día Jesús nos pregunta: *¿Qué quieres que haga por ti? Te digo, en esos momentos pensé: Señor, por favor, quítame este dolor.*

Como dijo la pastora Yolanda en su devocional del segundo día, le servimos al Dios de promesas, Él cumplirá todas sus promesas, pues la palabra de Dios nos dice que *"Dios no es hombre, para que mienta, ni hijo de hombre para que se arrepienta"* (Números 23:19).

Así que si Él me dice que le pida y me pregunta qué quiero que haga por mí, es porque cuando yo pido conforme a su voluntad. Él cumplirá su Palabra.

Veamos en la historia del ciego Bartimeo en el libro de Marcos 10:46-52, a este hombre con una necesidad crítica en su vida. Pero sabía que si clamaba en alta voz, Jesús lo iba escuchar. Bartimeo confiaba en Jesús como el Sanador, aunque nunca lo había visto.

Hoy te digo, confía, Jesús te pregunta: *¿qué quieres que haga por ti?* Así como este hombre recibió la vista al solo clamar y creer, hoy clama, levanta tu voz y cree que Dios lo va a hacer.

Gracias a Dios mi dolor de cabeza menguó y pude seguir este día con las fuerzas que Él me da.

Recibe tu sanidad.

DÍA 3

¡Cuán glorioso es el nombre de Jesús! En nuestro tercer día volvimos a reflexionar, a escoger vivir y seguir a Jesús. Lo podemos conocer, y lo más hermoso que podemos tener es su favor y lo que hizo para darnos Salvación; es incomparable, Él pagó todo, y como dice ese dicho popular en un recibo: Pecados, pagado. Vergüenza, pagada. Dolor, pagado. Errores pasados, pagados. Rechazo, soledad, confusión, pagados. Esclavitud del pecado, pagado. Muerte espiritual, pagada. Total de tu deuda, pagado. *Porque de tal manera amó Dios al mundo, que ha dado a su Hijo unigénito, para que todo aquel que en él cree, no se pierda, mas tenga vida eterna* (Juan 3:16). Podemos tener muchos bienes en esta vida, pero no hagas tesoros en ellas; nuestro tesoro debe ser en el cielo, donde la polilla ni el orín corrompen (Lucas 12:32-34).

Mas la dádiva de Dios es vida (Romanos 6:23); agradece su perdón, porque es digno de alabanza su misericordia infinita y su amor eterno.

DÍA 4

Este día sí logré levantarme, aún con rasgos del dolor de cabeza, pero mucho mejor. En este día ya el cuerpo se va acostumbrando a los cambios de alimento y se va sintiendo mucho mejor.

Gracias le doy a Dios por las fuerzas que nos da para seguir, pues hemos entendido que el ayuno lo hacemos como una forma de adorar a Dios. Siempre lo pienso así: esto lo hago para adorar a mi Dios.

Es tiempo de conocer a Dios, Él es la fuente de agua viva.

A través de un estudio de los vasos de honra y vasos de deshonra, pudimos ver que había diferentes tipos de vasos que se usaban para diversas razones, unos para dar agua en las casas, otros en el camino, otros eran puesto en un lugar especial para ser usado en ocasiones especiales, otros un poco desgastados ya no lo usaban para agua sino para granos; también había los vasos quebrantados. Les contaré que ese vaso me llamó la atención pues son vasos de honra que eran llevados al templo con sus ofrendas, pero luego lo llevaban a la casa del alfarero para ser renovados, y es ahí donde pasaban un proceso de restauración.

Primero el alfarero lo vaciaba; lo vaciaba de todo sedimento, o sustancia. NO PUEDE QUEDAR NADA DEL PASADO; es necesario ser vaciados de lo viejo poder llenarse de Dios.

Luego eran lijados, para sacar todas las impurezas por fuera y por dentro, con lijas ASPERAS y CEPILLOS DUROS (Este es el proceso de la humillación).

Dios nos limpia del orgullo; necesitamos la humillación para poder volver a ser lo que éramos un día. Entonces va la reconstrucción. Vasos sin orejas y con bocas rotas, Dios les forma orejas y bocas nuevas. Mezclando sangre de sanguijuela con barro para que pegue bien, el alfarero comienzo el proceso de reconstrucción (1 Juan 2:9).

Y al final son puestos en el fuego. Una gran humillación, una gran prueba para ver si el trabajo de restauración es duradero. Isaías 43:2,3: *Cuando pases por el fuego, no te quemarás, ni la llama arderá en ti.*

Puedo decir que yo me entraba como ese vaso quebrantado. Pero gracias a Dios por llevarme y limpiarme, lijarme (aunque duele, es muy necesario) y luego reconstruirme. Pido a Dios por todos esos vasos que se encuentran de una manera u otra quebrantados; sabes que todavía hay esperanza.

Vemos que los vasos eran usados para dar agua que saciaba una sed terrenal, pero hay uno que te da de beber agua viva. Juan 7:37,38 dice: *Si alguno tiene sed, venga a mí y beba. El que cree en mí, como dice la Escritura, de su interior brotaran ríos de agua viva.*

Te invito a tomar de Él; no te vas a arrepentir nunca porque Él te promete que va a saciar tu sed.

> **Versículos para estudiar:**
> 2 Timoteo 2:20-22; Juan 7:37-39; Jeremías 2:13; Romanos 9:23; Hechos 9:1-19.

Día 4

Sólo líquidos. Este día cuatro uno de nuestros manuales nos hace la invitación a través de la Palabra, cuando Jesús dijo: *Si alguno tiene sed, venga a mí y beba. El que cree en mí, como dice la Escritura, de su interior brotaran ríos de agua viva* (Juan 7:37,38).

Fue un día y la noche hasta el otro día, con sólo líquidos. Meditando acerca del agua, se diría que es el elemento más importante para la vida. Es de importancia vital para el ser humano, así como para el resto de los animales y seres vivos que nos acompañan en el planeta Tierra. Así como necesitamos tomar la cantidad correcta y necesaria para nuestras vidas, también debemos tener en cuenta nuestra fuente de agua viva, Jesús. Oramos los unos a los otros y meditamos en la palabra de Dios, que ha sido nuestro enfoque día a día. Vemos a través de la Palabra a una mujer samaritana, con la que Jesús instaló una plática con ella, llevándole a su verdad. Diciendo, *cualquiera que bebiere de esta agua, volverá a tener sed; mas el que bebiere del agua que yo le daré, no tendrá sed jamás; sino que el agua que yo le daré será en él una fuente de agua que salte para vida eterna* (Libro de Juan, Cap. 4). Es ahí que no importando cual sea la necesidad en nuestras vidas, somos saciados por nuestro amado Padre Celestial, quien nos creó con propósito, el cual se cumplirá en nuestras vidas. Amén.

DÍA 5

Buscar tiempo con Dios. Debemos tener el corazón dispuesto; reconocer que Dios es el aliento de nuestra vida. Pedirle a Dios sabiduría.

En este día Dios nos dice que es tiempo de llevar cautivo todos nuestros pensamientos. Cuando un pensamiento de temor llega a nuestra mente, tomamos esa mentira, vamos a la Palabra, encontramos la promesa y luego declaramos la verdad.

Cuando el enemigo nos dice que no somos buenos o que estamos derrotados, tomamos esa mentira, vamos a la Palabra, encontramos la promesa y luego declaramos la verdad.

Cuando todas las circunstancias que nos rodean gritan derrota y fracaso, tomamos esa mentira, vamos a la Palabra, encontramos la promesa y luego declaramos la verdad.

La verdad de Dios. Declara toda la verdad de Dios y verás cómo tus pensamientos se alinean y se va toda mentira de Satanás.

Me gusta esta prosa popular que dice:

Cuida tus pensamientos, porque se volverán palabras.

Cuida tus palabras, porque se volverán acciones.

Cuida tus acciones, porque se harán costumbre.

Cuida tus costumbres, porque forjarán tu carácter.

Cuida tu carácter, porque formará tu destino.

¡Qué importante es cuidar nuestros pensamientos!

> **Versículos para estudiar:**
> 2 Corintios 10:4,5; Filipenses 4:8.

DÍA 5

¡Somos la creación de Dios! ¡Él es nuestro aliento de vida!

El día anterior meditamos sobre nuestra fuente de agua que da vida, porque nuestras almas también necesitan hidratación; igualmente hoy podemos meditar que también si vivimos necesitamos de su aliento de vida. Vemos en la Escritura que *"Jehová Dios formó al hombre del polvo de la tierra, y sopló en su nariz aliento de vida, y fue el hombre un ser viviente"* (Génesis 2:7). El Creador Supremo del cielo y de la tierra, nuestro Padre, hizo dos cosas al crear al hombre. Primero, lo formó del mismo polvo de la tierra y, en segundo lugar, sopló su propio aliento en la nariz de Adán. Esto distinguió al hombre de todas las otras criaturas de Dios, y así forma a su Eva, y aquí estamos de generación en generación.

Es un día de reflexionar una vez más Efesios 2:5, *aun estando nosotros muertos en pecados, nos dio vida juntamente con Cristo (por gracia sois salvos), y juntamente con él nos resucitó, y asimismo nos hizo sentar en los lugares celestiales con Cristo Jesús, para mostrar en los siglos venideros las abundantes riquezas de su gracia en su bondad para con nosotros en Cristo Jesús*. No cabe ninguna duda, después de recibirle, que nuestro soplo de vida cada día nos fortalece en su poder. Y reconocemos que *por su gracia somos salvos por medio de la fe; y esto no de nosotros, pues es don de Dios* (Efesios 2:8). Él es nuestro aliento de vida. Vivir sin Jesús en el corazón es estar muertos en delitos y pecados, así que, recuerda, Él pagó la deuda y en Él estamos seguros.

DÍA 6

Un día sumamente fuerte, pues al despertar recibí las noticias de que una de las hijas de la casa falleció; una mujer que les digo fue de gran impacto para mi vida.

Tomo este día para hablar un poco de ella, pues era una mujer en silla de rueda, le faltaban sus dos piernas de la rodilla hacia abajo, dos veces a la semana le hacían diálisis pues sus riñones dejaron de funcionar. Pero nunca escuché a esa mujer quejarse, siempre con una sonrisa, siempre abrazando a la gente; recuerdo las veces que me decía: "pastora, si yo tuviera mis piernas yo fuera tu asistente; yo estuviera ahí para ayudarte en todo". Pero hoy digo, Suhail, mejor conocida como Suki, descansa en paz, estás en un mejor lugar.

Este día nuestro devocional, oración y clamores fue en la noche, pues cada día es algo diferente. Luego de un día fuerte pude llegar a casa y descansar en las manos de Dios, entregarle todo mi dolor, todas mis cargas.

Un día en el cual hablamos de la compasión. Cómo tener compasión con los demás. ¡Wow, Dios es tan perfecto, Dios de voluntad buena, perfecta y agradable! Tus pensamientos oh Dios son más altos que los míos. Gloria a ti mi Rey.

> **Versículos para estudiar:**
> Salmo 145:8, 116:5; 2 Corintios 1:3; Colosenses 3:12; 1 Pedro 3:8.

DÍA 6

Vehemencia día y noche. Así fue en este día, de voces y gritos clamando, pidiendo, deseando con toda pasión una vez más a nuestro Padre que está en el cielo a que venga su Reino y se haga su voluntad en la tierra como en el cielo, dándonos el pan nuestro de cada día (Salmo 23). Es lo que a diario necesitamos. Aquí en nuestras oraciones, mi amado esposo Carlos Ortiz Modesti, el cual es mi pastor, ese día en que él elevó la oración familiar y oró personalmente por mí, dirigió estas palabras:

> *Padre, en el nombre de Jesús tu hijo amado, te presento los planes de Yolanda, que sean prosperados según tu voluntad, y bendícela; gracias, Espíritu Santo, sigue dirigiéndola, amén.*

Estoy convencida de que esa oración fue dirigida por el Espíritu Santo de Dios, y pertenecía a este proyecto, que ya Dios había predestinado en mi vida, a nuevamente escribir un libro, el cual me sorprendió en gran manera. Realmente hoy puedo testificar una vez más cuán asombrosas son sus obras. ¡Aleluya! Cuando tengas peticiones, clama a Dios, que Él te escucha y te hará entender el camino en que debes andar; sobre ti fijará sus ojos, diciéndote, *te haré entender* (Salmos 32:8)

Es maravilloso dar lugar a que la voluntad de nuestro Dios sea en nuestras vidas, con toda vehemencia y pasión, día y noche.

DÍA 7

Este domingo, ya una semana ha pasado, ¡y qué semana!; no hay palabras para expresar las experiencias que he vivido en esta solo la primera semana, y lo que falta.

En este, día antes del servicio de nuestra iglesia, sacamos el tiempo temprano para buscar el rostro de nuestro Dios una vez más.

Le puedo decir que me he sentido fortalecida, gracias a Dios, pues hasta aquí nos ha traído, y vamos por más.

Filipenses 1:6 dice: *"Estoy convencido de esto, el que comenzó tan buena obra en ustedes la ira perfeccionando hasta el día de Cristo Jesús"*. Qué lindo saber que Dios va a terminar lo que ha comenzado en nosotras.

Solo tenemos que ser fuerte y valiente, no tener miedo ni desanimarnos. Pues el Señor está con nosotras donde quiera que vayamos. Estas palabras las hago mía, pues he tenido que ser fuerte y valiente cuando tomé la decisión de levantarme y aceptar este ayuno, no tan solo eso, tomar también el reto de escribir este libro, el cual tomó mucho de mí, pues yo había soltado el bolígrafo y no pensaba seguir escribiendo, pero entiendo ahora más que nunca que lo que Dios dice sobre tu vida se va a cumplir sí o sí… No hay de otra.

Así que hoy te invito a que tomes este reto; ora a Dios para que puedas logar tus 21 días.

Versículos para estudiar:
Josué 1:7,8.

DÍA 7

¡Estamos ocupadas en una gran obra! Ya han pasado los días y llegamos a nuestra segunda semana de nuestro ayuno parcial, en el lugar adecuado, separado este devocional en la presencia de Papá.

Como Nehemías, Dios nos llamó a hacer algo de una manera diferente, con el propósito de seguir restaurando vidas.

¿Cómo me ha ido hasta aquí? Ésta sería la pregunta, y la respuesta es la siguiente: Todo lo puedo en Cristo que me fortalece. Si has sentido el llamado a separarte también, lo puedes lograr si te lo propones en el nombre de Jesús, e igual que nosotras ocuparte en una gran obra. Hoy seguimos con nuestro día de oración, reflexión y de tomar un espacio para seguir escribiendo.

Te alabaré, oh Jehová, con todo mi corazón; contaré todas tus maravillas. Me alegraré y me regocijaré en ti; cantaré a tu nombre, oh Altísimo (Salmo 9:1,2).

Día 8

Hoy sí me pude despertar sin dar vueltas o apagar la alarma cada minuto.

Mientras la pastora Yolanda y mi persona oramos y hacíamos nuestro devocional, me llegaba a la mente una canción que recuerdo la cantaba hace muchos años que en una estrofa dice del libro de Salmos 73:25: *"y fuera de ti nada deseo, a quien tengo yo en lo cielos si no a ti, y fuera de ti nada deseo, mi anhelo es siempre estar junto a ti"*.

¡Qué lindo cuando separas tiempo para Dios y lo que tú anhelas es estar a su lado junto a Él!

El salmista dice en Salmos 42:2: *"Mi alma tiene sed de Dios, del Dios viviente; ¿cuándo vendré y me presentaré delante de Dios?"*.

Sabes, mujer, lo único que necesitas es anhelar estar en su presencia; te aseguro que Él te espera con los brazos abiertos. Aun en tu aflicción corre a Él. Hoy Él te abraza.

> **Versículos para estudiar:**
> Salmos 42:2; Salmos 63:1; Salmos 143:6.

Día 8

¡En el momento de aflicción confía en un Dios todopoderoso! Si te encuentras atravesando un momento difícil en tu vida que todavía no puedes comprender muchas cosas, silencio. Hay luchas y preguntas; ¿por qué me pasa esto a mí? Te puedo decir que al orar y leer la Palabra, creyendo en fe, encontrarás noticias para ti, solo tienes que confiar. El Señor siempre está obrando en medio de cada circunstancia; Él hace un llamado a su presencia, y en su presencia nos guarda, cuida y hace de nosotros una obra especial jamás antes vista. ¿Estás preparada? Amar a Dios y obedecerlo es lo mejor que me puede suceder. Romanos 8:28: *Y sabemos que a los que aman a Dios, todas las cosas les ayudan a bien, esto es, a los que conforme a su propósito son llamados. Porque a los que antes conoció, también los predestinó para que fuesen hechos conformes a la imagen de su Hijo, para que él sea el primogénito entre muchos hermanos. Y a los que predestinó, a éstos también llamó; y a los que llamó, a éstos también justificó; y a los que justificó, a éstos también glorificó.*

Si estás afligida, cobra fuerzas en la palabra de Jehová nuestro Dios, porque Él te consolará en sus brazos.

Día 9

Hoy gracias a Dios me levanté bien; he visto que a través de este ayuno he bajado de peso, mi cuerpo físico se siente mejor, se han ido muchos dolores. Aunque el propósito de este ayuno no fue para bajar de peso, pero es una gran ventaja en mi vida.

Muchas veces preguntamos a Dios, ¿por qué, Señor?, ¿por qué me siento así, Señor?, ¿por qué me hacen daño? O si no son preguntas, son quejas; estamos todo el tiempo con el *ay bendito, bendito de mí, no puedo hacer esto, me molesta lo otro*; todo es una pregunta y/o queja. Pero sabes que cuando tú te decides a dejar de preguntar y quejarte y deleitarte en la presencia de Dios, a entregarle tus cargas, las cosas van a cambiar. Como dije al principio de este libro, todo comienza por una mujer que se decide. Así que cuando tú cambies todo lo que te rodea va a cambiar. ¿Cómo así?, me preguntas. Pues verás las cosas de otra manera. Reflexiona y piensa en esto.

Comienza a darle gracias a Dios en todo, en lugar de quejarte o preguntarle.

> **Versículos para estudiar:**
> 1 Tesalonicenses 5:18; Santiago 5:7; Santiago 5:9.

Día 9

¡Paciencia, no abandones! No abandones porque Dios no se cansa de serte fiel; mientras más veas las crisis no te quejes. Sino da a Dios gracias en toda situación, porque ésta es su voluntad para con todos en Cristo Jesús. En Él tendremos bonanza, el nombre del SEÑOR es torre fuerte, y a ella corre el justo y está a salvo (Proverbios 18:10).

Fue en esta mañana donde la pastora Mercedes y mi persona entonamos una alabanza a nuestro Rey de reyes y Señor de señores. y en declaración de su Palabra sentíamos cómo la atmósfera cambió, dándonos la paz. Vimos cómo Dios estaba una vez más en control de todas las cosas, cuando se presentó una situación financiera de alrededor de cuarenta mil dólares para suplir una causa; quiero que leas con mucha atención, escuchar la situación de nuestro prójimo es una carga como lo he dicho siempre, que por haberla escuchado se hace nuestra también, pero al escucharla es para depositarla no al vecino, sino a nuestro Dios que nos escucha, nos guarda y nos da la paz. Fue así como soltamos aquella preocupación, porque a Él correrá el justo y levantado será, y al otro día llegó la respuesta sobrenatural, una oferta sobrepasando aquella cantidad que se ocupaba para estabilizar y recompensar. El mismo que lo hizo una vez lo puede seguir haciendo, cuando primeramente colocas tu mirada en las cosas de arriba. No siempre tiene que ser finanzas, pero siempre que tengas alguna necesidad pídele al dueño del oro y la plata, que es Jehová, Él con su sabiduría sabrá cómo trabajar contigo y los tuyos, no tengas temor. Háblale a la crisis y dile que tu fe es más grande que ella, y hoy sigo declarando que mi Dios es más grande que toda crisis.

Ten paciencia. *Mas tenga la paciencia su obra completa, para que seáis perfectos y cabales, sin que os falte cosa alguna. Y si alguno de vosotros tiene falta de sabiduría, pídala a Dios, el cual da a todos abundantemente y sin reproche, y le será dada. Pero pida con fe, no dudando nada; porque el que duda es semejante a la onda del mar, que es arrastrada por el viento y echada de una parte a otra* (Santiago 1:4-6).

Día 10

El Shaddai. El Dios todopoderoso, torre fuerte, es el nombre del Señor. Aleluya.

Hoy me levanté y escribí esto en mi diario. Como les dije al principio, todo comenzó como un diario personal. Así que hoy escribir el SHADDAI, Él es nuestro DIOS TODOPODEROSO… y no hay más. Shaddai, el todo suficiente, Dios es la fuente inagotable de toda bendición. Dios es todopoderoso. No hay nada que Él no pueda hacer, no hay problema tan grande que Él no pueda resolver.

En el devocional de hoy hablamos de la visión. Debes tener la vista espiritual clara para ver sus grandezas día a día. Pedirle a Dios que quite toda escama de tus ojos espirituales para que puedas ver lo que está haciendo en tu vida. Mujer, el solo hecho de que abrimos nuestros ojos nos indica que Dios está obrando, Él sigue obrando.

> **Versículos para estudiar:**
> Génesis 17:1-3; Génesis 48:3; Salmos 90:2.

Día 10

¡Visión Mujer me Huele a Gloria! Hoy le pido a Dios: *Guárdame como a la niña de tus ojos; escóndeme bajo la sombra de tus alas, de la vista de los malos que me oprimen, de mis enemigos que buscan mi vida* (Salmos 17:8,9).

La visión se le llama a la capacidad de interpretar el entorno gracias a los rayos de luz que alcanzan el ojo. Para hablar de la visión diría que hay mucha tela que cortar. Entre otros, mirar de largo, de lado y, por ejemplo, podría ser la capacidad de ver por el rabillo del ojo, como muchas veces hemos escuchado o lo hemos hecho. Esto es, como la capacidad que un jugador dispone para ver qué está pasando a su alrededor, ampliando así sus opciones de juego, ayudándole a tomar una decisión de pase, de lanzamiento. ¿Te ha pasado que estás leyendo y se te cruza la vista?, y lo menos que quieres es pensar que muy pronto necesitarías unos lentes que te puedan ayudar. A mí me pasó.

Meditar este día en el devocional me sirvió para tener claro y reflexionar sobre la visión, recordar que aunque tuviera que pasar tal vez por ese proceso que en parte no tenemos el control de nuestra vista natural, pero gloria y honra a Dios, que si a Él le place, puede hacer un maravilloso milagro.

Pero ¿qué más? De algo sí puedo tener el control, usando el dominio propio y estando en la presencia de nuestro Dios, para que sea Él quien me guarde como a la niña de sus ojos.

No te preocupes por lo no ven tus ojos naturales, lo que nunca debes perder es la visión espiritual, que puedas ver más allá de tus propias necesidades, y siempre procura alcanzar a ver las necesidades de los demás.

Al llevar la lectura este día, le comento a la pastora Mercedes que no sé qué me sucedió leyendo, que se me cruzaron las letras y ambas nos reímos y comencé de nuevo a leer y esto captó mi atención; el devocional del día estaba listo para mí y espero que lo tomes también para ti.

Cuando la visión se te haga estrecha, pasa unos minutos con Dios y dirige tu atención a Él y no te quedes solo en tu propia vida viendo lo que tú necesitas, sino también llénate de su presencia y amor para que puedas llevarle al dador de la vida a muchos que viven, y ven PERO no tienen vista, y hoy Dios quiere cambiar tu punto de vista a ver más allá, a una Visión Mujer me Huele a Gloria.

Día 11

Ahora sí que Dios hace como, pues hoy lo que comenzó como una llamada para dialogar sobre el libro terminó en vigilia, en oración, devoción y adoración a Dios.

Van a haber momentos en el cual Dios te va a llamar a vigilar, que significa estar despierto o vela durante la noche. Y así nos encontramos en este día. Qué lindo saber que el reloj de Dios es perfecto. El tema de hoy en nuestro devocional fue "los huesos secos", sobre el cual la pastora en su devocional le hablará un poco más.

Yo le quiero hablar un poco sobre la vigilia. Ya que en tu tiempo con Dios Él te va a pedir que hagas vigilias; la Biblia nos habla de vigilar.

En el Antiguo Testamento la noche se dividía en tres partes:

- **La primera vigilia** o "al comenzar las vigilias": de 6:00 p.m. a 10:00 p.m. (Ver Lamentaciones 2:19).
- **La segunda vigilia** o "guardia de la medianoche": de 10:00 p.m. a 2:00 a.m. (Ver Jueces 7:19).

- **La tercera vigilia** o "vigilia de la mañana": de 2:00 a.m. a 6:00 a.m. (Ver Éxodo 14:24; 1 Samuel 11:11).

En el Nuevo Testamento se usó el sistema romano de 4 vigilias:

- **La primera vigilia** o "del anochecer": de 6:00 p.m. a 9:00 p.m. (Ver Marcos 13:35; Juan 6:16,17).
- **La segunda vigilia** o "vigilia de medianoche": de 9:00 p.m. a 12:00 p.m. (Ver Mateo 25:6; Marcos 13:35; Lucas 11:5; Hechos 16:25).
- **La tercera vigilia** o "del canto del gallo": de 12:00 p.m. a 3:00 a.m. (Ver Marcos 13:35; 14:72; Juan 13:38).
- **La cuarta vigilia** o "amanecer": de 3:00 a.m. a 6:00 a.m. (Ver Mateo 14:25; Marcos 6:48, 13:35).

Debemos de vigilar para pedir fortaleza, como lo hizo Jesús (Mateo 26:37,38; Mateo 16:40), vigilamos para no entrar en tentación (Mateo 26:41), para agradar a Dios. Hay muchas razones por la cual debemos vigilar, escrito está. Anímate mujer a tomar tiempo en la noche; mientras todos duermen, busca un lugar en el silencio para vigilar, orando, clamando, declarando y adorando.

Más adelante podrás leer de las experiencias de 3 vigilias que tuvo la pastora Yolanda con 2 hijas de la Iglesia Mishkan.

> Versículos para estudiar:
> Salmos 63; Hechos 20:7-12; Hechos 16:25; Lamentaciones 2:19.

Día 11

¿Huesos secos?, esa es la pregunta. En la noche de un miércoles, en nuestro día 11, el Espíritu Santo nos dirigió a una vigilia donde mantuvimos la oración y nuestro devocional de la Palabra, y dice así:

La Biblia nos habla de un profeta llamado Ezequiel, el cual tuvo una experiencia donde fue llevado a un valle de huesos, un encuentro inolvidable, dejándole ver que el valle de huesos secos era de gran manera; ahí el Señor le hace una serie de preguntas, y en una de ellas le dijo: *Hijo de hombre, ¿vivirán estos huesos? Y él le contestó, diciendo: Señor Jehová, tú lo sabes.* Y es ahí cuando le da instrucciones y le dice: Ezequiel, profetiza sobre ellos, dándole la orden de que vivieran y sí, llegaron a vivir. Esta experiencia puedes verla con más detalles en la Palabra, en el libro de Ezequiel, capítulo 37.

Vemos que Dios es soberano y en Él podemos seguir confiando; ahora les pregunto a ustedes: ¿Habrá algo que dejó de ser VIVO y se encuentra en gran manera como aquellos huesos secos?

Te invito a tomar la Palabra De Dios y a declararla directamente a esa situación, y dile "tal y como llegaste a perturbar te vas en el nombre de Jesús".

Tal vez sea por la falta de fe, tus hijos, familias, seres queridos, el trabajo, incluso en tu matrimonio, donde en los momentos difíciles te rodean y gritan derrota y fracaso; te tengo noticias, toma esas mentiras yéndose a la Palabra, encuéntrate con la misma donde hay promesas para cada uno de nosotros, donde derribamos argumentos y toda altivez que se levanta contra el conocimiento de Dios, y llevando cautivo todo pensamiento a la obediencia a Cristo (2 Corintios 10:5).

Abre tu boca y profetiza, para lo que estaba muerto cobre vida en el nombre de Jesús, amén. Siempre meditando en su amor, el cual es sobre todos y en todo, y siendo fervientes en vuestro amor los unos por los otros, pues el amor cubre multitud de pecados (1 Pedro 4:8). Cual sea tu situación ahora la pregunta es, ¿y esos huesos vivirán? Sabes, Dios interrumpe una mala situación que al parecer no tenga esperanza. Confía en Él y Él hará.

Día 12

El numero 12 significa perfección eterna, gobierno perfecto de Dios.

En este día comenzamos con una adoración titulada "Me Rindo"; hoy nos rendimos a la perfección eterna de Dios, hoy nos rendimos al gobierno perfecto de Dios.

En nuestro devocional hablamos de mirar, pensar, buscar las cosas de arriba, y qué lindo que este devocional cae en el día 12 de nuestro ayuno, perfección eterna.

La Biblia nos dice que debemos buscar primeramente el reino de Dios y su justicia, y todas las buenas cosas os serán añadidas (Mateo 6:33).

¿De qué cosas habla aquí? Pues veremos en unos versículos antes donde dice que no nos afanemos diciendo: ¿Qué comeremos, o qué beberemos, o qué vestiremos?

O sea, que en la perfección eterna de Dios está todo en control; busquemos primeramente a Dios y todo lo demás él te lo va a dar, no te afanes por el día de mañana, cada día trae su propio afán. Mira hacia arriba, estas en el mejor lugar, en el perfecto Dios.

Un día fuerte, pues hoy fue el velorio de nuestra Suhail; no decimos adiós, sino hasta luego.

> **Versículos para estudiar:**
> Mateo 6:30-33.

DÍA 12

¡Pensando en las cosas de arriba! Cuando nos enfocamos pensando en las cosas de arriba, encontramos una dirección para nuestro alineamiento personal y para toda nuestra manera de vivir. Con la herramienta correcta que es la Palabra de nuestro Dios.

Porque el mandamiento es lámpara, y la enseñanza es luz, y camino de vida las represiones que te instruyen (Proverbios 6.23).

Por lo demás, hermanos, todo lo que es verdadero, todo lo honesto, todo lo justo, todo lo puro, todo lo amable, todo lo que es de buen nombre; si hay virtud alguna, si algo digno de alabanza, en esto pensad (Filipenses 4:8).

Pensemos en las cosas de arriba que nos dan vida; hoy en nuestro devocional nos alistamos a que se muevan las aguas, entregando toda preocupación, distracciones y en una adoración rindiéndonos, dejando que nuestro Dios tome su lugar, porque nuestra casa es su casa.

Gracias Padre por este día tan especial; en tu lugar secreto encontramos los más grandes tesoros, que están escondidos en tu presencia.

Mantente pensado en las cosas de arriba que vienen de nuestro Padre, y pídale a Dios que te otorgue estabilidad espiritual, amén.

Día 13

Gracias le doy a Dios por un día más, un día donde pude abrir mis ojos y orar, leer su Palabra, deleitarme en su presencia.

Al comenzar nuestro día la pastora Yolanda me contaba de su experiencia de la noche previa, donde pudo compartir con un grupo pequeño de hermanas, y yo la escuchaba y me gozaba de su vivencia. Mientras hablaba, mencionó cosas que agarraron mi atención.

Voz de profeta, Ruge. Hacen 6 años el Señor me permitió llevar a cabo un retiro de damas titulado "Metamorfosis", en el cual una vez al año se reúnen mujeres de todas partes por 3 días para adorar a Dios, recibir palabra de Dios y gozarnos en la presencia de Dios. Todos los años Dios me ha dado un tema específico; el primero fue en el 2015, Mujeres Transformadas; luego en 2016, Hijas del Rey; 2017, Obra Maestra; 2018, Levante Guerrera, y el año pasado 2019 fue Diamantes. Mientras me preparaba para el evento de Diamantes, le preguntaba a Dios" ¿Cuál va a ser el próximo tema?, y escuché claramente "RUGE".

En el año 2020, "La leona de Dios ruge en la cara del enemigo"; como Dios conoce los tiempos, pues Él me dijo Ruge en octubre 2019, antes del comienzo de toda una pandemia mundial. Qué sabía yo que en el año 2020 nos iba tocar rugir de verdad, abrir nuestras bocas y rugir como nunca.

Esta es la temporada donde hombres y mujeres tenemos que rugir. El enemigo tiene planes para destruir, pero los hijos de Dios rujiarán en su cara con poder y autoridad. Mientras estudiaba a la leona, pude ver que la leona es la que provee para los suyos, mientras el león la cabeza de la manada, descansa y se goza de la labor de la leona. Este es el año de la leona; Dios te está llamando, te llama a profetizar, orar, adorar, ministrar e interceder a otro nivel. Aquellas que se sentaban en las bancas de atrás de la iglesia se moverán para el frente. Esto es simbólico a la transición, a otro nivel de gloria y responsabilidad.

La preparación vale la pena, todo lo que has orado, pedido al Señor, se manifestará en tu vida conforme a la voluntad buena, perfecta y agradable de Él.

Así que te digo en este día, alza tu voz profeta y comienza a rugirrrrrr.

Día 13

¡No temas! Cuantas veces has soñado en grande, pero no vez el cumplimiento. Es como el motor de un vehículo que se enciende y luego comienza con ruidos extraños y el carro no avanza ni va a ningún lado. Algo así son muchas veces nuestros sueños, son en grande, poderosos, victoriosos, hasta que de momento el "motorcito" del temor comenzó a hacer ruidos y te amedrentas y no te deja avanzar. Hoy Dios te dice: No temas. Salmo 27:1 dice: *Jehová es mi luz y mi salvación; ¿de quién temeré? Jehová es la fortaleza de mi vida; ¿de quién he de atemorizarme?* Hoy te dijo, de ninguna manera, porque Dios es más poderoso. Sácale provecho a tus sueños sin ningún temor, Dios tiene planes con nosotros, pero hay que accionar en fe, porque si Dios lo dijo, Él lo hará. Sueña en grande, toma esta palabra y avanza, confía en que los sueños que Dios te entregó se harán realidad.

Día 14

Hay una unción aquí cayendo sobre mí, llenándome, sanando mi ser.

Qué puedo decir de este día 14 de nuestro ayuno… ¡Wow, cómo Dios manifiesta su gloria sobre nuestras vidas! En este día ya son dos semanas que han pasado y Dios nos da fuerzas para seguir. Dios nos dice no se detengan, sigan, aguanten un poco más, verás mi gloria. Un poco más.

Luego de nuestra oración y devocional en esta mañana, tuvimos nuestro servicio vía *Zoom* con la iglesia MICAR, donde Dios nos habló de las diez vírgenes. El libro de Mateo 25:1-13 nos habla de 10 vírgenes, 5 prudentes y 5 insensatas; 5 preparadas y 5 que no se prepararon. Y al esperar al esposo que llegara se durmieron. Pero a la medianoche se oyó un clamor, ¡aquí viene el esposo, salid a recibirle!

Y leemos en la Biblia que todas las vírgenes se levantaron, arreglaron sus lámparas, pero las insensatas le dijeron a las prudentes: *"Denos de vuestro aceite, porque nuestras lámparas se apagan"*.

Qué palabra tan poderosa, donde Dios nos está llamando a prepararnos para ese día donde Él viene a buscar a su Novia. Este es el mejor momento para llenar tu vida de Dios.

Pues no puedes andar con el aceite de otros; si lees, la Palabra continúa diciendo que las vírgenes prudentes les respondieron a las insensatas: *"para que no nos falte a nosotras y a vosotras, id más bien a los que venden, y comprad para vosotras mismas"*. Pero mientras iban a comprar, vino el esposo, y las que estaban PREPARADAS entraron con él a las bodas; y se cerró la puerta. Cuando regresaron le decían: *"¡Señor, señor, ábrenos!"*, pero él respondió, *"de cierto os digo, que no os conozco"*.

Qué triste ver que por no estar preparadas se les cerró la puerta a estas vírgenes.

Pero hay un Dios tan bello que hoy te dice: prepárate, habla a tiempo y fuera de tiempo, que Él regresará.

Apocalipsis 22:12,13 dice: *He aquí yo vengo pronto, y mi galardón conmigo, para recompensar a cada uno según sea su obra. Yo soy el Alfa y la Omega, el principio y el fin, el primero y el último*. Mujer, decídete hoy… toma el primer paso hacia el resto de tu vida.

Día 14

¡Avanza, corre, levántate! ¿Muchas dificultades? La respuesta es: ¡Bástate mi gracia!

Cuántas veces has rogado al Señor que tus dificultades las quite de ti. Como aquel aguijón de Pablo, y la respuesta fue que Dios era en la cantidad adecuada, la suficiente, diciéndole: *Bástate mi gracia; porque mi poder se perfecciona en la debilidad.* Sabes, no es que seamos la familia del fulano de tal, que pareciera que no tiene alguna necesidad "aparentemente"; somos la familia de Dios y declaramos su Palabra sobre nuestras vidas y sabemos que en su presencia Él nos dirige; no importando los momentos difíciles, soltamos las preocupaciones delante de Él y sentimos la Paz que sólo Él nos puede dar.

Hoy es nuestro día catorce fuimos muy ministradas por esta Palabra, y te exhorto a que no pierdas tus expectativas por alguna dificultad que te quite de lo que Dios hará en tu vida en fe, mientras avanzas en Él. Hoy nuestro devocional nos impulsa a correr, correr, sin detenernos. El Señor continuaba usando nuestros ayunos de una manera sobrenatural para su gloria. Hoy desde muy temprano declaramos su palabra, bastándonos en su gracia; igualmente declaramos que aquellas personas que se nos acercasen en cualquier de sus necesidades dificultosas pudiéramos decirle que la gracia de nuestro Dios es mucho mejor que cualquier otra cosa, ya que ella va perfeccionando nuestras vidas.

Hoy dos semanas de victorias, en las cuales se nos han presentado personas que necesitan tan sólo un abrazo lleno de amor y comprensión; hoy les pude declarar una palabra y una oración para que cambien sus vidas, siendo determinadas a creer que Dios es más que suficiente. Hoy el Señor te recuerda, "bástate mi gracia" (2 Corintios 12:9).

Continúa determinada tú también y no abandones, reenfócate ahora, no es el momento de abandonar, sino de fortalecerte en el Señor.

Día 15

Esta mañana me levanté un poco más temprano. Mientras esperaba conectarme con la pastora Yolanda, comencé a adorar a Dios y a orar por muchas cosas, en especial por la familia.

Enseguida que nos conectamos la pastora y yo, comenzamos a adorar a Dios y a escuchar una canción que habla del amor incomparable de Dios. ¡Qué hermoso es poder estar en su presencia y adorar! GLORIA A TI, MI DIOS. Gracias por tu amor.

Hoy Dios nos dice, arráiguense y sobreedifíquense: *Arraigarse* significa establecerse, quedarse a vivir en un lugar. *Sobreedificarse* significa construir. Tenemos que echar raíces, establecer las cosas con firmeza y construir todo sobre la ROCA, que es Cristo Jesús.

Es ahí donde podemos estar seguras y en paz en estos tiempos turbulentos que vivimos. Quizás preguntas cómo te puedes arraigar y edificar, pues la respuesta es cuando ponemos a Cristo en primer lugar en todas las partes de nuestra vida.

Jesús nos prometió que siempre estará con nosotros, así que podemos entregarle todo, estando seguros de que estamos en las mejores manos. ALELUYA.

Debemos entender la palabra de Dios en Hebreos 13:4,5; ahí nos deja unas instrucciones muy específicas en cuanto a cómo vivir y donde Jesús nos dice que no nos desamparará, ni nos dejará, de tal manera que podemos decir confiadamente que el Señor es mi ayudador; no temeré, lo que me pueda hacer el hombre.

Vamos a crecer en Cristo, para que cuando lleguen los problemas podamos estar preparadas. Así que no importa la turbulencia que veas o llegue a tu vida, sigue arraigándose a Dios y edificando sobre la ROCA. Sigua hacia adelante, no temas ni desmayes.

> **Versículos para estudiar:**
> Santiago 1:2-8; Colosenses 2:6,7; Hebreos 13:4,5.

Día 15

¡Sigue la dirección correcta! Esta fue una mañana donde la pastora Mercedes y yo sólo nos saludamos, y comenzamos en adoración y alabanza. A través de estas fuimos conectadas en la oración y a través de la Palabra recibimos de las promesas de Dios para nuestras vidas, y este destello dice así: *Cuando pases por las aguas, yo estaré contigo; y si por los ríos, no te anegarán. Cuando pases por el fuego, no te quemarás, ni la llama arderá en ti* (Isaías 43:2). Reconociendo una vez más que *ni lo alto, ni lo profundo, ni ninguna otra cosa creada nos podrá separar del amor de Dios, que es en Cristo Jesús Señor nuestro* (Romanos 8:39). Tú que me lees, por más sencillo que veas el tiempo en la presencia de Dios, no te desenfoques, porque hay una palabra para ti, sigue la dirección correcta, permaneciendo sometida al Espíritu Santo, y verás cosas grandes. En nuestros días de ayuno seguimos la dirección de Dios, enfocadas en la oración y la Palabra, igualmente hidratándonos físicamente muy bien, ya que esto requiere tomar mucha agua (al menos la suficiente), y estamos con todas las expectativas de recibir ese pan de su Palabra a diario, que es lo primordial en nuestra separación. Como los israelitas recibían la orden de seguir el mandamiento del Señor día y noche, a través de una nube en el día y la columna de fuego en las noches, hoy en nuestro día quince también podemos seguir sus promesas e instrucciones en nuestras vidas.

Pero para eso debemos estar alertas y sensibles siempre a su dirección, que es a través de su Palabra, guiadas por el Espíritu Santo de Dios. Una de nuestras invitaciones del salmista para el día de hoy: *Guarda silencio ante Jehová, y espera en él. No te alteres con motivo del que prospera en su camino, por el hombre que hace maldades* (Salmo 37:7). Porque Dios siempre está en control de nuestras vidas. Igualmente quede claro que día a día orar los unos por los otros, caminando en la dirección correcta y llevando en oración a todos los que se relacionan contigo (toma ese tiempo para orar por ellos sin desmayar); recuerda siempre que es muy importante que oremos cada uno para que Dios se agrade. Una vez más vemos que la alabanza también es la voluntad de Dios para nuestras vidas; a Él sea toda la gloria y la alabanza por los siglos, amén (Números 9:23). Al mandato de Jehová acampaban (me quedo quieta), y al mandato de Jehová partían (me muevo), guardando la ordenanza de Jehová como Jehová lo ha dicho. A través del ayuno y la oración podemos experimentar cómo siempre el Señor se glorifica, y podemos llegar a ser estables en todos nuestros caminos. Es ahora tiempo de seguir y avanzar en la dirección correcta.

Día 16

Tempranito de pie. *Ready set go*! Lista para comenzar mi día con Dios. Les confieso que en los últimos dos días he tenido unos deseos de comer todo lo que no debo.

Pero no he caído y sigo hacia delante, entendiendo que la comida no lo es todo. Ya a 16 días en el ayuno les puedo decir que los beneficios físicos son tremendos, pues he logrado bajar de peso, tengo más energía, se han ido muchos de los dolores del cuerpo, pues entiendo que muchas de las cosas que comía intoxican al cuerpo.

Pero los beneficios espirituales van más allá de lo que uno pueda imaginar. El poder cada día presentarte ante Dios en ayuno como forma de adoración es espectacular. Vale la pena obedecer a Dios.

Hoy en nuestro devocional también hablamos del apetito, del pan diario. En inglés hay un dicho que dice *"you are what you eat"*, "eres lo que comes"; sabemos que es importante alimentar nuestro cuerpo físico, pero ¿no has pensado lo importante que es alimentar tu espíritu? Pues *no solo de pan vivirá el hombre*, dice la palabra de Dios.

¿Queremos tener más fuerzas, más energía? Pues tenemos que obedecer los principios que Dios ha establecido para nosotros. Debemos comer mejor; dice la palabra de Dios: *"Si, pues, coméis o bebéis, o hacéis otra cosa, hacedlo todo para la gloria de Dios"* (1Cor. 10:31).

No debemos comer demasiado (Proverbios 25:16), comer lo que te basta; todo en exceso nos pone en peligro, pero todo en escasez también es peligroso (Proverbios 30:8,9). Recuerda que tu cuerpo le pertenece a Dios.

No fue fácil controlar mi apetito, pero es algo que Dios nos encomienda. Debemos tener dominio propio (Gálatas 5:23). El exceso de todo va en contra de la sabiduría y la enseñanza de la palabra de Dios.

Debemos ocuparnos de nutrir nuestro espíritu; en nuestra iglesia mi esposo, el pastor Félix, le dice a todos practiquen "B.O.A." (Biblia, Oración y Ayuno), así es nutrir nuestro espíritu cada día, leyendo la Biblia, orando y siempre sacar tiempo para ayunar.

> **Versículos para estudiar:**
> 1Cor. 10:31; Proverbios 25:16; Proverbios 30:8,9; Gálatas 5:23.

Día 16

Todo pasará. Gracias a Dios por un día más de esta gran jornada. La palabra de Dios nos dice que nos enfoquemos en las cosas de arriba.

Tener fe, saber que no hay nada imposible para Dios. Debemos mantener el enfoque ya que estamos a solo pocos días para entregar este ayuno.

Van a llegar deseos de comer, quizás te lleguen deseo de entregar y no terminar, pero hoy te ánimo. ¡Sigue, no te detengas! Enfócate en las cosas de arriba, enfócate en lo has ganado hasta ahora, no mires atrás.

Pon tu mirada en DIOS. ¡Lo vas a poder lograr!

Día 17

¡Deja que Dios tenga el control de tu vida! Ser alimentadas para una vida sana es muy importante, pero la Palabra de Dios es el alimento sano y puro que asegura a nuestro espíritu estar bien alimentado.

Hay muchos alimentos que no son de nuestro gusto y los necesitamos para tener un balance en nuestra nutrición, y vemos los resultados muy favorecidos. Como también hay momentos en los que caminamos por nuestros propios gustos sin dejar que Dios sea el que tome el control de nuestras vidas. Hoy te digo, toma conciencia de que tu confianza descanse en el Señor, en el alimento que te quiere dar para una vida sana y no en tus habilidades, dejando que sea Él tomando el control de ti. Toma la disciplina que viene de Él, como puedes leer que en verdad ninguna disciplina al presente parece ser causa de gozo, sino de tristeza; pero después da fruto apacible de justicia a los que en ella han sido ejercitados (Hebreos 12:11). Hoy reflexiona y deja que Dios tome el control de tu vida.

Hoy en nuestro devocional del manual de seguimiento encontramos una vez más que nuestro primer paso para suavizar un corazón terco y arrogante es someterlo a Dios (2 Crónica 30:8). No te endurezcas, renuncia al deseo de tener el control de todo y dile al Señor, *yo quiero lo que tú quieras*; esto requiere lanzar el orgullo por la ventana y en humildad humillarnos, dejando que sea Él en nuestras vidas. Padre, ayúdame a aprender a someterme, en vez de insistir en hacer las cosas a mi manera; te voy a seguir porque eres mi buen Pastor, y estoy segura del pan espiritual que tienes para mí día a día, el cual abre nuestros ojos al llamado para llevar a cabo la obra que debemos hacer en tu nombre. Gracias Padre, porque tu alimento me da el crecimiento espiritual y me hace avanzar.

DÍA 17

¡Concéntrate en las cosas de arriba!

Mateo 6:19-21: *No os hagáis tesoros en la tierra, donde la polilla y el orín corrompen y donde ladrones minan y hurtan; sino haceos tesoros en el cielo, donde ni la polilla ni el orín corrompen y donde ladrones no minan ni hurtan. Porque donde esté vuestro tesoro, allí estará también vuestro corazón.*

Siempre recordaré que Dios está usando este ayuno para proveernos la dirección que necesitamos; hemos disfrutado cada devocional, y hoy nos dice: ¡Arriba! ¡No debajo! Siempre que tomamos nuestro devocional continuamos escudriñando las Escrituras, y no hay nada mejor que concentrarse en las cosas de arriba; ahí podemos experimentar cómo nuestro Papá Celestial desea poderosamente moverse en nuestras vidas con planes para progresar. Un día María, la madre de Jesús, cuando recibió el depósito del Espíritu Santo en su vientre, nuestro Salvador, dijo: *he aquí la sierva del Señor; hágase conmigo conforme a tu palabra.* Se cumplió ese propósito en su vida. Dios también tiene propósitos hermosos para cada una de nosotras, claro que no es otro Salvador. Pero estoy segura y le pido a Dios que cuando le pidas que te lo muestre, lo puedas recibir. Tú también puedes hallar gracia delante de Dios, si tu corazón y tus acciones son agradables a Dios. De ser así no temas, porque Dios también pone gracia delante de ti. Porque nada hay imposible para Dios (Lucas 1:37).

Día 18

¡Aroma del cielo! ¡Wow, que lindo mi Dios! En este día adoramos a Dios. Pude sentir cómo Él se manifiesta en nuestras vidas, sentir su presencia, su amor, sus caricias. Hoy leímos el Salmos 73, que dice: *¿A quién tengo yo en los cielos sino a ti?* Y mientras leíamos me vino a memoria un cántico que cantaban en la primera iglesia que pude visitar cuando llegué a Orlando, FL. La canción dice: "Mi boca esta de alabanza, y de tu gloria oh Señor, tú eres mi vida y mi aliento, la fuerza de mi corazón… y fuera de ti nada deseo, a quien tengo yo en los cielos si no a ti, y fuera de ti nada deseo… mi anhelo es siempre estar junto a ti".

Qué lindo poder llegar al día 18 de este ayuno, que lindo poder oler el aroma celestial.

Día 18

¡Con alegría y cántico! Con alegría y cántico recibe nuestra adoración y manifiéstate. Una mañana gloriosa dónde entregamos nuestros corazones en su presencia, deseando avanzar hacia la meta para ganar el premio que Dios ofrece mediante su llamamiento celestial en Cristo Jesús (Filipenses 3:14). Dónde reflexionamos y dimos toda la gloria a nuestro Dios. *¿A quién tengo en los cielos sino a ti? Y fuera de ti nada deseo en la tierra* (Salmos 73:25). Amén y Amén. Padre, no hay recompensa mayor que tú y mi anhelo es conocerte más.

Día 19

Hoy seguimos con el aroma del cielo.

Preguntarás, ¿valdrá la pena todo esto? Mi respuesta es CLARO QUE SÍ. Cuando le damos todo a Dios, cuando permitimos que Él sea el centro de nuestra vida, cuando separamos un tiempo para Él, comenzamos a ser el aroma del cielo aquí en la tierra. Es ahí donde ves que las personas como que se apegan a ti y te dicen es que tienes algo diferente, y yo quiero de eso. Aleluya. Gloria a Dios. Es en ese momento donde debes aprovechar y hablarles de Jesús, presentarles al caballero de la cruz.

Alguna vez has llegado a un lugar vacío, sea un restaurante o una tienda, y de momento como que se llena ese lugar. Y la gente comienza a salir de todas partes; me gusta pensar que es el aroma del cielo que los atrae.

No sé usted, pero yo quiero que mi aroma venga del cielo. Que mi hablar venga del cielo, mi comportamiento, me vida, sea un reflejo de Jesús aquí en la tierra.

> **Versículos para estudiar:**
> Efesios 5:2; Juan 13:34; 2 Corintios 2:14-16.

Día 19

¡La Palabra de Dios! *Fíate de Jehová de todo tu corazón, y no te apoyes en tu propia prudencia. Reconócelo en todos tus caminos, y él enderezará tus veredas* (Proverbios 3:5,6).

Después haber orado y estudiado las Escrituras en nuestros devocionales, que compartimos en las madrugadas día a día a las 5:00 a.m., según nuestro manual de base y a través de la Palabra, por supuesto, al terminar el Espíritu Santo ministraba mi vida. Justo ya, cuando pensé hoy sí me voy temprano a la cama, me fui de vela en vigilia de adoración; fue una noche tan y tan bendecida a solas con Dios, recibí nuevas fuerzas en mi interior, trayéndome a memoria sus promesas y una paz en que el gozo inundó mi vida, fue una noche muy gloriosa.

Y es hermoso poder volverse a levantar y recibir una Palabra nuevamente en nuestro devocional, el pan diario. Vemos cómo el tiempo con el Señor revela su verdad y da a luz sus bendiciones. Y que debemos ser el aroma de Cristo, representando su gran amor. Nunca te abandonen el amor y la verdad, llévalos siempre alrededor de tu cuello y escríbelos en el libro de tu corazón. Contarás con el favor de Dios (Proverbios 3:3,4). Y todo el mundo sabrá que de Dios es el poder que hay en ti. ¡Qué el aroma de Cristo sea en cada una de ustedes para su gloria!

Día 20

Recibimos el día 20 en vigilia la pastora Yolanda, dos hermanas de su congregación y mi persona; nos conectamos vía internet para adora a Dios. La pastora me invitó a la vigilia y me pidió que llevara una palabra.

Mientras yo me preparaba, le preguntaba a Dios qué quería que llevara. Les testifiqué a ellas que escuché muy claro cuando el Señor me dijo: PONLE NOMBRE A TU MILAGRO. No dudé, no pregunté el porqué me llevaba a eso, sino que obedecí, y en el momento que me dieron la parte compartí con todas "7 pasos para recibir tu milagro":

- Darle nombre al milagro que necesitas.
- Confirma tu fe en bases bíblicas.
- Pide el milagro.
- No alimentes un círculo de personas negativas.
- Habla de fe diariamente.
- Visualízate con el milagro hecho realidad.
- No sueltes en la noche lo que Dios te prometió en el día.

Recuerda:

- Dios tiene un plan contigo.
- Dios está contigo.
- Dios abrirá el camino.
- Dios no es sorprendido por la muerte.
- Dios torna sueños en realidad.

¿Qué es lo que necesitas? Pídele a Dios con detalles, cree que para Él no hay nada imposible, recuerda que la voluntad de Dios es buena, perfecta y agradable.

> **Versículos para estudiar:**
> Mateo 11:24; Efesios 3:16,17; Hebreos 11:1.

DÍA 20

¡No salgas con las manos vacías! Dios nos provee todo lo necesario para la vida a través de su conocimiento y es por eso muy necesario que te acerque a Él. Como creyentes en Jesús, tenemos muchas razones por la cual estar satisfechos en todo; *el cielo y la tierra pasarán, pero mis palabras no pasarán, dice el Señor.* (Mateo 24:35).

> *Pero gran ganancia es la piedad acompañada de contentamiento; porque nada hemos traído a este mundo, y sin duda nada podremos sacar. Así que, teniendo sustento y abrigo, estemos contentos con esto. Porque los que quieren enriquecerse caen en tentación y lazo, y en muchas codicias necias y dañosas, que hunden a los hombres en destrucción y perdición; porque raíz de todos los males es el amor al dinero, el cual codiciando algunos, se extraviaron de la fe, y fueron traspasados de muchos dolores. Mas tú, oh hombre de Dios, huye de estas cosas, y sigue la justicia, la piedad, la fe, el amor, la paciencia, la mansedumbre … A los ricos de este siglo manda que no sean altivos, ni pongan la esperanza en las riquezas, las cuales son inciertas, sino en el Dios vivo, que nos da todas las cosas en abundancia para que las disfrutemos* (1 Timoteo 6:6-11,17).

Hoy tuvimos un lindo devocional, reflexionando acerca de que puede que en nuestras vidas pensemos que no tenemos lo suficiente y que estamos con manos vacías, y no es así, la única manera de tener las manos vacías es cuando nos alejamos de Dios, poniendo la mirada en lo terrenal.

Pero sólo hay un lugar donde nuestra vida está completamente llena, y es en Él, en su presencia.

Espero que tomes unos minutos y veas lo que esta verdad significa para ti.

Mujer, si comenzaste a leer este día veinte con manos vacías, sal de aquí con manos llenas (en tus manos está la decisión), dale gracias a Dios por lo que te permite tener en tus manos y pon tu mirada en las cosas de arriba dándole gracias en todo.

Si ustedes, pues, han resucitado con Cristo, busquen las cosas de arriba, donde está Cristo sentado a la diestra de Dios (Colosenses 3:1). Te recalco una vez más, *haceos tesoros en el cielo, donde ni polilla ni orín corrompe, y donde ladrones no minan ni hurtan* (Mateo 6:20).

Toda buena dádiva y todo don perfecto desciende de lo alto, del Padre de las luces, en el cual no hay mudanza, ni sombra de variación (Santiago 1:17).

Cuando llevas en tus manos una hermosa mariposa, tú sabrás si ella vivirá o morirá al instante, ya que si la aprietas con todas tus fuerzas moriría. Pero si le abres las manos saldría volando viva; así también en tus manos está la decisión. ¡Decídete! Declaró sobre tu vida y manos llenas, en el nombre de Jesús, Amén.

Día 21

Levántate y resplandece; porque ha venido tu luz, y la gloria de Jehová ha nacido sobre ti. Aleluya, lo logramos. 21 días de ayuno parcial. 21 días llenos del poder y la gloria de mi Amado.

Enfocadas en lo de arriba. Aunque lleguen momentos de dificultad en la vida, sigue enfocada en lo que Dios te llamó; cuando una mujer está decidida y sabe cuál es su norte, nada podrá hacerle frente. Pues la palabra de Dios nos dice que si Jehová con nosotros quien contra nosotros. Una mujer decidida a pelar por lo que le pertenece no se da por vencida, es una mujer que lucha contra viento y marea, pero lo logra.

Enfócate en lo de Dios, y Dios se encargará de lo demás.

Te puedo dar testimonio de cómo he visto a Dios obrar en mi casa, en mi hijo mayor; cómo Dios sigue obrando, y sé que falta más.

¡Vamos por más! Pues luego de culminar estos 21 días, entramos en 40 días más, tomando nuestras 40 piedras lisas... vamos a continuar creyendo que Dios lo puede hacer.

Ebenezer, hasta aquí me ha traído Dios. Cuán grande es Él.

> **Versículos para estudiar:**
> Isaías 60:1.

DÍA 21

Grandes son las obras de Jehová, buscadas de todos los que las quieren (Salmo 111:2).

¡Qué asombrosas son las obras del Señor! Todos los que se deleitan en Él deberían considerarlas. ¡Qué asombrosas son las obras del Señor! Todos los que se deleitan en Él deberían todos los días anhelarlas.

Lo que Él ha hecho, las obras de sus manos, son verdad y justicia, y de la misma forma tú debes actuar con verdad y justicia. Fíjate que en la Palabra De Dios el salmista nos expresa cómo se deleitaba en Jehová, indicando que de igual manera tú y yo también nos podemos deleitar; Dios es un Dios poderoso, es más, es todopoderoso. Su palabra está llena de hechos que revelan su poder, y nos dice: *Grandes son las obras de Jehová; buscadas de todos los que las quieran.*

Ya que estás leyendo este libro, ¿quieres ver grandes obras en tu vida? Estoy segura de que nuestras oraciones te han alcanzado para que este libro lo tomarás en tus manos. Déjame decirte que al tomarlo no ha sido por ninguna casualidad, es para que tus ojos sean abiertos para ver más allá de lo natural a lo sobrenatural, porque hay más del Señor; encuéntrate con sus tesoros, que están en su presencia, donde no hay mejor manera de conseguirlos, aunque los veas bien altos, que estando en su presencia, a sus pies. Hoy el Señor te recalca, *abre tu boca y pídeme, clama a mí, y yo te responderé, y te enseñaré cosas grandes y ocultas que tú no conoces* (Jeremías 33:3).

La pregunta es, ¿sigues teniendo hambre y sed de Dios? Pues prepárate, es nuestra oración que te decidas a buscar al Señor con pasión, así cpmo nosotras estuvimos deseando la presencia de nuestro Dios como nunca; es mi oración que el mismo Espíritu Santo te guíe hasta que puedas lograrlo. *Bienaventurados los que tienen hambre y sed de justicia, porque ellos serán saciados* (Mateo 5:6).

¡Lucha por tus sueños y conquista!

Si a través de estas experiencias, tu has sido inquietada a llevar un tiempo a solas o en unidad, a realizar un ayuno como éste, ten presente, lo que tú hagas es para alabar a Dios, y tendrás recompensa, créelo, y según tu fe será hecho. Todas las que se han propuesto buscar a Dios en ayuno y oración les animo a mantenerse enfocadas, fortaleciéndote en la oración y en la palabra De Dios.

Hoy puedes escuchar acerca de nuestros testimonios, y mañana queremos saber cómo han sido los tuyos, si te lo propones en su nombre. De ser así, tómate un tiempo para crear un plan de ayuno que pueda ayudarte a organizarte y estés segura de que tu ayuno será lo más efectivo. Ora, lee la Biblia, cree en las promesas de Dios; hoy es el tiempo para alabanza de su nombre santo.

Comenzamos alabando y terminamos igual, ya que su loor permanece para siempre.

Lo logramos para la gloria de nuestro Dios, y seguiremos hacia adelante, alabando a Jehová con todo el corazón.

EXPERIENCIAS DE NUESTRAS VIGILIAS

El ayuno de Daniel fue un peregrinaje maravilloso para nosotras, tanto que mientras llevé el ayuno junto a dos hijas de la casa, a las cuales le plació a Dios que se unieran conmigo en el nombre de Jesús a tomar este tiempo de adoración a Él, para luego exponerlo a todas las otras damas de la congregación más adelante, preparándolas para el enfoque principal.

Les comparto que en cada madrugada tuvimos un devocional de la palabra de Dios, enviado día a día, y en el acuerdo orando las unas por las otras.

En medio de este proceso les comparto que declaramos tres vigilias, para estar en oración las unas por las otras; igualmente orar por las necesidades de cada persona en sus hogares, por las llamadas que hiciéramos o visitas a las familias... *orando en todo tiempo con toda oración y súplica en el Espíritu, y velando en ello con toda perseverancia y súplica por todos los santos* (Efesios 6:18).

A través de la dirección del orden divino, cada una estuvimos atentas a qué pedía Dios de cada una de nosotras, y mientras nos congregábamos en nuestros servicios de la Iglesia Mishkan Lugar de Adoración, en Lebanon TN, la cual mi esposo el pastor Carlos Ortiz Modesti y mi persona pastoreamos, dirigido por el Espíritu Santo, el

Pastor invoca a la congregación a tres semanas de vigilia, con la orden de orar la primera semana por la niñez, en la segunda semana por la juventud y en la tercera semana por las damas y los caballeros, e incluyendo siempre la congregación en general.

Fue algo muy poderoso; nosotras para esta sección de ayunos también acordamos tres vigilias, por lo cual entendemos que Dios seguía enlazando su propósito.

Como les dije, la primera semana el pastor nos indicó la niñez, y en esa semana uno de los testimonios sobre la niñez fue una niñita que no podía usar el baño con regularidad (su abuela nos compartió que desde más bebé pasó alguna dificultad, pero nunca como en esa ocasión), y tuvo una gran dificultad que alarmó las preocupaciones. Pero hubo una oración contestada, donde los médicos no tuvieron que intervenir a decisiones más allá debido a su salud. Gloria a Dios por lo que Él hizo y lo puede seguir haciendo.

En la segunda semana se nos indicó orar por la juventud, y fue en esa semana que puedo dar testimonios de uno de ellos; de una salida que tuve a otro lugar, fue donde una jovencita mayor de edad se me acerca a decirme, "pastora, no sé por qué, pero toda esta semana quería hablar con usted". ¿Sí?, dímelo, ¿es sobre el ayuno? "Sí, porque yo quiero ayunar y no sé cómo, pero siento eso muy fuerte". Le hice entender que eso era la presencia del Espíritu Santo, que la quería dirigir a separarla para su presencia, y le pregunté si podía orar por ella, y me dijo que sí. Con sabiduría, más adelante trabajé un poco con ella para enfocarla sobre el ayuno.

En nuestra tercera semana continuamos orando por los adultos, y podemos dar testimonios donde Dios ha estado contestando oraciones de peticiones; ha sido una temporada en que Dios por su gracia y favor les ha permitido a familias tener una casa y nosotros poder ir a dedicársela al Señor, declarando una Palabra de Paz sobre ellos y sus familias. Qué bendición que a pesar de los momentos difíciles a nuestro Dios le parece bien siempre bendecirnos en todas nuestras áreas.

También cada día le compartía a la pastora Mercedes Pérez sobre estos testimonios vividos durante estos ayunos, ya que también tuvimos juntas una vigilia, en la cual saliendo una noche miércoles después del servicio, fue gloriosa; como ya saben, el mismo Espíritu Santo la arrestó, dejándonos ver una vez más que aunque estemos en diferentes lugares estratégicos tenemos un solo Señor, una sola fe, un solo bautismo, un solo Dios y Padre de todos, que está sobre todos, por todos y en todos. Pero a cada uno de nosotros se nos ha concedido la gracia conforme a la medida del don de Cristo (Efesios 4:5-7).

Ambas estuvimos conectadas en lugares estratégicos, sin desenfocarnos de lo que Dios quería para cada una de nosotras. En este ayuno hemos experimentado como nunca el enlace, que como guerreras armadas de su poder podemos estar en distintos lugares, cumplir el compromiso desde el lugar donde nos encontramos y fluir conectadas con el Espíritu Santo cuando Dios mismo hace intervenciones divinas. ¿Cómo se logra?, se logra dejando que sea Él, quitando lo que tenga que quitar y conectado lo que quiera conectar. Ministros ungidas Elvia y Aura, sigan paradas en la brecha llenas del Espíritu Santo para accionar siempre, y hagan lo necesario para poner en movimiento lo que Dios quiere que se haga para su gloria.

Mujer, tú también puedes estar en funcionamiento cuando escuchas y obedeces al Espíritu Santo. Y si alguno de vosotros tiene falta de sabiduría, pídala a Dios, el cual da a todos abundantemente y sin reproche, y le será dada (Santiago 1:5).

Tú que estás leyendo, queremos que sepas que estamos orando por ti para que tus pasos sigan siendo alineados a través de la Palabra y para que el propósito de Dios se cumpla en tu vida y en los tuyos.

¡Dios tiene sus ejércitos de oración activados!

Vigilia de la Primera Semana

Una vigilia de entrega. Llamando al ministro Aura Carrillo, le pregunto cuál fue tu experiencia en la vigilia, y su contesta fue: "Mi experiencia en la vigilia de entrega fue un día que quedará marcado en mi vida, primeramente porque fue una noche especial en la presencia de Dios, y segundo porque fue la noche donde con mi voz y abriendo mi corazón pude tomar una decisión, y fue entregar en las manos de Dios la vida y el alma de mi mamacita; con lágrimas y un dolor tan grande, lo logré y pude ver y sentir cómo Dios me fue preparado para ese proceso, pero ahora puedo declarar que ella descansa y duerme. Dios es fiel con nosotros, alabado y glorificado sea su nombre, Abba Padre" (ver Lucas 8:52,53).

Mis amados, a veces es difícil saber cómo orar, especialmente en medio de las crisis. Bien recuerdo que esa tarde mi esposo y yo visitamos el hogar de nuestros hermanos, y oramos por la familia por la cobertura de Dios sobre ellos; de allí salimos y esa noche nos conectamos a la vigilia. Aquí vemos cómo Dios prepara a los suyos en su presencia, fortaleciéndonos para cualquier situación en nuestras vidas.

Seguimos orando por ella y su familia en medio de esta metamorfosis de su corazón, y sea el Espíritu Santo de Dios consolándoles día a día. Saben, aun el Hijo de Dios clamó ¡Abba Padre!, sometiendo su voluntad humildemente a la del Padre, y diciendo, *si es posible pasa de mí esta copa de tristeza y angustia, pero no sea lo que yo quiero, sino lo que tú quieras.* Jesús estaba afligido y angustiado, hasta el punto de la muerte, aun así, no demandó nada del Padre. Dios está en control de nuestras vidas, ¡seamos apasionados por Él!

Vigilia de la segunda semana

Una vigilia de activación. Llamando al ministro Elvia López, le pregunto cuál fue su experiencia en la vigilia, y su respuesta fue: "Sentí una activación"; me dio el testimonio de que se quedó impactada porque su mamá le platicaba algo que le sucedió en unos días. Ella dijo para sí misma: "Señor, eres tú tan hermoso, e inexplicable tus maravillas; en todo sólo nos queda confiar en Él". Me dice que el otro día se quedó dormida su mamá y testifica su cuñado a la madre de ella, diciéndole, "oiga, suegra, usted como que ayer andaba en otro país", y ella le dice: ¿por qué?, y él le contesta "porque usted estaba dormida y estabas hablando como que en arameo cuando estaba durmiendo"; y mientras ella le testifica, le dice a su mami "eso fue el Espíritu Santo que le estaba ministrando". Y dice más: "Mis experiencias son haber experimentado un peso de gloria mayor, un levantamiento, un avivamiento. No ha sido fácil, pero me he gozado al saber que el Señor tiene un propósito en cada vigilia, y que el Señor nos ha permitido realizarlas. A Él sea la gloria por los siglos de los siglos. Te amo, Papá, tú has sido bueno, fiel y verdadero. ¡Gracias Dios!".

Yo digo ¡wow!, qué noticias tan hermosas las de escuchar testimonios, porque las oraciones tienen poder. *Y de igual manera el Espíritu nos ayuda en nuestra debilidad; pues qué hemos de pedir como conviene, no lo sabemos, pero el Espíritu mismo intercede por nosotros con gemidos indecibles. Mas el que escudriña los corazones sabe cuál es la intención del Espíritu, porque conforme a la voluntad de Dios intercede por los santos* (Romanos 8:26,27).

¡Oramos que haya una activación del Espíritu Santo sobre tu vida hoy!

También en esta vigilia, debido a la situación de nuestra hermana Aura, cual fue que su mamita pasó a un mejor lugar en la presencia de nuestro Dios, tomamos la decisión de llegar hasta su casa, y antes de salir de mi hogar mi hermano Isaac pasó a visitarme en familia, porque era una noche en que no había servicio con la congregación.

Hasta que llegó la hora de irme, le pregunté a mi cuñada Amy si quería ir conmigo a esta vigilia; ella tomó la oportunidad para acercarse a la hermana y consolarle, como dice la Escritura: *Gozaos con los que se gozan; llorad con los que lloran* (Romanos 12:15), y fue conmigo. Luego después de unos días le llamé y le pregunté, "cuñada, cuál fue su experiencia la noche de aquella vigilia". Aunque fui a abrazarle y llevarle consuelo, entendí que si Dios me permitió llegar a aquel lugar fue por esa oportunidad, para recibir una Palabra en ese momento. ¡Y fue así! El Espíritu Santo trajo consolación y ministró nuevamente a nuestros corazones. Sea la gloria de Jehová. ¡Una vez más vemos ocasiones en las cuales el Señor no deja de sorprendernos!

Les comparto que Elvia y la princesa Marlín López, su hija, ya cuando apenas estaba de salida a encontrarnos a la vigilia, también le comuniqué, diciéndole "sé que es casi la hora, pero puedes llamar a Nora de Ramírez e invitarla", y también se hizo presente esa otra hija de la casa.

Bien recuerdo que después de unos días le llamé en la semana para preguntarle lo mismo, "Nora, cuál fue su experiencia la noche de aquella vigilia", y me dice: "Pastora, para mí fue algo bien bonito, porque me hacía falta ese momento de estar juntas, orar juntas; aunque tenemos la intimidad de orar en nuestros hogares, también así unidas es algo que quedé muy fascinada, me gustó; yo quería más de la presencia de nuestro Dios".

Mis amadas, el Señor es bueno, nos deja ver lo importante que es orar y estar juntas en armonía, y para todo tiene su tiempo. La hermana llegó a esa vigilia y experimenta la bendición de Papá sobre su vida, queriendo más. ¡Gloria a su Nombre! Amén.

Vigilia de la Tercera y Última Semana

¡**Marcha hacia adelante!** En la conclusión de estas nuestras vigilias durante nuestro ayuno de Daniel, estuvimos en adoración y oración durante la noche a la madrugada, y una vez más el Señor nos sigue llamando como a sus atalayas; recibimos la orden y pudimos percibir actividades que vienen de parte de la voluntad de Dios para deshacer las de nuestro enemigo (Ezequiel 3:17).

Cuando el Señor te entregue la orden de seguir en marcha hacia adelante, mantente en movimiento; esa son activaciones divinas, así que permanece firme en la oración de acuerdo con lo recibido y declara sobre tu vida, "Venga tú Reino, Señor, día a día, y hágase tú voluntad" (Mateo 6:10).

Dios sigue uniendo propósito. Aquí en este día hago el comunicado que la pastora Mercedes desde la Florida Central, y mi persona desde Tennessee, al cerrar este ayuno parcial de veintiún días comenzaríamos un siguiente tiempo de ayunos absolutos por los próximos cuarenta días, y desde Puerto Rico, la pastora Idsia, donde el Señor le permite ser parte de este nuevo vino celestial que desde ya lo estamos celebrando.

Porque la verdadera unidad en realidad es cuando somos uno estando de acuerdo, sabiendo con quien es la guerra, y sólo las personas maduras que escuchan la voz de Dios son las que pueden caminar en la dirección correcta, usando un mismo lenguaje sobre los mismos intereses, ya que es en grupo de unidad, y unidas de acuerdo es muy necesario orar por cosas específicas en el nombre de Jesús.

Dios envía su bendición cuando oras a solas, y también cuando oras con los demás. Nunca, nunca, lo pases por alto, que nos debemos a nuestro Dios, y es muy importante que también continúes orando en tu lugar secreto y escudriñando las Escrituras, regocijándote en su presencia.

En nuestra primera reflexión, la ministro Aura una vez más nos exhorta por la Palabra en una carta abierta que somos las hijas del Rey, comparadas como a un vaso frágil, donde se dice así por darnos un honor de delicadeza, pero en verdad somos fuertes. Y que tenemos campos de batallas, pero el Señor tiene soldados de guerra. Este es el tiempo de fortalecernos con las vestimentas y armas de guerra.

(Efesios 6. 10-18). Es Tiempo de vestirnos de realeza con nuestras armas de guerra.

Así que determinadas con convicción, porque Dios quiere darnos de su conocimiento y sabiduría. *He aquí que yo hago cosa nueva; pronto saldrá a luz; ¿no la conoceréis? Otra vez abriré camino en el desierto, y ríos en la soledad* (Isaías 43:19).

Sin duda alguna Dios nos continúa hablando y ninguna arma forjada en nuestra contra prosperará, *y condenarás toda lengua que se levante contra ti en juicio. Esta es la herencia de los siervos de Jehová, y su salvación de mí vendrá, dijo Jehová* (Isaías 54:17).

En nuestra segunda reflexión

En ésta nuestra segunda reflexión la pastora Mercedes nos da testimonio que en ése día ella abrió una de las promesas que a través de la ministración del Espíritu Santo en el año 200, le entregaron; una Palabra que ella escribió, y ese día vino a su memoria y le volvió a ministrar fuertemente, y el mismo Espíritu le indicó a darle esta palabra también a las que nos íbamos a reunir en nuestra vigilia por video llamada. Y es aquí donde el Señor nos habla.

Ponle nombre a tu milagro

1. El Señor nos indicó que le dieras nombre al milagro que tú necesitas, y colócalo en las manos de nuestro Dios.
2. Que confirmáramos nuestra fe en las bases bíblicas. *Porque por fe andamos, no por vista* (2 de Corintios 5:7).
3. Abre tu boca y pide el milagro.
4. Ver el círculo con quienes nos rodeamos, y no vamos a tener gente dudosa.
5. Hablar de fe día a día.
6. Visualízate con el milagro hecho realidad.
7. No sueltes en la noche lo que te dio por el día. ¡Y hoy te decimos mujer, ponle nombre a tu milagro!

Sin dudar, y les repito: *He aquí que yo hago cosa nueva; pronto saldrá a luz; ¿no la conoceréis? Otra vez abriré camino en el desierto, y ríos en la soledad. Así dice el Señor.* Aleluya, Amén.

En nuestra oración Elvia declaraba esta palabra; desde ya, ondeamos bandera de victoria, la cual estremeció mi espíritu de manera sobrenatural y como está escrito, creyó Abraham a Dios y le fue contado por justicia: *(Te he puesto por padre de muchas gentes) delante de Dios, a quien creyó, el cual da vida a los muertos, y llama las cosas que no son, como si fuesen* (Romanos 4:17).

Damos toda la alabanza, la gloria y la honra a nuestro Dios. ¡Amén y Amén!

Glorioso sea el nombre de Jesús, amén.

Esta noche estuvimos de fiesta, y con cada una que estuvimos allí reflexionamos en las promesas que Dios nos hace. Y en Él, son sí y amén.

> *Y bienaventurada la que creyó, porque se cumplirá lo que le fue dicho de parte del Señor* (Lucas 1:45).

> Mujer, marcha hacia adelante.
> Mujer, somos las hijas del Rey.
> Mujer, ponle nombre a tu milagro.
> Mujer, ondea bandera de victoria.

En esta conclusión entendimos que Dios todavía no ha terminado y es un nuevo comienzo. Y en nuestro ayuno a Dios le place alinearnos en su plan y unirnos a todas nosotras a orar y ayunar para los próximos cuarenta días, *derribando todo argumentos y toda altivez que se levanta contra el conocimiento de Dios, y llevando cautivo todo pensamiento a la obediencia a Cristo* (2 Corintios 10:5).

Porque hay géneros que no salen sino con la oración y el ayuno (Mateo 17:21).

El que comenzó en vosotros la buena obra, la perfeccionará hasta el día de Jesucristo (Filipenses 1:6).

Nos cubrimos en las manos de Dios, y tú también lo puedes lograr, porque no hay nada imposible para Él; sólo ten fe y confía. ¡Marcha hacia adelante!

RECIBIENDO MIS GALONES

Cuarenta piedras lisas para la batalla

Un día de ayuno te pareciera bien; siete días de ayuno te pareciera perfecto; veintiún días de ayuno te pareciera regular, y cuarenta días de ayuno te pareciera mucho.

Ojo, ten en cuenta que nuestro enemigo no duerme; recuerda que no se trata de quien ayuna mucho o poco, es la obediencia a Dios.

Cuando Dios me entrega esta palabra *Cuarenta días de ayuno*, pensé que sería mucho más adelante, debido a que todavía me encontraba en el ayuno parcial de veintiún días, y no fue así; por medio de su Palabra me enseña nuevamente que hay un enemigo que no duerme y son gigantescos y hay que derribarlos en su Nombre. Abría las Escritura y escudriñaba que tenemos gigantes que derribar.

La Biblia nos habla en primera de Samuel cómo los filisteos en aquel tiempo juntaron sus ejércitos para la guerra, y se congregaron en Soco, que es de Judá, y acamparon. *También Saúl y los hombres de Israel se juntaron, y acamparon en el valle de Ela, y se pusieron en orden de batalla contra los filisteos y estaban en un monte unos de cada lado. Y se paró un paladín y dio voces a los escuadrones de Israel, diciéndoles: ¿Para qué os habéis puesto en orden de batalla? ¿No soy yo el filisteo, y vosotros los siervos de Saúl? Escoged de entre vosotros un hombre que venga contra mí.*

Si él pudiere pelear conmigo, y me venciere, nosotros seremos vuestros siervos; y si yo pudiere más que él, y lo venciere, vosotros seréis nuestros siervos y nos serviréis.

Y añadió el filisteo: Hoy yo he desafiado al campamento de Israel; dadme un hombre que pelee conmigo.

Oyendo Saúl y todo Israel estas palabras del filisteo, se turbaron y tuvieron gran miedo. Venía pues aquel filisteo por la mañana y por la tarde, y así lo hizo durante cuarenta días.

Aquí estos cuarenta días me llamaron la atención; una vez más podemos ver cómo nuestro enemigo no se cansa y no duerme. Y como podemos ver en la historia, David fue a llevarles comida a sus hermanos como Isaí le había mandado; *y llegó al campamento cuando el ejército salía en orden de batalla y daba el grito de combate. Y se pusieron en orden de batalla Israel y los filisteos, ejército frente a ejército. Pero nadie se atrevía a pelear contra aquel paladín. Entonces David dejó su carga en mano del que guardaba el bagaje, y corrió al ejército; y cuando llegó, preguntó por sus hermanos, si estaban bien. Para resumirles la historia, todos los que estuvieron allí tuvieron temor de aquel paladín. Pero David no se acobardó le dijo a Saúl: No desmaye el corazón de ninguno a causa de él; tu siervo irá y peleará contra este filisteo.*

Dijo Saúl a David: No podrás porque tú eres muchacho, y él un hombre de guerra desde su juventud. David dijo: Tu siervo era pastor de las ovejas de su padre; y cuando venía un león, o un oso, y tomaba algún cordero de la manada, salía yo tras él, y lo hería, y lo libraba de su boca; y si se levantaba contra mí, yo le echaba mano de la quijada, y lo hería y lo mataba. Fuese león, fuese oso, tu siervo lo mataba; y este filisteo incircunciso será como uno de ellos, porque ha provo-

cado al ejército del Dios viviente. Añadió David: Jehová, que me ha librado de las garras del león y de las garras del oso, él también me librará de la mano de este filisteo. Y dijo Saúl a David: Ve, y Jehová esté contigo. David probó las ropas de guerra y no le pareció por ser pesadas y no estaba acostumbrado. Y tomó su cayado en su mano, y escogió cinco piedras lisas del arroyo, y las puso en el saco pastoril, en el zurrón que traía, y tomó su honda en su mano, y se fue hacia el filisteo. Y el filisteo lo tomo en poco ¿Soy yo perro, para que vengas a mí con palos? Y maldijo a David por sus dioses.

Dijo luego el filisteo a David: Ven a mí, y daré tu carne a las aves del cielo y a las bestias del campo. Entonces dijo David al filisteo: Tú vienes a mí con espada y lanza y jabalina; mas yo vengo a ti en el nombre de Jehová de los ejércitos, el Dios de los escuadrones de Israel, a quien tú has provocado.

Jehová te entregará hoy en mi mano, y yo te venceré, y te cortaré la cabeza, y daré hoy los cuerpos de los filisteos a las aves del cielo y a las bestias de la tierra; y toda la tierra sabrá que hay Dios en Israel. Y sabrá toda esta congregación que Jehová no salva con espada y con lanza; porque de Jehová es la batalla, y él os entregará en nuestras manos. Y aconteció que cuando el filisteo se levantó y echó a andar para ir al encuentro de David, David se dio prisa, y corrió a la línea de batalla contra el filisteo. Y metiendo David su mano en la bolsa, tomó de allí una piedra, y la tiró con la honda, e hirió al filisteo en la frente; y la piedra quedó clavada en la frente, y cayó sobre su rostro en tierra. Así venció David al filisteo con honda y piedra; e hirió al filisteo y lo mató, sin tener David espada en su mano. Entonces corrió David y se puso sobre el filisteo; y tomando la espada de él y sacándola *de su vaina, lo acabó de matar, y le cortó con ella la cabeza. Y cuando los filisteos vieron a su paladín muerto, huyeron.*

A través de esta historia quedé totalmente convencida de este ayuno de cuarenta días. Para leer más sobre la historia, ve a 1 Samuel 17.

Sabes, estas cinco piedras lisas que David tomó también me llamaron la atención. David tomó cinco, la del Goliat y otras cuatro para los otros gigantes si se metían a defender a su paladín. Es ahí que en estos cuarenta días de nuestro ayuno declaramos cuarenta piedras lisas, espiritualmente hablando, porque hay gigantes que derribar, destrozar con el poder de la Palabra. *Porque hay género no sale sino con oración y ayuno* (Mateo 17:21).

Y tomamos Las cuarenta piedras lisas que tienen nombres. Cada vez que tengas que tomar las tuyas, date prisa como lo hizo David, que de seguro la victoria tendrás. Y para comenzar, lo primero es tener las herramientas correctas; ¿por qué correctas? Debido a que es una guerra espiritual y no una salida a alguna fiesta de gala, que nos arreglamos para salir y nos vamos al salón de belleza al retoque de las uñas, etc., y luego a disfrutarla. Pues no; no es así, porque es una lucha espiritual, y nuestras vestimentas son espirituales para luchar, *no contra carne ni sangre sino contra principados, contra*

> *Es ahí que en estos cuarenta días de nuestro ayuno declaramos cuarenta piedras lisas, espiritualmente hablando, porque hay gigantes que derribar, destrozar con el poder de la Palabra.*

potestades, contra los gobernadores de las tinieblas de este siglo, contra huestes espirituales de maldad en las regiones celestes. Y nuestras vestimentas deben ser las adecuadas. La verdadera victoria comienza por saber quién es usted, por tanto, debemos estar listas y arregladas para la guerra, *tomando toda la armadura de Dios, para que podáis resistir en el día malo, y habiendo acabado todo, estar firmes.*

Estad, pues, firmes, ceñidos vuestros lomos con la verdad, y vestidos con la coraza de justicia y calzados los pies con el apresto del evangelio de la paz. Sobre todo, tomad el escudo de la fe, con que podáis apagar todos los dardos de fuego del maligno. Y tomad el yelmo de la salvación y la espada del Espíritu, que es la palabra de Dios; orando en todo tiempo con toda oración y súplica en el Espíritu, y velando en ello con toda perseverancia y súplica por todos los santos. Así vamos con las vestimentas de las armaduras espirituales, las herramientas que Dios nos da en su Palabra.

Para escudriñar más, leer en el libro de Efesios, capítulo seis, y tomar la preparación adecuada llenándose del Espíritu Santo.

Cuando Dios te entregue esta palabra, hay gigantes que derribar; levántate con el poder de Dios y derríbalos, en el nombre de Jesús. Y a través del llamado a este viaje nos levantamos como guerreras en oración, cerrando toda puerta que estorbe nuestra vida de oración, rompiendo toda oscuridad contra el llamado de Dios y todo lo que nos distraiga, aplicando la sangre de Jesús sobre nuestras vidas, y la tuya que me lees, para que siempre sean sometidas a la vida de oración.

Hoy les presentamos nuestras cuarenta piedras lisas, que llevan nombres, y estamos activadas para la guerra, y mientras lanzamos, iremos obteniendo los galones, los cuales se los presentamos como lo hizo David.

Con todas las perspectivas y ojos abiertos de lo que Dios va a hacer, con la postura y en la posición adecuada, escuchando la señal y dando en el blanco, la victoria es nuestra. *Ninguno que milita se enreda en los negocios de la vida, a fin de agradar a aquel que lo tomó por soldado* (2 Timoteo 2:4). Como soldados marchando y guerreras ungidas, escuchamos la orden de nuestro siguiente paso. El momento es ¡ahora!

Tomando mis 40 piedras lisas

Al comienzo del ayuno de 21 días con la pastora Yolanda, recuerdo que ella me habló de 40 días de ayuno; al igual que la pastora, nunca pensé que los 40 días iban a comenzar al siguiente día de culminar el ayuno de 21 días. Pero como he dicho, los planes de Dios no son nuestros planes, y hemos entendido que Dios tiene algo más para nosotras.

En los devocionales de nuestros 21 días de ayuno, usamos como referencia un libro titulado: *Reglas de combate*, de Cindy Trimm. Y es en ese libro donde aprendimos a obtener nuestros *galones*:

¿Galones? Quizás dirás como yo cuando vi por primera vez esta palabra, dije: "¿Pero un galón de qué?". Rápido pensé en los galones de leche o de agua. Pero al buscar con claridad lo que significa la palabra galón, pude entender muchas cosas. Pues el galón del cual le estaré hablando no es un galón de leche, ni de agua, no es medida de capacidad para líquidos, no; el galón del cual le hablo es una cinta que se usa en el ejército. Es un distintivo que llevan en el brazo o en la bocamanga del ejército o de cualquier otra fuerza militar organizada. Es una insignia que indica la jerarquía militar. (Más adelante veras varios ejemplos de lo que es un galón).

Dependiendo del rango de la persona en la fuerza militar, va obteniendo galones o cintas en su uniforme, ya sea en el pecho o la manga. Pero es así como los que le ven pueden identificar su posición dentro de la milicia.

Estamos en el ejército de Dios. Y el enemigo tiene que reconocer que somos hijas de Dios. *Jehova-Gibor* es el poderoso hombre de guerra, Él es nuestro comandante, Él es nuestro jefe. Él nos está dando directrices, instrucciones, para la guerra. Ahora vamos por más; ¿estás preparada para obtener tus galones?

Día 1
Tomando mis 40 piedras
P. Yolanda

En mi Bet-el. Casa de Yahvé, puerta del cielo.

"Salió, pues, Jacob de Beerseba, y fue a Harán. Y llegó a un cierto lugar, y durmió allí, porque ya el sol se había puesto; y tomó de las piedras de aquel paraje y puso a su cabecera, y se acostó en aquel lugar. Y soñó: y he aquí una escalera que estaba apoyada en tierra, y su extremo tocaba

en el cielo; y he aquí ángeles de Dios que subían y descendían por ella. Y he aquí, Jehová estaba en lo alto de ella, el cual dijo: Yo soy Jehová, el Dios de Abraham tu padre, y el Dios de Isaac; la tierra en que estás acostado te la daré a ti y a tu descendencia. Será tu descendencia como el polvo de la tierra, y te extenderás al occidente, al oriente, al norte y al sur; y todas las familias de la tierra serán benditas en ti y en tu simiente. He aquí, yo estoy contigo, y te guardaré por dondequiera que fueres, y volveré a traerte a esta tierra; porque no te dejaré hasta que haya hecho lo que te he dicho. Y despertó Jacob de su sueño, y dijo: Ciertamente Jehová está en este lugar, y yo no lo sabía. Y tuvo miedo, y dijo ¡Cuán terrible es este lugar! No es otra cosa que casa de Dios, y puerta del cielo. Y se levantó Jacob de mañana, y tomó la piedra que había puesto de cabecera, y la alzó por señal, y derramó aceite encima de ella. Y llamó el nombre de aquel lugar Bet-el, aunque Luz era el nombre de la ciudad primero. E hizo Jacob voto, diciendo: Si fuere Dios conmigo, y me guardare en este viaje en que voy, y me diere pan para comer y vestido para vestir, y si volviere en paz a casa de mi padre, Jehová será mi Dios. Y esta piedra que he puesto por señal, será casa de Dios; y de todo lo que me dieres, el diezmo apartaré para ti". (Génesis 28:10-22)

Este sueño espiritual de Jacob bendijo su vida y las de sus generaciones.

Hoy, en nuestra nueva experiencia, podemos ver que sin importar el desierto en el que nos encontremos, Dios tiene una salida. ¿Cuántas veces pasamos desapercibidas de la bendición que Dios nos quiere entregar? No podemos pensar que por tan solo soñar con que estamos en la luna, al otro día vamos a despertar en ella. Sin embargo, hay sueños que son revelaciones que vienen de parte de Dios a nuestra vida, y si le pedimos discernimiento para entenderlos, Él, a través del Espíritu Santo, nos dará la sabiduría para poder hacerlo, aun cuando estemos en medio de los momentos más difíciles. Los sueños despiertos, por otro lado, nos enseñan que se puede restituir el dinero, la salud, etc., pero no el tiempo. Así que no hay tiempo que perder: Dios quiere que sueñes "despierta", y "duermas" cuando todo parezca silencio. Dios te quiere bendecir con sus sueños y devolverte las sonrisas que el enemigo te ha robado.

Toma la actitud que tomó Jacob en aquel momento y reconoce que Jehová ha estado presente, aun sin que lo vieras, esperando te acerques a Él. Por tanto, en este día primer día, te insto a tomar tiempo y comenzar por pedirle perdón a Dios, por ponerte a cuentas con Él, para que ante su presencia no tengas estorbo, y así, en tu vida hagas un Bet-el, Casa de Yaveh y puerta del cielo. Te invito a soñar despierta a través de la Palabra de Dios, a que hoy te derrames ante la presencia de Papá Dios como lo hizo Jacob, para que Él sea tu ungüento fresco y la marca de tu casa en victoria. Y como aquel otro guerrero, David, derriba todo pensamiento que un día te dijo que no se puede; ahora lanza y conquista, toma tus cuarenta piedras lisas, úngelas y ponles nombre, uno que declare una Palabra de poder sobre tu vida. Dilo con tu boca: él Señor restituirá los años que comió la oruga, el saltón, el revoltón y la langosta, *"mi gran ejército que envié contra vosotros"*. (Joel 2:25).

La paz de Dios sea contigo.

"En Dios está mi salvación y mi gloria; En Dios está mi roca fuerte, y mi refugio. está en Dios". (Salmos 62:7)

"Acercándoos a él, piedra viva, desechada ciertamente por los hombres, mas para Dios escogida y preciosa, vosotros también, como piedras vivas, sed edificados como casa espiritual y sacerdocio santo, para ofrecer sacrificios espirituales aceptables a Dios por medio de Jesucristo". (1 Pedro 2:4-8)

¡Descansa en el Señor, nuestra roca fuerte!
¡Sueña en grande!

Recibiendo mi galón
P. Mercedes

En este día hemos recibido el galón del *perdón*.

El poder pedir perdón a Dios por todas nuestras fallas; pedirle perdón por todas las veces que lo hicimos a un lado; perdón por afanarme por mi vida y no tomar el tiempo para entregársela a Él.

Qué lindo es poder sentir en este día cómo Dios nos da paz y perdona. Por tanto, es fundamental perdonar a aquellos que nos han ofendido. Dice la palabra de Dios en el Evangelio de Mateo 18:15-27, que si no perdonamos de corazón a nuestros hermanos, tampoco el padre nos perdonará a nosotros.

Recuerda siempre acompañar tu ayuno con una confesión de pecados. Confiesa tus pecados, tus debilidades espirituales, tu falta de dependencia en Dios, pues es a través de esto que podemos experimentar el perdón limpiador de Cristo Jesús.

RECIBE TU GALÓN:
PERDÓN.

DÍA 2
¡EFATA! ¡EFATA!
P. Yolanda

Mujer, sean abiertos tus ojos, tus oídos y tu boca, llénate, porque Dios te necesita.

"He aquí vienen días, dice Jehová el Señor, en los cuales enviaré hambre a la tierra, no hambre de pan, ni sed de agua, sino de oír la palabra de Jehová". (Amós 8:11)

Los tiempos que estamos viviendo son muy difíciles, muchas personas no saben a dónde ir en momentos de necesidad. Si bien es importante poder ayudar en las necesidades en armonía y amor los unos a los otros, es fundamental suplir lo que tiene que ver con las necesidades espirituales.

> *"¿Cómo, pues, invocarán a aquel en el cual no han creído? ¿Y cómo creerán en aquel de quien no han oído? ¿Y cómo oirán sin haber quien les predique?".* (Romanos 10:14)

Hoy es tiempo de saber que Dios nos puede usar como canal de bendición para otros en este tiempo de angustia.

Muchos no han oído de Jesús y otros se han desviado de lo que un día conocieron y ahora andan ciegos, sordos y mudos espiritualmente. Así que para poder ayudarles, nosotras tenemos que estar llenas de la presencia del Espíritu Santo de Dios, para en el nombre de Jesús predicar libertad a aquellos que se encuentran en necesidad. No hay otra manera de hacerlo más que acercándonos a Dios, escuchando y obedeciendo su Palabra poderosa.

Nuestras oraciones declaran que Dios vendrá a tu vida y serás libre de toda enfermedad espiritual que ha estado dañándote. Sé libre. Es hora de acudir a la presencia de nuestro Dios cómo nunca. Entrégate a Él.

Por eso hoy te digo: "Efata", porque el mismo Jesús que sanó a aquel sordomudo en Marcos 7:32-37, puede libertarte y sanarte hoy. Dice la Escritura:

> *"Y le trajeron un sordo y tartamudo, y le rogaron que le pusiera la mano encima. Y tomándole*

aparte de la gente, metió los dedos en las orejas de él, y escupiendo, tocó su lengua; y levantando los ojos al cielo, gimió, y le dijo: Efata, es decir: Sé abierto. Al momento fueron abiertos sus oídos, y se desató la ligadura de su lengua, y hablaba bien".

¿Te parece, digamos, antiestética la forma en que Jesús lo hizo? ¿Estás esperando algo grande a Dios? Pues Él lo hará a su manera, y siempre será mucho mejor. El mensaje implícito aquí es que cada vez que esperemos algo de Él, será muy diferente su actuar a como estamos acostumbrados. Así que sea como a Él le plazca en su voluntad y no como nuestra mente limitada piensa que es la adecuada. Recuerda este principio: si a Dios pides algo grande, deja que Él lo hagan en grande. Hoy Dios puede comenzar a darte libertad de todo lo que te tiene detenida. Probablemente no comprendas sus planes, aun sus promesas para ti. Sin embargo, declaro que su propósito cobre vida sobre ti y que por su nombre se cumplirá.

¡Efata, sé abierta!

Recibe tu milagro hoy.

Recibiendo mi galón
P. Mercedes

Hoy recibimos el galón de la *obediencia*.

Cuando uno obedece a Dios tiene recompensa. Yo no podía imaginar cuán grande iba Dios a recompensarme por mi obediencia a su Palabra, además de aceptar entrar en estos ayunos.

"Respondió Jesús y le dijo: El que me ama, mi palabra guardará; y mi Padre le amará, y vendremos a él, y haremos morada con él". (Juan 14:23)

"Andad en todo el camino que Jehová vuestro Dios os ha mandado, para que viváis y os vaya bien, y tengáis largos días en la tierra que habéis de poseer". (Deuteronomio 5:33)

Al leer las Escrituras podemos ver tantas promesas que nos da Dios cuando somos obedientes.

RECIBE TU GALÓN:
OBEDIENCIA.

•

Día 3
NO TE CANSES DE ORAR
P. Yolanda

Hoy comencemos en voz alta a adorar, y a declarar que nos presentamos como sacrificio vivo, santo y agradable para Dios, como una ofrenda ante su presencia. Oremos pidiendo ser de su agrado, solo para Él.

Señor, deseamos tu presencia, dependemos de tu ayuda totalmente para nuestra vida, hacemos a un lado nuestros propios deseos y necesidades físicas para escuchar tu voz.

Oremos también por la salvación de las almas.

Señor, rogamos que te conozcan a ti y a tu Hijo Jesús como Salvador y Señor, que te reciban en su corazón para que caminen en la misma fe y obediencia, para que reciban la paz que tanto necesitan.

Pidamos en oración que cada vez que encontremos a alguien en necesidad podamos ser ese canal de bendición que brinde ayuda.

El verdadero ayuno en Isaías 58:1,11 es:

"Clama a voz en cuello, no te detengas; alza tu voz como trompeta, y anuncia a mi pueblo su rebelión, y a la casa de Jacob su pecado.

Jehová te pastoreará siempre, y en las sequías saciará tu alma, y dará vigor a tus huesos; y serás como huerto de riego, y como manantial de aguas, cuyas aguas nunca faltan".

Por tanto, no te canses de orar,

por ti,

por tu familia,

por los que te rodean.

No, no te canses de orar y al mismo tiempo de creer en fe que lo que pidieres en oración; según la voluntad de nuestro Padre celestial, lo recibirás.

La oración tiene poder y atrae las bendiciones y la dirección de Dios para la vida.

¡Ora en la mañana!

¡Ora en la tarde!
¡Ora en la noche!
¡Sigue orando al otro día!
Porque Dios escucha tu oración.

Recibiendo mi galón
P. Mercedes

Hoy recibimos el galón de la *oración* e *intercesión*.

Pregunté al Señor sobre el tema que debía tocar en este devocional, y sentí con fuerza la convicción de no hablar de nada sino orar por todo.

La palabra de Dios nos dice que debemos orar: *"…con toda oración y súplica en el Espíritu, y velando en ello con toda perseverancia y súplica por todos los santos"* (Efesios 6:18).

> *"Y volví mi rostro a Dios el Señor, buscándole en oración y ruego, en ayuno, cilicio y ceniza. Y oré al Jehová mi Dios e hice confesión y diciendo: Ahora, Señor, Dios grande, digno de ser temido, que guardas el pacto y la misericordia con los que te aman y guardan tus mandamientos; hemos pecado, hemos cometido iniquidad, hemos hecho impíamente, y hemos sido rebeldes, y nos hemos apartado de tus mandamientos y de tus ordenanzas".* (Daniel 9:3-5)

Te insto a separar tiempo para orar e interceder en todo momento.

RECIBE TU GALÓN:
INTERCESIÓN.

•

Día 4

Mirra
P. Yolanda

Para hoy, un breve escrito que nos ayuda a recordar nuestra impotencia de ser sensibles y escuchar la voz de Dios que nos habla a través de su Palabra. En la Palabra de Dios encontramos respuestas y solución a los problemas. La reflexión de hoy te será de gran ayuda.

Me levántate muy de mañana. Eran las cinco de la madrugada y me encontraba orando al Padre. Después de esto, Él me bendijo grandemente en su Palabra, en la adoración y reflexión, en el estudio devocional; todo fue como un ungüento fresco, donde su bálsamo de sanidad se derramó como un poema en mi ser. ¿Qué más podemos decir?

Nuestro Amado es hermoso, es distinguido.

"Mi amado es blanco y rubio, Señalado entre mil". (Cantares 5:10).

Y cómo para Dios nosotros somos la novia de Cristo, señalamos que nuestro Rey se distingue entre muchos, como lo describe Cantares. Con esto muy temprano fui colmada de sus beneficios. Junto al salmista digo: *"Bendito* el Señor; cada día nos colma de beneficios. El Dios de nuestra salvación" (Salmos 68:19).

¡Mirra, intensa presencia!

Podemos declarar entonces que el calendario divino corre de acuerdo con lo que Dios quiere para este tiempo con cada una de nosotras. Nuestra vida está en las manos de Dios y nos llena de su intensa presencia. Nos movemos y somos de acuerdo con su agenda; le pertenecemos.

> *"Y estas palabras que yo te mando hoy, estarán sobre tu corazón; y las repetirás a tus hijos, y hablarás de ellas estando en tu casa, y andando por el camino, y al acostarte, y cuando te levantes".* (Deuteronomio 6:6-7)

¡Aleluya, glorioso es su nombre! Amén y amén.

Permite al Amado de nuestra vida que derrame de su fragancia de mirra sobre ti y lleves su aroma celestial donde quiera que vayas. Recuerda lo importante que es ser sensible a escuchar la voz de Dios que te habla a través de su Palabra.

Recibiendo mi galón

P. Mercedes

Hoy recibimos el galón de la *unción*.

Hay una unción aquí, cayendo sobre mí, llenándome, sanando mi ser. Mi espíritu y mi alma se está llenando con el poder su Espíritu Santo, mi vida nunca más será igual.

¿Cómo está tu copa hoy? Está boca arriba y lista para recibir la unión de Dios. ¿Lista para recibir el aceite fresco que Él tiene para tu vida?

Declaro que tu copa rebose. Que tu copa sea llena de la presencia de Dios. De ese dulce aroma del cielo. Que tu copa rebose para que los que te rodean también puedan recibir. Que des por gracia lo que por gracia has recibido.

"El Espíritu del Señor es sobre mí, Por cuanto me ha ungido para dar buenas nuevas a los pobres; Me ha enviado a sanar a los quebrantados de corazón; A pregonar libertad a los cautivos, Y vista a los ciegos; A poner en libertad a los oprimidos". (Lucas 4:18)

RECIBE TU GALÓN:
UNCIÓN.

•

Día 5

Sabiduría

P. Yolanda

Hay una invitación para ti en esta ocasión, es a la sabiduría. La sabiduría te está llamando.

"Yo amo a los que me aman, Y me hallan los que temprano me buscan". (Proverbios 8:17)

Para todo necesitamos la sabiduría, para hablar, para reír, para abrazar, para ayudar, para avanzar, para disciplinarnos, para edificar, para aconsejar, para todo. Ahora, si hicieras una lista de las cosas que más anhelas en la vida, ¿la sabiduría sería una de ellas?

Podemos vivir una vida victoriosa solo cuando tenemos la capacidad de ver la vida desde la perspectiva de Dios. De modo que la invitación hoy es a abrazar la sabiduría. Como dice su Palabra:

"Y si alguno de vosotros tiene falta de sabiduría, pídala a Dios, el cual da a todos abundantemente y sin reproche, y le será dada". (Santiago 1:5)

La sabiduría se encuentra en Dios, en quien están todos los tesoros de la sabiduría y del conocimiento. Encontramos la vida de Cristo en su Palabra, y esta debe habitar en nuestro corazón.

Puede que te sientas por momentos indecisa o desorientada, que no sabes qué decidir o qué hacer. Ve, pues, en pos de la sabiduría, de la dependencia a Dios, para hallar firmeza en tus actividades, trabajo, familia, ministerio, buena relación con aquellos que te rodean. Lleva cautivo todo pensamiento a Cristo. Él nos capacita para vivir completamente confiadas, tanto que si pedimos, nos da; si buscamos, hallamos; si llamamos, se nos abre.

"Porque todo aquel que pide, recibe; y el que busca, halla; y al que llama, se le abrirá". (Mateo 7:8)

Procura tomar siempre tiempo a solas en la presencia de nuestro Dios, porque Él es quien tiene cuidado de tu vida. Él te hará entender. Hoy te dice: *"Te haré entender, y te enseñaré el camino en que debes andar; Sobre ti fijaré mis ojos"*. (Salmos 32:8)

Puedo dar testimonio de que una vez que avanzó el día de hoy, pude hablar con una mujer muy especial para mí, para mi familia y la congregación, ella es Mishkan. Aun cuando ella se encontraba en El Salvador, sentíamos lo cerca que estábamos. Hablamos de las grandezas de nuestro Dios. Le compartí sobre cómo nos estaba yendo en nuestras actividades y le conté sobre algunas vigilias que habíamos tenido. Juntas glorificamos al Señor por la obra que está haciendo en nuestros respectivos lugares. Hablamos, reímos, oramos, y fue allí donde el Señor me permitió compartirle sobre el devocional de esta mañana, sobre la sabiduría que se encuentra en el Señor. Por eso, pienso en lo que su Palabra dice: *"Yo amo a los que me aman, y me hallan los que temprano me buscan"* (Proverbios 8:17-18). También le compartí sobre este libro, y en especial sobre el día de la mirra.

En nuestra comunión a distancia le dimos la libertad al Espíritu Santo de obrar en nosotras por medio de la adoración y la oración. Nos gozamos juntas en su presencia.

Al terminar, ella me testificó sobre una planta de mirra que había en el lugar donde ella se encontraba. Le pedí que me enviara una foto. Me despedí; no sin antes declararle que se levantará como una profeta en aquel lugar donde se encuentra, para que despierten los que están durmiendo; que ministrara en el nombre de Jesús y en su sabiduría, sabiendo que si el Señor la tenía allí es con algún propósito para Él; que se dejara llenar de gloria como como lo hizo Débora debajo de una palmera, que tomara una silla las veces que pudiera en un acto de fe y se sentara debajo de esa planta para que pudiera ver cómo Dios mismo derramaba su sabiduría y su mirra (aceite esencial) sobre ella. Carmen Hernández, gracias por compartir aquella foto tan hermosa y significativa. Recuerda que eres muy especial. Sé llena de la sabiduría y del aceite fresco que papá Dios tiene para los que le buscan. Te bendigo en el nombre de Jesús.

Querida lectora, si tú también quieres sabiduría, pídela a Dios y te la dará. Búscala de mañana, porque Él ama a los que le buscan.

¡Alabado sea Jehová!

Recibiendo mi galón
P. Mercedes

Hoy recibimos nuestro galón de la *disciplina*.

La disciplina tiene muchos significados. La disciplina supone la capacidad para controlar los impulsos, sobre todo aquellos que nos apartan de los objetivos y más bien nos inclinan al goce de los placeres más inmediatos. De allí que la disciplina sea muy importante a la hora de alcanzar metas, tanto a nivel personal (como ponerse en forma), como a nivel laboral (ser más productivo), y aun en lo académico (mayor rendimiento).

Es muy importante tener disciplina en la vida. Lo puedo ver cuando suena mi alarma todos los días en la madrugada, donde si yo no me disciplino a levantarme en cuanto suena, me pierdo la bendición de buscar a Dios de madrugada. Gracias a la disciplina es que pude escribir este libro, porque de otra forma al menor impulso sería seguir durmiendo y dejar de escribir. Pero ya no es tiempo de eso, es tiempo de adquirir el hábito de ser disciplinadas.

Ya viví muchos años de mi vida dejándome llevar por el impulso y perdí mucho tiempo siendo así. Hoy le doy gracias a Dios por la disciplina que Él ha puesto en mí.

La Palabra de Dios nos habla de la disciplina en el libro de Proverbios, no dejes de meditar en ellos.

Proverbios 23:12: *"Aplica tu corazón a la enseñanza, y tus oídos a las palabras de sabiduría"*.

Proverbios 13:24: *"El que detiene el castigo, a su hijo aborrece; más el que lo ama, desde temprano lo corrige"*. Hebreos 12:7: *"Si soportáis la disciplina, Dios os trata como a hijos; porque ¿qué hijo es aquel a quien el padre no disciplina?"*.

RECIBE TU GALÓN:
DISCIPLINA.

•

DÍA 6
ABIERTAS, DESPIERTAS Y ALINEADAS
P. Yolanda

"Jehová el Señor me dio lengua de sabios, para saber hablar palabras al cansado; despertará

mañana tras mañana, despertará mi oído para que oiga como los sabios". (Isaías 50:4)

Es hermoso el tiempo en el que el Señor nos aconseja y prepara en su sabiduría inigualable. Hoy, desde que comenzamos a orar, declaramos que: sabiduría, inteligencia y prudencia fueran sobre nosotras. Una de las cosas que me gusta es renovarme día a día en el Señor, tener la mente de Cristo y estar firme en su Palabra. Si nunca has pedido esto, deberías hacerlo.

Después de orar, cada una tomamos el aceite en nuestras manos y nos ungimos y le dijimos a Dios que su ungüento fresco fuera una vez más sobre cada una. Y así nos vestimos de la sabiduría, la inteligencia y la prudencia que papá Dios nos da. En este acto de fe lo recibimos porque creímos. Tengamos siempre abiertos nuestros oídos y ojos, alineemos nuestros pensamientos al propósito que Dios tiene para nosotras.

¡Abiertas en la sabiduría, despiertas en la inteligencia y alineadas en la prudencia! Es el Señor quien nos llama y capacita.

Para este día tomamos un manual muy conocido en nuestro estudio de la mañana, el libro *Metamorfosis*, de la pastora Mercedes Pérez, en donde comparte su historia de vida, sus procesos y cambios, su metamorfosis, porque ella no se quedó atrapada en las situaciones difíciles, sino que le creyó a Dios y decidió levantarse y florecer. Fueron procesos de transformación como mujer, esposa, madre, hija y amiga. Y ahora está de pie, *"como árbol plantado junto a corrientes de aguas, que da su fruto en su tiempo, y su hoja no cae; y todo lo que hace, prospera"*

(Salmos 1:3). Una ocasión, el Espíritu Santo nos guio a entrar en un taller de mujeres que habían sido maltratadas, mujeres con mucha desesperación y sin saber a quién acudir. Son historias, sabemos, muy difíciles, y muchas veces alcanzamos a comprender poco porque no estamos viviendo eso. Pero aquel día nos dispusimos a escuchar sus historias. La pastora leyó parte de su historia, lo que nos conmovió mucho, tanto que en el momento hasta llegó a clamar: "¿Dónde estás Dios mío?". Fue el Espíritu Santo quien nos llevó a realidades que suceden todos los días a esas personas y que afectan a familias y seres queridos a su alrededor.

¿Cuál fue el propósito de traer esas vivencias pasadas en aquel evento? Primero, saber de primera mano sobre aquello que les robó el sueño de niña, cuando muchas pensábamos en una princesa protegida por un príncipe azul, otras el corcel de su príncipe chocó con una realidad que derrumbó su mundo, donde poco a poco comenzaron a crecer, debido al maltrato, capas de dolor, amargura, miedo, tristeza, inseguridades y baja autoestima. Eso leemos en Metamorfosis. Y ahora ya lo escuchamos de viva voz.

En segundo lugar, es para saber cómo responder a la pregunta: ¿alguna vez has sido violada o abusada? Y como no es nuestra realidad (la de muchas otras), al conocer sus historias no nos queda más que ser sensibles y orar fervientemente y pedirle a Dios que la valentía para asumir un papel activo y acercarnos y hablar con estas personas para confortarles, ministrarles y amarles, porque sin duda se requiere valor, tanto para lo espiritual como para lo legal: no callar y denunciar.

"¿Dónde estás Dios mío?", leía la autora, al tiempo que insistía en escuchar siempre a nuestros hijos y a toda aquella mujer que busque hablar de lo que le pasa. Porque en las personas maltratadas, hablar es quitarse un peso de encima, es alivio. Por tanto, el Señor nos insta hoy a que lo busquemos desde muy temprano para oírlo como los sabios y entonces poder aconsejar con lengua de sabios, para saber hablar palabras al cansado. No importa cuán difíciles sean las situaciones de la vida o cuan inesperadas se vean, Dios tiene una solución para que no te quedes cautiva de tu sufrimiento. Entrégale tus cargas a Dios, es nuestro refugio. Sí, entrégaselo para que puedas comenzar una metamorfosis.

Bendecimos la vida de la pastora Mercedes, una mujer que Dios ha permitido que su testimonio llegue a los corazones de muchas personas para que sean libres y se levanten confiadas en que Dios todo lo puede. Hoy más que nunca pide con nosotras sabiduría, inteligencia y prudencia.

Recibiendo mi galón

P. Mercedes

Hoy recibimos el galón de la *sabiduría*.

Recibir cada día algo nuevo de Dios me llena de gozo. Como una niña que recibe un regalo de cumpleaños. Como un niño que espera regalos y se levanta temprano para recibirlos, así me levanto yo todos los días a la espera de los regalos de mi Padre celestial. Pues Dios da regalos de lo alto. Y la sabiduría es algo que siempre le he pedido a Dios, porque la sabiduría es una cualidad de quien posee una gran cantidad de conocimientos y se distingue por usarlos con prudencia y sensatez.

La sabiduría se desarrolla con el tiempo, a partir de las experiencias propias y ajenas, y de la observación y la reflexión sobre la vida. Búscala.

RECIBE TU GALÓN:
SABIDURÍA.

•

Día 7
Cirugía
P. Yolanda

"Mi embrión vieron tus ojos,
Y en tu libro estaban escritas todas aquellas cosas
Que fueron luego formadas,
Sin faltar una de ellas". (Salmos 139:16)

Esta mañana nos levantamos a orar y a estudiar sobre aquellas cosas en las sentimos la necesidad de una intervención. Así como en la medicina una cirugía trata, extirpa y cura, necesitamos en algunas áreas una cirugía espiritual de parte de Dios. Él usa el bisturí de su Palabra para abrirnos y sanarnos. En aquel taller de sanidad interior del libro *Metamorfosis*, pudimos darnos cuenta de que en la vida de esas personas la mayoría de los casos comienzan a temprana edad, o suceden con el transcurso de la vida experiencias que marcan el alma y el corazón, y que se alojan en la mente, y al tiempo surgen en actitudes como inseguridad, nerviosismo, temores, rabia, enojo, y muchas veces la persona no entiende por qué es así. Son vidas confusas, con actitudes de llamar la atención, de rebeldía, de despertarse asustadas durante la noche, de desconfianza ante todos, poco sensibles, que piensan mucho las cosas, son personas depresivas, con sentimientos de venganza, desanimo, soledad, y muchos otros. Y todo proviene de la mente. Las heridas del rechazo, de las deudas económicas, de violaciones, de maltratos, se manifiestan desde la mente y de muchas maneras, porque son heridas que dañan a las personas emocionalmente.

Cuando se trata con esto y se escarba en el pasado, no es para despertar aquellos sentimientos de humillación, si no para sanar con los preceptos de la Palabra de Dios, para permitir que Dios actúe conforme a su verdad, porque solo Dios puede sacar a las personas del estado más vil y menospreciado. Las personas necesitan escuchar la Palabra de Dios para ser verdaderamente libres.

Hoy, el asunto es *endezar*, que quiere decir *llevar atrás*, y es lo que hace el arquero cuando va a lanzar una flecha. En el aspecto espiritual, tiene que ver con llevar la mente a los inicios de la vida, incluso hasta el vientre de la madre. Porque Dios nos conoce desde el vientre y puso su propósito desde un principio, y el de toda persona es que pueda tener una vida saludable en mente y espíritu, con la capacidad de respuesta ante las situaciones que viva. Pero hay un enemigo que no duerme, un *acusador*, que quiere hacernos pensar que somos unos desgraciados y que nacimos para males, y que por tanto no hay otra realidad por vivir más que la presente. Que no hay solución.

Pero Dios levanta y capacita espiritualmente para tratar con estos temas.

En una ocasión llegó una mujer a mi casa muy desesperada por diversas situaciones de vida, y le aconsejé ampararse bajo la sombra del Omnipotente, bajo su Palabra, y por medio de ella endezar su vida, como el arquero lleva hacia atrás su flecha para dispararla con perfección, dirección y fuerza, para que así la Palabra de Dios alinee lo torcido y lo coloque en la dirección adecuada, como una flecha hacia el blanco. De eso tiene poder la Palabra de Dios. El blanco es la victoria en Cristo.

Sabemos que Dios dispone todas las cosas para bien a quienes lo aman.

> *"Porque a los que antes conoció, también los predestinó para que fuesen hechos conformes a la imagen de su Hijo, para que él sea el primogénito entre muchos hermanos. Y a los que predestinó, a éstos también llamó; y a los que llamó, a éstos también justificó; y a los que justificó, a éstos también glorificó".* (Romanos 8:29-30)

A esta mujer también la escuchó atenta mi sobrina Kathyria Arvelo. Una vez que la mujer se fue, le pregunté: ¿Cuál fue tu experiencia en esto que el Señor te permitió presenciar? Con esto, ella puedo entender que debemos siempre estar preparadas y llenas de la presencia de Dios para pelear contra el enemigo, echarlo, porque él no tiene parte con nosotros. Sobre todo aquello que enfrentemos, tenemos la victoria en Él. Para Dios no hay nada imposible, aunque se vean muy difíciles las situaciones, si nos paramos en la brecha, echaremos a ese enemigo, porque no tiene parte con los hijos y las hijas de Dios. Somos más que vencedoras.

Mi sobrina también ha pasado por procesos de metamorfosis, pero por la misericordia de Dios vive en ella. Su proceso se llevó tiempo, pero aquí está, levantada y sirviendo al Señor en toda libertad. Es una flecha bien dirigida hacia el blanco. Fortalecida en Dios. Solo en Dios es posible lo que sucedió en la vida de mi sobrina; aunque se llevó un proceso de sanidad interior, pudimos lograr que ese corazón fuera desahogado para trabajar en él. Jesús, nuestro Salvador, siempre está con sus brazos abiertos esperando que acudamos a Él.

Dios está trabajando a nuestro alrededor, aunque no lo veamos. Dios quiere glorificarse en cualquier situación, hay que dejarlo obrar. El salmista lo dijo: *"Mi embrión vieron tus ojos, y en tu libro estaban escritas todas aquellas cosas que fueron luego formadas, sin faltar una de ellas"* (Salmos 139:16).

En la cirugía de Dios, Él quiere curar hasta restaurar todo al lugar que Dios había querido desde el principio de la vida de una persona, desde el embrión.

> *"Porque yo sé los pensamientos que tengo acerca de vosotros, dice Jehová, pensamientos de paz, y no de mal, para daros el fin que esperáis".*
> (Jeremías 29:11)

El Señor hará la intervención que te permitirá una sanidad interior. ¡Solo en Dios somos más que vencedores!

Recibiendo mi galón
P. Mercedes

Hoy recibimos el galón de la *sanidad*.

¿Cuántas mujeres necesitan ser sanas? Cuando Dios comienza a abrir tus ojos, a darte sabiduría, discernimiento, es cuando puedes comenzar a ver la necesidad tan grande que tienes de sanidad interior. Muchas personas caminan día tras día con tanto dolor en su interior, con cargas del pasado, con heridas que no han podido entregarle a Dios.

Luego de haber leído parte de mi libro *Metamorfosis* en este devocional, recordé de nuevo cómo Dios me ha sanado. Confieso que mientras escribía ese libro hace varios años atrás, Dios me estaba sanando. Recuerdo largas noches donde me sentaba a escribir y sentía cómo en cada palabra Dios me arrancaba ese dolor de mi corazón y me sanaba. Muchos nos ven ahora tan bien, que no imaginan la historia de sanidad.

Sé que no es fácil el proceso. A veces nos hacemos las fuertes, pero dentro de ese corazón fuerte hay una niña que llora, un corazón que necesita ser sanado.

Mujer, abre hoy tu corazón y permite que Dios te sane. La Palabra de Dios dice:

*"El sana a los quebrantados de corazón,
Y venda sus heridas".* (Salmos 147:3)

"No temas, porque yo estoy contigo; no desmayes, porque yo soy tu Dios que te esfuerzo; siempre te ayudaré, siempre te sustentaré con la diestra de mi justicia". (Isaías 41:10)

*"Mi carne y mi corazón desfallecen;
Mas la roca de mi corazón y mi porción es
Dios para siempre". (Salmos 73:26)*

RECIBE TU GALÓN:
SANIDAD.

•

Día 8
Restauración
P. Yolanda

Hay un proceso de restauración para tu vida. ¿Alguna vez ha perdido algo muy valioso y has querido recuperarlo? Así es la vida. Dios ha establecido el diseño y propósito del ser humano, pero al paso de los años las malas decisiones propias o ajenas han hecho retroceder el avance que Dios ha marcado. ¿Quieres seguir a Jesús y reubicar tu camino? Si es así, pídele primero perdón por tu pecado, por el tiempo que has sido indiferente con Él. Luego, ¡prepárate!, porque seguir a Jesús debe ser una vivencia diaria y constante, es tener completamente una relación con Él, en su presencia, en oración y dirección de su Palabra de poder. Él mismo Jesús dijo:

"Si alguno quiere venir en pos de mí, niéguese a sí mismo, tome su cruz cada día, y sígame". (Lucas 9:23).

Cuando no seguimos a Jesús, el enemigo nos roba muchas bendiciones para la vida. Ser seguidores de Jesús es entrar en un proceso de restauración, donde es fundamental seguirlo como modelo de vida. Es reconocer que nada somos sin Él. Es morir a nuestra humanidad, al ego, y comenzar a vivir en la libertad del Espíritu. Es cuando Dios comienza a gobernar nuestra vida y a trabajar en las áreas que nos han dañado y que deben ser restauradas por medio del Espíritu Santo.

Debe ser una constante de vida colocar a Dios en primer lugar. Nos es fácil; el corazón no se dispone a la primera. Pero hay que tomar la decisión. Hazlo. Solo Él puede hacer en tu vida algo diferente, aligerar tus cargas, traer a tu interior una restauración completa, llenarte de su paz, quitar toda raíz de amargura, tristeza, los recuerdos que te carcomen, y hacer de tus días una vida nueva. En palabras más sencillas: es presentarnos al Señor tal y como somos, en humildad ante Él, sin ocultarle nada. Así, Él hará.

"Cercano está Jehová a los quebrantados de corazón; y salva a los contritos de espíritu".
(Salmos 34:18)

La oruga, el saltón, el revoltón y la langosta son como cuatro insectos, pero según los estudios, nada más y nada menos se trata de una misma metamorfosis del mismo insecto. Su ataque destructor hacia las plantas es primero silencioso hasta destrozarla por completo. Como oruga, come poco a poco la hoja; como saltón, termina por comerse la hoja; como revoltón, daña la flor; y una vez langosta, termina por devorarla.

Hoy Dios quiere hacerte pasar por una metamorfosis, restaurarte, devolverte la esperanza, convertir todo para bien aun cuando de momento no lo entiendas. Él puede hacer de tu vida un nuevo comienzo.

"Alegraos y gozaos en Jehová vuestro Dios; porque os ha dado la primera lluvia a su tiempo, y hará descender sobre vosotros lluvia temprana y tardía como al principio. Las eras se llenarán de trigo, y los lagares rebosarán de vino y aceite. Y os restituiré los años que comió la oruga, el saltón, el revoltón y la langosta… Comeréis hasta saciaros, y alabaréis el nombre de Jehová vuestro Dios, el cual hizo maravillas con vosotros; y nunca jamás será mi pueblo avergonzado. Y conoceréis… que yo soy Jehová vuestro Dios, y no hay otro; y mi pueblo nunca jamás será avergonzado". (Joel 2:23-27)

Recibe estas palabras, créelas con fe.

Hay promesas de vida para cada una de nosotras. Pero Dios debe ser colocado en primer lugar; debemos negarnos a nosotras mismas y aceptar que no podemos solas armar nuestro rompecabezas de vida, sino que debemos confiar en Jesús. Él es nuestro sustento, nuestro sanador, quien nos perdona y restaura.

Recibiendo mi galón
P. Mercedes

Hoy recibimos el galón de la *restauración*.

El significado bíblico de restauración es devolver a su estado original todas las dimensiones de la experiencia humana. Es volver a Dios tanto en lo material como en lo espiritual, es parte del proceso de nacer nuevo en Cristo.

Restaurar en el sentido bíblico es regresar al estado original que Dios diseñó para el estado de tu vida.

Dios te quiere restaurar como madre, como esposa, en el ministerio. Yo misma soy una mujer restaurada. Me gusta mucho la palabra "metamorfosis", porque describe la forma en la que Dios me restauró y me transformó con sus manos. Y si lo hizo conmigo, mujer, lo puede hacer contigo también. Dios no hace acepción de personas.

RECIBE TU GALÓN:
RESTAURACIÓN.

·

Día 9
Renovadas día y noche
P. Yolanda

Cada vez que vamos a salir, tomamos un par de piezas de ropa, incluso las tenemos ya listas desde el día anterior. A veces todo resulta bien pensado y combinado; otras, agarramos lo primero que encontramos. El día de hoy, el devocional es de la mano de la pastora Idsia.

Antes de que saliera el sol, oramos, tomamos tiempo para estar en la presencia de Dios, en la experiencia de ese lugar secreto. Todo dispuesto. Pero ¿cómo está nuestra vestimenta espiritual? Sin darnos cuenta, en muchas ocasiones nos presentamos delante de Dios no muy bien "vestidos", y esto es porque no hemos preparado nuestra vestimenta espiritual con el esmero que lo hacemos con la física. En un devocional matutino o tiempo de comunión nocturna, vamos a estar delante del Rey, ¿nos preparamos espiritualmente con la vestimenta adecuada? Sea de día o de noche, debemos procurar estar vestidas de humildad y sencillez de corazón. No pienses que no tienes problemas y que hasta portas alas de angelito. En la renovación, Dios toma nuestras ropas espirituales siempre sucias para lavar nuestros pecados con su sangre. Él lo hace, no nosotros. Es decir, no podemos vestirnos nosotras mismas de gala sin recurrir a Dios. Aun para presentarnos ante Él y tener comunión, Él mismo se ocupa de lavarnos y vestirnos para presentarnos.

Pero esto no quiere decir que cada vez que nos renovamos, después tenemos permiso para el desenfreno y ensuciarnos, al fin que Dios nos limpia. No, no es así. Sin embargo, mientras estemos en este cuerpo y mundo injustos e inmundos, la dinámica es: *"El que es injusto, sea injusto todavía; y el que es inmundo, sea inmundo todavía"* (Apocalipsis 22:11).

De modo que lo que Dios quiere cada día es enseñarnos a renovarnos con una mejor vestimenta, una que no se adapta a las corrientes de este mundo, sino que se transforma *"mediante la renovación de vuestro entendimiento, para que comprobéis cuál sea la buena voluntad de Dios, agradable y perfecta"* (Romanos 12:2). Jesús dijo que el Espíritu Santo, a quien el Padre envió, nos *"enseñará todas las cosas, y os recordará todo o que yo os he dicho"* (Juan 14:26). Mujer, este es tu día de renovación. Decláralo con nosotras.

> *"Vestíos, pues, como escogidos de Dios, santos y amados, de entrañable misericordia, de benignidad, de humildad, de mansedumbre, de paciencia; soportándoos unos a otros, y perdonándoos unos a otros si alguno tuviere queja contra otro. De la manera que Cristo os perdonó, así también hacedlo vosotros. Y sobre todas estas cosas vestíos de amor, que es el vínculo perfecto".* (Colosenses 3:12-14)

¡Hoy me arreglaré con sencillez de corazón y hablaré y andaré con humildad!

Recibiendo mi galón
P. Mercedes

Hoy recibimos el galón de la santidad.

> *"Así que, amados, puesto que tenemos tales promesas, limpiémonos de toda contaminación de carne y de espíritu, perfeccionando la santidad en el temor de Dios".* (2 Corintios 7:1)

> *"… sino, como aquel que os llamó es santo, sed también vosotros santos en toda vuestra manera de vivir; porque escrito está: Sed santos, porque yo soy santo".* (1 Pedro 1:15-16)

Muchos confunden la santidad con la vestimenta. He conocido a muchos con vestimenta de "santidad", cuyo corazón está muy lejos de la verdad. La santidad no se trata de mi vestimenta. La santidad no tiene nada que ver con la apariencia externa, no se trata de reglas de hombres que se viven por imposición. Sino que la santidad es un vestido espiritual, es apartarse, vestirse de consagración al Señor, separarse exclusivamente para un plan y propósito. Es estar disponible para el uso exclusivo de Dios. Por tanto, en nosotras, como separadas para Dios, no cabe la crítica, el chisme, la pornografía, y demás accesorios de vida disipada y pecaminosa. Es guardarse, caminar y pensar como y para Cristo. Este es el vestido que Dios quiere que tú portes.

La santidad es vivir en pureza para Dios, rechazar al mundo y las cosas que están en él. Cada día se debe vivir en santidad, porque sin santidad *"nadie verá al Señor"* (Hebreos 12:14).

RECIBE TU GALÓN:
SANTIDAD.

Día 10
Haz que viva en ti la Palabra
P. Yolanda

Qué hermosa es la palabra de Dios, y mucho más cuando la vivimos. ¿Cómo es esto? Cuando doy testimonio con mi propia vida que Dios vive en mí. Mi comportamiento lo revela.

Con esto en mente, consideremos la vida de la reina Ester, una joven escogida a quien le colocaron la corona real. O a Deborah, mujer profetiza, en cuya historia de vida estuvo siempre presente el favor de Dios. Y que diríamos de Jael, una mujer muy valiente que no era israelita, pero que de forma extraordinaria se puso de parte del pueblo de Dios. O Miriam, hermana de Moisés y Aarón, la primera mujer a la que se le llama profetiza. Por supuesto, sin pasar por alto la vida de Jesús, nuestro máximo ejemplo a seguir. En las vidas de estos personajes y del Señor Jesús vemos personificada la Palabra de Dios en sus formas y acciones de vida, sobre todo para con los demás. Así personaliza la Palabra. Predica a aquellos que necesitan escuchar, sé un instrumento de restauración como tú fuiste restaurada. Dios nos restauró de la lepra espiritual, del orgullo, de la vanagloria, de vivir como si no hubiera Dios; te sanó a ti de cuanta cosa solo tú conoces, te las perdonó y hoy eres una nueva mujer, una nueva criatura. Y como Dios lo hizo contigo, lo puede hacer con otras.

Nuestra vida devocional con la Palabra nos ayuda a personalizar nuestra vida en Dios. ¡Gloria sea a nuestro Dios! Somos sanadas para sanar. Por tanto, es necesario que el mundo sepa por tu testimonio lo que Dios hace, así muchos vendrán a sus pies. Sal y cuenta tu historia. Pídele sabiduría a Dios a través de su Palabra. Estudia en la Biblia cómo Jesús trataba a las personas, cómo se dirigía hacia ellas, cómo se introducía en sus vidas; identifícate con aquellos que comparten una historia parecida a la tuya. Ayúdalos a acercarse al Señor. Habla para edificación.

"Id por todo el mundo y predicad el evangelio a toda criatura. El que creyere y fuere bautizado, será salvo; mas el que no creyere, será condenado. Y estas señales seguirán a los que creen". (Marcos 16:15-17)

¡Personifica la Palabra!

Recibiendo mi galón
P. Mercedes

Hoy recibimos el galón de la *Palabra*.

La Palabra de Dios no se compara en nada a la palabra del hombre. Muchos escuchan el evangelio, pero lo reciben como palabra de hombre, como un simple buen mensaje de parte de una "buena persona", y por eso no produce mayor cosa. Pero cuando la Palabra se recibe como *Palabra de Dios*, como la verdad, esa Palabra no regresa vacía, sino que da fruto.

La Palabra de Dios produce cambios.

La Palabra de Dios produce frutos.

La Palabra de Dios transforma la vida.

La actitud con la que recibas la Palabra de Dios hará la diferencia. Si la recibes como Palabra de Dios, serás transformada. Recibe con solicitud la Palabra de Dios. Créele a Dios y a su Hijo Jesucristo.

De acuerdo con la Palabra:

Arrepiéntete de tus pecados (Hechos 17:30)

Confiesa con fe a Cristo (Romanos 10:9-10)

Bautízate y testifica a otros.

RECIBE TU GALÓN:
LA PALABRA.

DÍA 11
MÁS ALLÁ DE LA VENTANA
P. Yolanda

Cuán glorioso es nuestro Padre en todo lo que hace. Hoy tuve una mañana muy especial junto a la pastora Idsia. Muy de madrugada nos gusta recibir lo que nuestro Dios tiene para cada una de nosotras, una manera de estar alertas a su reloj profético. Daniel oraba tres veces al día; Dios nos levanta y nos une a orar y nos pone distintas asignaciones, que en obediencia hacemos y así Él es glorificado.

Tuvimos un devocional intenso, glorioso. Y como cada día, oré porque se cumpliera el propósito de Dios en nuestra vida. Fue una mañana muy bendecida, sin duda.

Durante la noche, nos juntamos con otras ministras del Señor: Mercedes, Elvia y Aura, tiempo en el que Dios nos entregó una Palabra específica sobre algo que el Señor nos había pedido y lo habíamos obedecido, por tanto, nos esperaba una bendición. Ansiosa estoy por compartirte esta palabra. Estuvimos orando unas por otras, y nos conectamos de tal manera que estuvimos juntas hasta pasada la media noche. Esa palabra seguía en mi espíritu; debía compartirla. Esa palabra era: habíamos sacrificado lo que pudo haber sido nuestro "Isaac" (Génesis 22) y presentamos nuestros cuerpos como sacrificio vivo para adorarle a Él. Dios se había agradado por eso. Había recibido nuestro sacrificio, por tanto, nos bendeciría. La obediencia trae bendición. Esta consecuencia en realidad es por pura gracia de Dios. Toda prueba que no hayamos pasado aún, en realidad ya tiene su bendición. Qué bueno es Dios.

Aquella noche, también nos dio esta palabra: has hecho lo bueno y lo recto, prepárate para tomar el botín y tener paz (2 Crónicas 14). Conforme a esto, asume desde ahora todas las victorias sobre todo ejército que se levante en contra tuya, porque Él ya te ha dado victoria. En oración ganamos las batallas en su nombre. Pero cuando varias mujeres oran juntas el despojo de lo que Dios ya ha preparado es algo poderoso. El enemigo ha querido retener lo que es nuestro y obstaculizarnos, a nuestros esposos, a los hijos, el ministerio, las finanzas, y toda aquella cosa grande que Dios Padre tiene para ti y para mí. Esa noche fue gloriosa, la presencia de Dios nos arropó, Juntas nos ungimos nuestras cabezas con aceite y declaramos en el nombre de Jesús su presencia e hicimos en oración guerra espiritual, nos paramos en la brecha para despojar al enemigo lo que ya es nuestro conforme a la Palabra del Señor.

Alza tus manos, porque están llenas, llenas, llenas de las bendiciones que el Padre te ha entregado. Él quiere que nos sintamos seguras, que sea Él nuestra confianza. Aquella noche de oración el Espíritu Santo nos envolvió de una manera sobrenatural. Nos postramos en su presencia y hoy le damos toda la gloria a nuestro Dios.

Busca con otras mujeres el tener estos encuentros con el Espíritu Santo; anhelen en grupo su presencia. ¡Aleluya, recibe Señor toda la gloria y alabanza! Amén y amén.

Acerca de la oración

Orar no se trata solamente de cerrar los ojos. Cada vez que los cerramos es para negarse a cualquier distracción a nuestro alrededor y únicamente enfocarse en lo espiritual. El propósito es hablar con Dios.

¿Qué es orar a Dios nuestro Creador? Orar a Dios es hablar con Él. Es ponerse mental y anímicamente ante la presencia de Dios para dar gracias o pedir algún favor, o simplemente en actitud contemplativa. Jesús debió enseñar a sus discípulos a orar (Mateo 6:9-15; 7:7-11).

Debemos pedirle a Dios que nos llene de su presencia, de su Espíritu Santo, porque lo necesitamos día a día en la misma manera.

En la oración intercede por nosotros el Espíritu: *"Y de igual manera el Espíritu nos ayuda en nuestra debilidad; pues qué hemos de pedir como conviene, no lo sabemos, pero el Espíritu mismo intercede por nosotros con gemidos indecibles"* (Romanos 8:26).

Sube tú alabanza, sube tú adoración y sube tú oración, porque esa la forma para recibir cosas grandes de parte de Dios. Mujer, eleva tu oración. La oración viaja en las alturas, trasciende muros, para llegar a Dios con nuestras necesidades y recibir ayuda de Dios. Es el poder de la oración: cuando oramos a Dios, Él nos escucha.

Recibiendo mi galón
P. Mercedes

Hoy recibimos el galón del *sacrificio*.

Alabarle

"Así que, ofrezcamos siempre a Dios, por medio de él, sacrificio de alabanza, es decir, fruto de labios que confiesan su nombre". (Hebreos 13:15)

Orar

"Y cuando hubo tomado el libro, los cuatro seres vivientes y los veinticuatro ancianos se postraron delante del Cordero; todos tenían arpas, y copas de oro llenas de incienso, que son las oraciones de los santos…

Y de la mano del ángel subió a la presencia de Dios el humo del incienso con las oraciones de los santos". (Apocalipsis 5.8; 8:4)

Hacer el bien y dar ayuda mutua

"Y de hacer bien y de la ayuda mutua no os olvidéis; porque de tales sacrificios se agrada Dios". (Hebreos 13:16)

Dar ofrendas materiales

"Pero todo lo he recibido, y tengo abundancia; estoy lleno, habiendo recibido de Epafrodito lo que enviasteis; olor fragante, sacrificio acepto, agradable a Dios". (Filipenses 4:18)

Entregarse sacrificialmente al ministerio

"Y aunque sea derramado en libación sobre el sacrificio y servicio de vuestra fe, me gozo y regocijo con todos vosotros". (Filipenses 2:17)

Vivir el evangelio

"Para ser ministro de Jesucristo a los gentiles, ministrando el evangelio de Dios, para que los gentiles le sean ofrenda agradable, santificada por el Espíritu Santo". (Romanos 15:16)

Presentar nuestros cuerpos en santidad

"Así que, hermanos, os ruego por las misericordias de Dios, que presentéis vuestros cuerpos en sacrificio vivo, santo, agradable a Dios, que es vuestro culto racional". (Romanos 12:1)

"Más vosotros sois linaje escogido, real sacerdocio, nación santa, pueblo adquirido por Dios, para que anunciéis las virtudes de aquel que os llamó de las tinieblas a su luz admirable". (1 Pedro 2:9)

Estas son algunas maneras sobre cómo podemos ofrecernos en sacrificio a Dios. Es difícil sacrificar lo que creemos es nuestro para entregárselo a Dios, y esto es porque aún no se ha entendido la gran recompensa que Dios tiene preparada. Así es lo que la pastora Yolanda escribió en los párrafos anteriores, que al obedecer y sacrificar a Dios hay recompensa. De modo que ¡vale la pena el sacrificio!

RECIBE TU GALÓN:
SACRIFICIO.

Día 12
Abre la puerta de tu corazón
P. Yolanda

Cuántas veces has abierto tu confianza a otras personas, aun las puertas de tu casa, y lamentablemente hay quienes no responden a la invitación. Hemos pasado por experiencias en donde hemos salido a visitar personas con el deseo de bendecirlas, y no fuimos bien recibidas o simplemente nos cerraron las puertas. Estas ocasiones es como cuando haces una fiesta y la preparas con gran esmero… y nadie llega. El anhelo de celebración siempre fue teniendo en mente a las personas "indicadas", aquellas que pensamos eran perfectas para el evento. Pero no llegaron.

Sin embargo, no por eso debemos dejar de brindarnos y servir a los demás. Pidamos a Dios sabiduría para tratar con esto. Mantén tu corazón en paz en esta área y que tu hogar y el calor de tu vida misma sigan siendo espacios de esperanza y refugio para otros. Mantente siempre con las puertas abiertas aún para esas personas que siguen sin llegar. Estoy segura de que ese deseo sigue en ti. Así que abre las puertas a una visita, haz una llamada, alguna obra de caridad, y nunca pienses en devolver mal por mal, sino vence al mal con el bien.

"No seas vencido de lo malo, sino vence con el bien el mal". (Romanos 12:21)

Abre tus brazos, y aunque no lleguen, eso no tiene porque opacar la celebración. No pierdas el enfoque, porque hay muchas personas que están esperando una invitación. Que están esperando un abrazo, un consejo, una amistad, una palabra de esperanza, la oportunidad de un nuevo comienzo en su vida, y lo único que necesitan es que tú y yo estemos dispuestas a bendecirles.

Dios nos muestra en su Palabra que se trata de las personas en necesidad, no de nosotros. Las personas sin Cristo necesitan su Palabra. Tú y yo somos instrumentos para aquello de "el que busca, encuentra". Su Palabra, es muy necesaria para restaurar vidas hechas pedazos y tener comunión con Él.

Toma un tiempo para estar en lo secreto con Dios cada día, y que sea Él quien te enseñe como servir a otras y llevar mucho fruto. Te invito a que sigas abriendo la puerta, no solo la de tu casa, sino la de tu corazón, para que el alfarero trabaje en él y, aunque nadie llegue, sigas poniendo la mesa para ser de bendición.

No te desenfoques; ora a Dios; escucha sus estrategias y aprende de su sabiduría. Que no sea un bloqueo espiritual situaciones como estas. Ve más allá de lo que está delante de tus ojos. Mantén el amor y no desistas. Si hoy estás resentida con alguien por una situación como esta, perdona sus deudas y date libertad al respecto. Siempre habrá muchas y nuevas oportunidades.

Parábola de la gran cena

> *"Oyendo esto uno de los que estaban sentados con él a la mesa, le dijo: Bienaventurado el que coma pan en el reino de Dios. Entonces Jesús le dijo: Un hombre hizo una gran cena, y convidó a muchos. Y a la hora de la cena envió a su siervo a decir a los convidados: Venid, que ya todo está*

preparado. Y todos a una comenzaron a excusarse. El primero dijo: He comprado una hacienda, y necesito ir a verla; te ruego que me excuses. Otro dijo: He comprado cinco yuntas de bueyes, y voy a probarlos; te ruego que me excuses. Y otro dijo: Acabo de casarme, y por tanto no puedo ir. Vuelto el siervo, hizo saber estas cosas a su señor. Entonces enojado el padre de familia, dijo a su siervo: Ve pronto por las plazas y las calles de la ciudad, y trae acá a los pobres, los mancos, los cojos y los ciegos. Y dijo el siervo: Señor, se ha hecho como mandaste, y aún hay lugar. Dijo el señor al siervo: Vé por los caminos y por los vallados, y fuérzalos a entrar, para que se llene mi casa. Porque os digo que ninguno de aquellos hombres que fueron convidados, gustará mi cena". (Lucas 14:15-24)

"Porque cualquiera que se enaltece, será humillado; y el que se humilla, será enaltecido. Dijo también al que le había convidado: Cuando hagas comida o cena, no llames a tus amigos, ni a tus hermanos, ni a tus parientes, ni a vecinos ricos; no sea que ellos a su vez te vuelvan a convidar, y seas recompensado. Mas cuando hagas banquete, llama a los pobres, los mancos, los cojos y los ciegos; y serás bienaventurado; porque ellos no te pueden recompensar, pero te será recompensado en la resurrección de los justos". (Lucas 14:11-14)

Recibiendo mi galón
P. Mercedes

Hoy recibimos el galón de la *esperanza*.

"Porque yo sé los pensamientos que tengo acerca de vosotros, dice Jehová, pensamientos de paz, y no de mal, para daros el fin que esperáis". (Jeremías 29:11)

Qué lindo es saber que tenemos esperanza en Dios.

"¿Por qué te abates, oh alma mía, y por qué te turbas dentro de mí? Espera en Dios; porque aún he de alabarle, salvación mía y Dios mío". (Salmos 42:11)

El salmista, al meditar sobre la incertidumbre y la vanidad de la vida, se dirigió a Dios como la base sólida para su esperanza.

La venida de Jesús trajo al mundo la verdadera perspectiva de la esperanza. Somos salvos porque tenemos una esperanza (Romanos 8:24), la cual recibimos por gracia (2 Tesalonicenses 2:16), y fuera de Cristo no hay esperanza (Efesios 2:12,13). Y aún más: Cristo es para el creyente la esperanza de gloria (Colosenses 1:27). La justificación por la fe produce paz y gozo en la esperanza de la gloria de Dios (Romanos 5:1,2). Mediante el Espíritu, el cristiano espera por fe la esperanza de la justicia (Gálatas 5:5). A la segunda venida de Cristo se le llama la *"esperanza bienaventurada"* (Tito 2:13). Se nos dice que la esperanza es una *"segura y firme ancla del alma"* (Hebreos 6:17-19). Debemos compartir con otros aquella arista de la fe cristiana que muchas veces omitimos: valor, entusiasmo, optimismo y gozo, que sirven como un antídoto frente a la desesperación. Sé factor de estimulo para vivir la vida con propósitos claros, definidos, con perspectiva divina. Es una forma de hacer que el reino de Dios avance en esta tierra.

Sin esperanza, la vida pierde su sentido (Lamentaciones 3:18; Job 7:6), y en la muerte no hay esperanza (Isaías 38:18; Job 17:15). Los justos que confían o ponen su esperanza en Dios serán ayudados (Salmos 28:7) y no serán confundidos, avergonzados o decepcionados (Isaías 49:23). Los justos, quienes tienen esta esperanza en Dios, viven confiados en la protección y la ayuda de Dios (Jeremías 29:11) y están libres del temor y de la ansiedad (Salmos 46:2-3).

Junto con la fe y el amor, la esperanza es una virtud perdurable de la vida cristiana (1 Corintios 13:13), y el amor nace de la esperanza (Colosenses 1:4-5). La esperanza produce gozo y paz en los creyentes a través del poder del Espíritu (Romanos 12:12; 15:13). Pablo atribuye su llamado apostólico a la esperanza de la gloria eterna (Tito 1:1-2). La esperanza en el retorno de Cristo es la base para que los creyentes se purifiquen en esta vida (Tito 2:11-14, 1 Juan 3:3).

RECIBE TU GALÓN:
ESPERANZA.

Día 13
Adoración al Altísimo
P. Yolanda

Leía el libro de Daniel, el capítulo seis, que Babilonia tuvo un nuevo rey cuyo nombre era Darío. Él eligió hombres para que le ayudaran, y puso a Daniel como líder. Pero a los otros hombres no les gustaba Daniel y no querían que fuera su líder. Ellos sabían que Daniel oraba, por lo que fueron ante el rey y le pidieron que hiciera una nueva ley que dijera que la gente no podía orar a Dios. El rey la hizo. Decía, además, que las personas que no la obedecieran, serían arrojadas al foso de los leones. Una vez expedida esta ley, los hombres fueron a buscar a Daniel y lo encontraron en vela. Daniel continuaba orando con fervor. Entonces, los hombres fueron delante del rey y le dijeron:

> *"Daniel, que es de los hijos de los cautivos de Judá, no te respeta a ti, oh rey, ni acata el edicto que confirmaste, sino que tres veces al día hace su petición. Cuando el rey oyó el asunto, le pesó en gran manera, y resolvió librar a Daniel; y hasta la puesta del sol trabajó para librarle. Pero aquellos hombres rodearon al rey y le dijeron: Sepas, oh rey, que es ley de Media y de Persia que ningún edicto u ordenanza que el rey confirme puede ser abrogado. Entonces el rey mandó, y trajeron a Daniel, y le echaron en el foso de los leones. Y el rey dijo a Daniel: El Dios tuyo, a quien tú continuamente sirves, él te libre. Y fue traída una piedra y puesta sobre la*

puerta del foso, la cual selló el rey con su anillo y con el anillo de sus príncipes, para que el acuerdo acerca de Daniel no se alterase. Luego el rey se fue a su palacio, y se acostó ayuno; ni instrumentos de música fueron traídos delante de él, y se le fue el sueño. El rey, pues, se levantó muy de mañana, y fue apresuradamente al foso de los leones. Y acercándose al foso llamó a voces a Daniel con voz triste, y le dijo: Daniel, siervo del Dios viviente, el Dios tuyo, a quien tú continuamente sirves, ¿te ha podido librar de los leones? Entonces Daniel respondió al rey: Oh rey, vive para siempre. Mi Dios envió su ángel, el cual cerró la boca de los leones, para que no me hiciesen daño, porque ante él fui hallado inocente; y aun delante de ti, oh rey, yo no he hecho nada malo. Entonces se alegró el rey en gran manera a causa de él, y mandó sacar a Daniel del foso; y fue Daniel sacado del foso, y ninguna lesión se halló en él, porque había confiado en su Dios. Y dio orden el rey, y fueron traídos aquellos hombres que habían acusado a Daniel, y fueron echados en el foso de los leones ellos, sus hijos y sus mujeres; y aún no habían llegado al fondo del foso, cuando los leones se apoderaron de ellos y quebraron todos sus huesos. Entonces el rey Darío escribió a todos los pueblos, naciones y lenguas que habitan en toda la tierra: Paz os sea multiplicada. De parte mía es puesta esta ordenanza: Que en todo el dominio de mi reino todos teman y tiemblen ante la presencia del Dios de Daniel; porque él es el Dios viviente y permanece por todos los siglos, y su reino no será jamás destruido, y su dominio perdurará hasta el fin. El salva y libra, y hace señales y maravillas en el cielo y en la tierra; él ha librado a Daniel del poder de los leones. Y este Daniel prosperó durante el reinado de Darío y durante el reinado de Ciro el persa". (Daniel 6:13-28)

Los cristianos tenemos un enemigo que nunca duerme, y siempre busca la manera de atacarnos para hacernos caer. Pero cuando no logra su objetivo con los de afuera, entonces lo intenta con los de adentro, la gente cercana a nosotros, por lo que comenzamos a escuchar críticas o juicios sobre nuestras formas de consagración a Dios. En la forma en la que adoramos a Dios en nuestra vida. Pero sigamos adorando sin importar nada. Mantengamos como prioridad la adoración, porque de Él es de quien vamos a recibir la recompensa. Cada sacrificio que hagamos para Dios, Él lo recompensa.

"Porque has puesto a Jehová, que es mi esperanza,
Al Altísimo por tu habitación,
No te sobrevendrá mal,
Ni plaga tocará tu morada.
Pues a sus ángeles mandará acerca de ti,
Que te guarden en todos tus caminos.
En las manos te llevarán,
Para que tu pie no tropiece en piedra".
(Salmos 91:9-12)

Sirvan a Jehová tú y tu casa, Él es tu amparo y fortaleza. Sigue orando, adorando y confiando. En medio de aquella pavorosa situación, Daniel tuvo un nuevo amanecer, y estoy totalmente convencida de que en las manos de Dios tú también recibirás tu nuevo amanecer, lleno de vida y en victoria.

¡Solo sigue adorando al Altísimo!

Recibiendo mi galón
P. Mercedes

Hoy recibimos el galón de la *adoración*.

Adoración es la actitud o la intención interna del corazón del hombre para con Dios. Adoramos cuando obedecemos, cuando servimos, o nos rendimos, por amor a Él. Es una forma de vida que permite tener comunión con el Espíritu Santo.

La adoración no es la música pasiva del coro, tampoco el tiempo que pases en el templo, menos la cantidad de dinero que pongas en la ofrenda. Sino que la adoración verdadera es dar honor a Dios con amor extravagante y sumisión extrema. En otras palabras, la adoración verdadera es definida por la prioridad que le damos a Dios en nuestra vida.

¿En qué lugar has puesto a Dios en tu lista de prioridades?

La mayor expresión de verdadera adoración es una vida en santidad.

Siendo contundente: adoramos a Dios porque él es Dios. Punto.

Nuestro amor extravagante, amor y extrema sumisión al Santo de los santos fluye de la realidad de que Dios nos amó primero. Una forma de agradecimiento. En el libro de Salmos 96:5-6 dice: *"Porque todos los dioses de los pueblos son ídolos; pero Jehová hizo los cielos. Alabanza y magnificencia delante de él; poder y gloria en su santuario"*.

Por tanto, nuestra adoración debe ser dirigida al que es digno, porque Él es omnipotente, omnisciente, y omnipresente. No adoramos a Dios por lo que nos da, sino por quién es Él.

RECIBE TU GALÓN:
ADORACIÓN.

Día 14
Susurros
P. Yolanda

"Y Ana oró y dijo:
Mi corazón se regocija en Jehová,
Mi poder se exalta en Jehová;
Mi boca se ensanchó sobre mis enemigos,
Por cuanto me alegré en tu salvación.
No hay santo como Jehová;
Porque no hay ninguno fuera de ti,
Y no hay refugio como el Dios nuestro.

No multipliquéis palabras de grandeza y altanería;
Cesen las palabras arrogantes de vuestra boca;
Porque el Dios de todo saber es Jehová,
Y a él toca el pesar las acciones.
Los arcos de los fuertes fueron quebrados,
Y los débiles se ciñeron de poder.
Los saciados se alquilaron por pan,
Y los hambrientos dejaron de tener hambre;
Hasta la estéril ha dado a luz siete,
Y la que tenía muchos hijos languidece.
Jehová mata, y él da vida;
El hace descender al Seol, y hace subir.
Jehová empobrece, y él enriquece;
Abate, y enaltece.
El levanta del polvo al pobre,
Y del muladar exalta al menesteroso,
Para hacerle sentarse con príncipes y heredar un sitio de honor.
Porque de Jehová son las columnas de la tierra,
Y él afirmó sobre ellas el mundo.
El guarda los pies de sus santos,
Mas los impíos perecen en tinieblas;
Porque nadie será fuerte por su propia fuerza.
Delante de Jehová serán quebrantados sus adversarios,
Y sobre ellos tronará desde los cielos;
Jehová juzgará los confines de la tierra,
Dará poder a su Rey,
Y exaltará el poderío de su Ungido".
(1 Samuel 2:1-10)

En el capítulo dos de 1 de Samuel, vemos este cántico de victoria de Ana. Pero antes de ella cantar con tanto regocijo, lo que primero salió de sus labios fueron susurros que solamente ella y Dios conocían. Ella no daba hijos y se encontraba muy triste, y fue esa su petición delante de Dios. Y Jehová le concedió su petición. Lo vemos en 1 de Samuel capítulo uno, que es como una manera de entender que Dios escucha nuestros susurros desde lo más profundo de nuestro corazón. Mujer, no desistas de ir a la presencia de nuestro Dios para llevar tus peticiones y que halles gracia delante de sus ojos. Él sabe aquello que te conviene según su voluntad, y aun lo que no entiendas te lo hará saber. Solo ten fe y confía.

Sea la paz de Dios sobre tu vida y los tuyos. Amén.

Susurra en tu oración porque ¡Dios te está escuchando!

Recibiendo mi galón

P. Mercedes

Hoy recibimos el galón del *regocijo*.

"Regocijaos en el Señor siempre. Otra vez dijo: ¡Regocijaos!". (Filipenses 4:4)

No siempre es fácil regocijarnos. Pero es la voluntad de Dios que encontremos gozo en la oración. Frente a cada momento de la vida: ¡regocíjate!

"Y sabemos que a los que aman a Dios, todas las cosas les ayudan a bien". (Romanos 8:28)

"El gozo del Señor es nuestra fortaleza". (Nehemías 8:10)

Fue fuerte para mí aceptar la realidad de que yo podía vivir mi vida llena de gozo, pues vivía sintiendo siempre mucha culpabilidad por las situaciones fuertes que había vivido, o me negaba al gozo porque había otros que no podían tenerlo. Pero entendí que el gozo no se trata de cómo uno se sienta, tampoco de lo que he vivido. El gozo es un cambio de actitud frente a la vida. Se trata de cómo vemos las cosas. El apóstol Pablo escribe en la carta a los Filipenses: regocijaos en el Señor. El gozo no es de acuerdo con las circunstancias; el gozo es por quien es Dios, la fuente del gozo es su naturaleza. De Él provienen las fuerzas; de Él proviene todo, y en Él todo nos ayuda a bien.

Echa a un lado la amargura, la tristeza, la pena, la culpabilidad, y comienza a regocijarte.

¡Aleluya, Dios es bueno!

RECIBE TU GALÓN:
REGOCIJO.

•

Día 15
Nuestros días de transformación
P. Yolanda

En este día damos por terminada la serie de capítulos dedicados a la sanidad interior. Tomamos de aquella situación de la vida real de la pastora Mercedes Pérez y pudimos entender que aquellas situaciones difíciles de sucesos similares (o en cualquier área), por muy malas que sean, hay que tratar con ellas y tomar las decisiones y hacer los cambios necesarios.

En el libro *Metamorfosis* podemos ver cómo Dios obró en cada proceso de transformación. Aunque es un libro breve, los motivos por los cuales se escribió fueron muy grandes. Dos años aproximadamente le llevó a la autora escribirlo, pues al escribir cada capítulo fueron surgiendo momentos en los cuales se dio cuenta que todavía debía trabajar en el perdón para terminar procesos en su vida. Con esto podemos ver una vez más que es necesario escudriñar nuestras vidas a través de la lente de la Palabra de Dios y, conforme a su verdad, ver si hay áreas todavía que necesitan restauración, y someterlas a un proceso de sanidad interior; no callarlas sino confesarlas, pedir perdón a quien sea necesario y ser libres, sentirse libre, recibiendo también perdón. Elegir amar. Muchas veces necesitamos de esto sin darnos cuenta, pero si elegimos descansar en Jesús y vivir su Palabra, podremos entender que es posible vivir sin estas ataduras. Basta ya de exclamar: "¡Por qué tuvo que ocurrirme esto!". Sé libre en el nombre de Jesús. Hoy te digo que es necesario escudriñar tu corazón e inquirir en la Palabra de Dios. Por tanto, ¿no crees que hoy es un buen día para averiguar cuidadosamente cualquier cosa o circunstancia que todavía esté estorbando? Haz de este día un comienzo contigo misma para luego ir a ayudar a todas aquellas otras mujeres que todavía no encuentran cómo salir adelante en su vida. Es momento de ir tratando de averiguar lo que hay en tu interior, los detalles que no se manifiestan a primera vista pero que Jesús sí los ve y solo de estos Él puede hacerte libre.

Hay una persona por quien hay que orar, sí, esa persona eres tú. Comienza a orar, a orar por ti.

"Engañoso es el corazón más que todas las cosas, y perverso; ¿quién lo conocerá? Yo, Jehová, que escudriño la mente, que pruebo el corazón, para dar a cada uno según su camino, según el fruto de sus obras". (Jeremías 17:9-10)

El perdón es uno de los temas fundamentales en la Biblia, desde la historia de Adán y Eva en el libro de Génesis, y a través de toda la Escritura, vemos a muchas personas que pecaron y cometieron grandes errores, pero leemos sobre cómo Dios los perdonó y restauró. Son historias llenas de luchas, pero también de triunfo sobre el pecado y el mal. Así es como Dios desea que vivas, en comunión y triunfo con Él. Como Dios no hay nadie fiel y verdadero; anhela perdonar tus pecados y restaurarte.

¡Mujer, prepárate, hoy es el día de tu transformación!

Recibiendo mi galón
P. Mercedes

Hoy recibimos el galón de la *transformación*.

Este galón es algo que llevo muy dentro de mí, porque es toda una metamorfosis. Así se llama mi primer libro, *Metamorfosis, un nuevo amanecer*. Todos los años llevo a cabo un evento titulado con el nombre del libro. Esta palabra metamorfosis significa transformación. Es un proceso muy íntimo. Lo sé, lo viví. Soy una mujer transformada.

Metamorfosis es la evolución o el cambio de una cosa que se convierte en otra. Esta transformación puede ser física o aun simbólica.

> *"Por tanto, nosotros todos, mirando a cara descubierta como en un espejo la gloria del Señor, somos transformados de gloria en gloria en la misma imagen, como por el Espíritu del Señor".*
> (2 Corintios 3:18)

Dios me sacó de lugares oscuros, me cambió de malos hábitos, me transformó de ser una mujer sin propósito a una con propósito, a ser una mujer decidida. Dios ha transformado mis pensamientos, mi hablar, mi caminar. He aprendido a mirarme a través del espejo de Dios y puedo decir que soy una mujer transformada.

Todavía Dios no ha terminado, por lo que voy por más.

RECIBE TU GALÓN: TRANSFORMACIÓN.

•

DÍA 16

¡GRITAD!, PORQUE JEHOVÁ OS HA ENTREGADO LA CIUDAD

P. Yolanda

¿Cuántas veces vemos puertas en nuestras vidas muy cerradas? Las puertas cerradas señalan un camino cerrado. En otro sentido, que tu progreso está siendo bloqueado. Esto puede indicar o que alguna etapa de tu vida está llegando a su fin, o el momento en que deja de existir. Frente a esto, el Señor te da instrucciones de que des un grito de victoria, porque van a comenzar a ocurrir cosas poderosas donde entonces habrá puertas abiertas que representan las nuevas oportunidades, todo tipo de ventajas para tu provecho y victorias.

Esto es algo que podemos aprender de la conquista de la ciudad de Jericó, ciudad que Dios entregó a Josué. Jericó estaba cerrada, bien cerrada, sus puertas estaban bien aseguradas por temor a los israelitas. Nadie entraba ni salía.

"Mas Jehová dijo a Josué: Mira, yo he entregado en tu mano a Jericó y a su rey, con sus varones

de guerra. Rodearéis, pues, la ciudad todos los hombres de guerra, yendo alrededor de la ciudad una vez; y esto haréis durante seis días. Y siete sacerdotes llevarán siete bocinas de cuernos de carnero delante del arca; y al séptimo día daréis siete vueltas a la ciudad, y los sacerdotes tocarán las bocinas. Y cuando toquen prolongadamente el cuerno de carnero, así que oigáis el sonido de la bocina, todo el pueblo gritará a gran voz, y el muro de la ciudad caerá; entonces subirá el pueblo, cada uno derecho hacia adelante. Llamando, pues, Josué hijo de Nun a los sacerdotes, les dijo: Llevad el arca del pacto, y siete sacerdotes lleven bocinas de cuerno de carnero delante del arca de Jehová. Y dijo al pueblo: Pasad, y rodead la ciudad; y los que están armados pasarán delante del arca de Jehová. Y así que Josué hubo hablado al pueblo, los siete sacerdotes, llevando las siete bocinas de cuerno de carnero, pasaron delante del arca de Jehová, y tocaron las bocinas; y el arca del pacto de Jehová los seguía. Y los hombres armados iban delante de los sacerdotes que tocaban las bocinas, y la retaguardia iba tras el arca, mientras las bocinas sonaban continuamente. Y Josué mandó al pueblo, diciendo: Vosotros no gritaréis, ni se oirá vuestra voz, ni saldrá palabra de vuestra boca, hasta el día que yo os diga: Gritad; entonces gritaréis. Así que él hizo que el arca de Jehová diera una vuelta alrededor de la ciudad, y volvieron luego al campamento, y allí pasaron la noche. Y Josué se levantó de mañana, y los sacerdotes tomaron el arca de Jehová. Y los siete sacerdotes, llevando las siete bocinas de cuerno de carnero, fueron delante del arca de Jehová, andando siempre y tocando las bocinas; y los hombres armados iban delante de ellos, y la retaguardia iba tras el arca de Jehová, mientras las bocinas tocaban continuamente. Así dieron otra vuelta a la ciudad el segundo día, y volvieron al campamento; y de esta manera hicieron durante seis días. Al séptimo día se levantaron al despuntar el alba, y dieron vuelta a la ciudad de la misma manera siete veces; solamente este día dieron vuelta alrededor de ella siete veces. Y cuando los sacerdotes tocaron las bocinas la séptima vez, Josué dijo al pueblo: Gritad, porque Jehová os ha entregado la ciudad". (Josué 6:2-16)

De esta porción bíblica podemos aprender un principio de vida: cada acción de conquista comienza con la Palabra de Dios, por lo que debemos estar sensibles a cada instrucción para obedecerle, ya que esa es la única manera de vencer. La única manera de abrir las puertas. Porque *"Bienaventurada la nación cuyo Dios es Jehová"* (Salmos 33:12).

A través de la Palabra vemos que los métodos de guerra de Dios no tienen absolutamente nada que ver con la inteligencia militar, ni con los razonamientos humanos. Sus métodos se basan en la absoluta dependencia hacia Él.

Aprendamos de las cosas que marcaron la victoria de Josué e Israel ante los muros de Jericó: la fe y la obediencia. Josué creyó en el plan de batalla e Israel lo ejecutó. Mostraron valor y confianza a pesar del peligro. Vueltas y vueltas y parecía que nada ocurría, pero confiaron y resistieron, siguieron el plan de batalla, y al paso del tiempo sucedió la victoria. Siempre supieron que no estaban solos, que Dios estaba con ellos y confiaron totalmente en Él.

En Proverbios 21:31 dice: *"El caballo se alista para el día de la batalla; mas Jehová es el que da la victoria"*.

Hoy confirmamos que Dios es quien da victoria por pura gracia. Amén.

Lee conmigo Salmos 144. Confía en su poderosa verdad. Hazlo una oración personal. Así como lo hizo David, pide socorro y prosperidad. ¡Grita!

> *"Bendito sea Jehová, mi roca,*
> *Quien adiestra mis manos para la batalla,*
> *Y mis dedos para la guerra;*
> *Misericordia mía y mi castillo,*
> *Fortaleza mía y mi libertador,*
> *Escudo mío, en quien he confiado;*
> *El que sujeta a mi pueblo debajo de mí.*
> *Oh Jehová, ¿qué es el hombre, para que en él pienses,*
> *O el hijo de hombre, para que lo estimes?*
> *El hombre es semejante a la vanidad;*
> *Sus días son como la sombra que pasa.*
> *Oh Jehová, inclina tus cielos y desciende;*
> *Toca los montes, y humeen.*
> *Despide relámpagos y disípalos,*
> *Envía tus saetas y túrbalos.*

Envía tu mano desde lo alto;
Redímeme, y sácame de las muchas aguas,
De la mano de los hombres extraños,
Cuya boca habla vanidad,
Y cuya diestra es diestra de mentira.
Oh Dios, a ti cantaré cántico nuevo;
Con salterio, con decacordio cantaré a ti.
Tú, el que da victoria a los reyes,
El que rescata de maligna espada a David su siervo.
Rescátame, y líbrame de la mano de los hombres extraños,
Cuya boca habla vanidad,
Y cuya diestra es diestra de mentira.
Sean nuestros hijos como plantas crecidas en su juventud,
Nuestras hijas como esquinas labradas como las de un palacio;
Nuestros graneros llenos, provistos de toda suerte de grano;
Nuestros ganados, que se multipliquen a millares y decenas de millares en nuestros campos;
Nuestros bueyes estén fuertes para el trabajo;
No tengamos asalto, ni que hacer salida,
Ni grito de alarma en nuestras plazas.
Bienaventurado el pueblo que tiene esto;
Bienaventurado el pueblo cuyo Dios es Jehová".

Recibiendo mi galón

P. Mercedes

Hoy recibimos el galón de la *mansedumbre*.

La mansedumbre es fruto del Espíritu Santo. Debes buscar la mansedumbre.

En Números 12:3, de Moisés se dice que era un hombre manso, más que todos los hombres que había sobre la tierra. Para la mayoría de la gente, la mansedumbre significa debilidad; sin embargo, en Moisés no vemos eso. No había nada débil en Moisés, un hombre que mostró un liderazgo y una fortaleza extraordinarios frente a grandes dificultades y pruebas. Pero hubo un hombre aún más manso que Moisés, y fue Jesús. Él dijo: *"Llevad mi yugo sobre vosotros, y aprended de mí, que soy manso y humilde de corazón"* (Mateo 11:29). ¿Recuerdas la forma en la que Jesús lidió con los fariseos? Ciertamente no había nada débil en ello. Jesús dijo: *"Bienaventurados los mansos, porque ellos recibirán la tierra por heredad"* (Mateo 5:5). Aquí vemos una relación importante entre mansedumbre y liderazgo.

¿Qué hace de la mansedumbre algo tan poderoso? Una traducción alternativa para la palabra mansedumbre es "dulzura". Se requiere una gran fuerza para ser suave. La dulzura es lo opuesto a la agresividad. Una mujer segura de y en el amor de Dios no tiene que ser intimidante sino dulce y humilde frente a los demás.

La persona que es mansa ante Dios tiene una fuerza interior tal que le permite ser gentil ante los demás. No es violenta. Esa tranquilidad de espíritu le da templanza.

Una persona con autocontrol o templanza no se da a los atracones del exceso, sino que vive dentro de restricciones suficientes. Esto lo hace ser una persona estable. La mansedumbre en el fondo es reconocer que toda victoria proviene de Cristo, y eso da paz interior. Una paz para soportar tiempos difíciles con paciencia. La mansedumbre hace que nuestra vida se vuelva más dulce de vivir. La mansedumbre y la templanza indican estabilidad en la vida de una persona, así como autoliderazgo. Se requiere estabilidad personal para que Dios nos considere para ser guía de otros.

RECIBE TU GALÓN:
MANSEDUMBRE.

Día 17
Cuán lejos puedes llegar
P. Yolanda

Llegar lejos hoy es posible gracias al uso de la Internet, la red global de ordenadores que permite, entre otras cosas, el intercambio libre de información entre todos los usuarios de computadoras. Me llama mucho la atención el concepto de "intercambio", porque me hace pensar en la oración. En la oración, por medio del Espíritu Santo, nosotras nos conectamos con Dios y hacemos un intercambio, donde la información son nuestras peticiones, necesidades y demás cosas que elevamos al Señor y esperamos una respuesta. Sin duda, no concebimos el ocio y nuestro ejercicio profesional sin el internet y las computadoras.

¿Cómo es que podemos concebir nuestra vida sin el intercambio a través de la oración? La oración es algo sobrenatural; la tecnología ni lo es y no se puede comparar con sus alcances. El alcance del internet es el mundo; el alcance de la oración son los cielos donde habita Dios. Así que, aprovecha la oración, es más, ponte de acuerdo con alguien para orar juntas. Llama a otras, y a otras, y a otras, hagan una cadena de oración. Hemos sido creados para tener una relación de comunión con Dios a través de la oración. Jesús dijo: *"De cierto os digo que todo lo que atéis en la tierra, será atado en el cielo; y todo lo que desatéis en la tierra, será desatado en el cielo. Otra vez os digo, que si dos de vosotros se pusieren de acuerdo en la tierra acerca de cualquiera cosa que pidieren, les será hecho por mi Padre que está en los cielos. Porque donde están dos o tres congregados en mi nombre, allí estoy yo en medio de ellos"*. (Mateo 18:18-20)

Con toda fe y confianza, inicia una red de oración con tus amigos o familiares y experimenten cuán lejos pueden llegar orando a Dios. Tuve la oportunidad de hacer una cadena de oración junto a las pastoras sobre una petición muy importante para mí: un proyecto financiero de mucho beneficio para nuestra familia. Oramos así: *Padre, nuestras vidas, familias, y cada proyecto están en tus manos. Mi petición la deposito en tus manos para que hagas tu voluntad en ella.*

Luego dimos gracias. No pasó mucho tiempo y recibí respuesta: "No". Esto fue lo que a Dios le pareció sobre lo que yo pedí. Y gloria a Dios por su respuesta.

Uno de los anhelos del ser humano es lograr sus metas y ser prosperado en todo emprendimiento. Pero es lamentable que muchos buscan ser bendecidos bajo sus propias estrategias o capacidades, con el objetivo en mente de siempre lograr sus anhelos. Sin embargo, cuando oramos, en ese intercambio estamos dejando aquello en la voluntad de Dios, en lo que Él quiere que hagamos. La oración es para que Él se haga cargo y suceda lo mejor.

Buena fue la respuesta de Dios para mi petición. Su propósito es que sus hijos seamos prósperos, por lo que con su no, Dios quitó de en medio todo lo que no me iba a convenir.

¡Gloria a nuestro Dios por cuán lejos podemos llegar por medio de la oración y someternos a su voluntad! Amén.

Recibiendo mi galón
P. Mercedes

Hoy recibimos el galón de la *sinceridad*.

Hoy tuvimos un hermoso tiempo en oración, hablando y exaltando a nuestro Padre desde la madrugada. Nos conectamos al darle libertad al Espíritu Santo para que ministrara a nuestras vidas.

La sinceridad es la cualidad de estar libre de pretensión, engaño o hipocresía. La Biblia pone en alto valor a la sinceridad: *"El amor sea sin fingimiento"* (Romanos 12:9; cf. 2 Corintios 6:6). También, la fe debe ser sincera (1 Timoteo 1:5).

La sinceridad no es una virtud en sí misma. Una persona puede estar sinceramente equivocada, después de todo. Por ejemplo, el hecho de que alguien crea sinceramente en los marcianos no significa que exista vida extraterrestre. Solo cuando la sinceridad que sucede en nuestra búsqueda de Dios, sin estorbos de ningún tipo, solo buscando su reino y su justicia, es la que al Señor le agrada (Mateo 6:33; Jeremías 29:13).

Todo corazón humano está sujeto al orgullo y a la pretensión. Pero el cristiano, cuando ora, le está permitiendo al Espíritu Santo acceder libremente a todas las áreas de su vida, para con ello revelar ante Dios dónde hay orgullo y falta de sinceridad (Salmos 139:23). Dios se agrada de la sinceridad y obediencia a su Palabra.

> *"Porque no quieres sacrificio, que yo lo daría;*
> *No quieres holocausto.*
> *Los sacrificios de Dios son el espíritu*
> *quebrantado;*
> *Al corazón contrito y humillado no despreciarás*
> *tú, oh Dios".* (Salmos 51:16-17)

Dios conoce la profundidad de nuestro compromiso con Él y el nivel de nuestra sinceridad. No podemos engañarlo (Salmos 139:1-12). Qué bendición es por medio de la oración conectarme con Dios de la manera más sincera posible, pues es la forma en la que Dios escudriña a profundidad el corazón, y donde al estar a solas delante de Él, no hay forma de no actuar con sinceridad. Él sabe todo de ti y de mí.

RECIBE TU GALÓN:
SINCERIDAD.

•

Día 18
Un verdadero Aarón y Hur, para la gloria de Dios
P. Yolanda

Tuvimos de invitada especial a orar de madrugada a la ministra Elvia López, quien nos dirigió en la oración y el devocional de este día. La lectura bíblica fue Eclesiastés 4:9: *"Mejores son dos que uno; porque tienen mejor paga de su trabajo"*.

En Éxodo 17:8-14 vemos a Moisés cansado.

Y dijo Moisés a Josué: Escógenos varones, y sal a pelear contra Amalec; mañana yo estaré sobre la cumbre del collado, y la vara de Dios en mi mano. E hizo Josué como le dijo Moisés, peleando contra Amalec; y Moisés y Aarón y Hur subieron a la cumbre del collado. Y sucedía que cuando alzaba Moisés su mano, Israel prevalecía; mas cuando él bajaba su mano, prevalecía Amalec. Y las manos de Moisés se cansaban; por lo que tomaron una piedra, y la pusieron debajo de él, y se sentó sobre ella; y Aarón y Hur sostenían sus manos, el uno de un lado y el otro de otro; así hubo en sus manos firmeza hasta que se puso el sol. Y Josué deshizo a Amalec y a su pueblo a filo de espada. Y Jehová dijo a Moisés: Escribe esto para memoria en un libro, y di a Josué que raeré del todo la memoria de Amalec de debajo del cielo.

Elvia nos explicaba con esto que nosotras, como ministras del Señor, siempre vamos a necesitar alguien que esté a nuestro lado para soportarnos cuando nos cansemos. Moisés tuvo un Aarón y a un Hur. Esas personas deben ser personas dispuestas realmente para ayudarnos cuando más lo necesitemos. Que nos ayuden a avanzar cuando no podamos más. Esto habla del valor de la unidad. Podemos ganar batallas cuando en unidad otras nos soportan peleando justo al lado de nosotras.

Si todavía no tienes a esa colaboradora que como Aarón y Hur te ayuden en tu cansancio espiritual, ora al Señor para que ponga a tu lado a las indicadas. La pastora Idsia expresó que esta palabra vino a confirmarle que necesitamos fuerzas extra porque no somos *supergirls*, que necesitamos la fuerza de Dios y también de personas que estén a nuestro lado para que levanten nuestras manos en plena lucha. Seamos agradecidas cuando las tengamos. De forma especial agradezco la vida de la ministra Elvia, quien hoy fue ese Aarón y Hur que Dios nos envió esta mañana para levantar nuestras manos. Bendito y glorioso sea el nombre de Jehová. ¡Aleluya!

Recibiendo mi galón
P. Mercedes

Hoy recibimos el galón de la *liberación*.

Liberación es la acción y efecto de obtener la libertad de algo. Implica la supresión de alguna atadura u opresión. ¿Has estado alguna vez en una sala de escape? Una sala de escape es un juego de aventura física, en el que los jugadores están encerrados en una habitación y deben resolver una serie de rompecabezas usando pistas. Hay un límite de tiempo establecido y la mayoría de las pistas conducen a direcciones específicas que deben seguirse para escapar con éxito antes de que se acabe el tiempo, y obtener así ganar el premio mayor.

Cuántas veces en la vida te has sentido como en un cuarto de escape buscando incesantemente ser libre de algo. Hoy Dios dice que puedes ser libre, escapar. Las pistas para esa libertad se encuentran en la palabra de Dios, en la oración y el ayuno. ¡Recibe tu libertad hoy!

> *Dijo entonces Jesús a los judíos que habían creído en él: Si vosotros permaneciereis en mi palabra, seréis verdaderamente mis discípulos; y conoceréis la verdad, y la verdad os hará libres. Le respondieron: Linaje de Abraham somos, y jamás hemos sido esclavos de nadie. ¿Cómo dices tú: Seréis libres? Jesús les respondió: De cierto, de cierto os digo, que todo aquel que hace pecado, esclavo es del pecado. Y el esclavo no queda en la casa para siempre; el hijo sí queda para siempre. Así que, si el Hijo os libertare, seréis verdaderamente libres.* (Mateo 8:31-36)

Recibe tu galón:
LIBERACIÓN.

•

Día 19
Bien alimentada
P. Yolanda

De los alimentos más importantes en la dieta son las famosas proteínas. Mi hija Noirene me comentó que quería aumentar un poco su ingesta de proteína dentro de su plan alimenticio y añadió batidos de proteínas.

Las proteínas nos sirven para formar y reparar los tejidos de la piel, los órganos, músculos, uñas, pelo y huesos; también son necesarias para que todas las células de nuestro cuerpo cumplan correctamente su función, además de que ayudan a generar anticuerpos que refuerzan el sistema inmunológico y que garantizan una buena salud.

Pero ¿cómo está nuestra alimentación espiritual? ¿Hasta dónde estamos dispuestos a escudriñar sobre "el plato del buen comer" espiritual? El alimento espiritual de la Palabra de Dios alimenta y restaura hasta lo más íntimo de nuestro ser, de nuestro corazón. En una ocasión que Jesús ayunó por cuarenta días y cuarenta noches, y tuvo hambre. "Y vino a él el tentador, y le dijo: Si eres Hijo de Dios, di que estas piedras se conviertan en pan. El respondió y dijo: Escrito está: No sólo de pan vivirá el hombre, sino de toda palabra que sale de la boca de Dios (Mateo 4:3-4).

El Señor Jesús afirma que toda palabra que sale de la boca de Dios debe significar más que la comida misma. En contraste con la soberbia, que entre otras cosas es no considerar la necesidad de Dios para una vida saludable en todos sentidos, la humildad es una virtud que muestra dependencia absoluta del Creador. Debemos ser humildes para reconocer que necesitamos el mismo alimento espiritual de la Palabra de Dios para nutrir todas las áreas de nuestra vida. La humildad es aplicar sabiduría en reconocer lo que somos y necesitamos delante de Dios. En humildad debemos pedir día a día lo que Dios tiene para alimentarnos a través de su Palabra, para estar saludables, porque en ella tenemos la vida eterna.

Ahora ya sabes por qué el alimento espiritual es aún más importante que el físico. Nos preocupamos por la salud y nutrición física, pero ¿qué de la espiritual? Alimentémonos con la proteína espiritual de la Palabra de Dios, una que sin medida no hace daño. ¡No requiere vigilancia médica! Estemos saludables en todo para la gloria de Dios.

Una mujer bien alimentada, es una mujer virtuosa (Proverbios 31:10-31).

Recibiendo mi galón
P. Mercedes

Hoy recibimos el galón del *alimento espiritual*.

La Palabra de Dios es el *único* alimento espiritual que da vida eterna. En nuestra vida cotidiana, la alimentación es de fundamental para la supervivencia física. Cuando no ingerimos alimentos por periodos largos de tiempo, empezamos a sentir afectaciones en nuestra forma de sentirnos durante el día. Así pues, nos damos cuenta de que todo lo demás es secundario, pero que la comida no puede serlo. De la misma manera, la cuestión más importante para que los creyentes estén sanos y crezcan en la vida divina es el alimento espiritual. ¿Cuál es ese alimento para la vida espiritual? Es la Palabra de Dios, la Biblia. Más que leer la Biblia, en realidad necesitamos "comerla", hacerla parte de nuestra vida, vivirla. El mero conocimiento bíblico no puede satisfacer la verdadera nutrición espiritual. Podemos tener mucho conocimiento, pero realmente estar desnutridos y hambrientos espiritualmente, débiles y aun moribundos. Nuestra preocupación diaria debiera ser el consumo de la proteína que proviene de la Palabra de Dios. En 1 Pedro 2:2 nos dice que tenemos que desear la leche espiritual así como un niño recién nacido. La Biblia es el alimento que proviene del Dios viviente. Es el aliento de Dios que da vida. Y en Juan 6:63 el Señor Jesús nos dijo: *"El Espíritu es el que da vida; la carne para nada aprovecha; las palabras que yo os he hablado son espíritu y son vida"*.

RECIBE TU GALÓN:
ALIMENTO ESPIRITUAL.

Día 20
Dios nos entregó una tierra de bendición
P. Yolanda

Es día de alzar nuestros ojos y mirar a nuestro alrededor, la cosecha lista. Esta mañana las pastoras y yo miramos a nuestro alrededor y decidimos alzar nuestros ojos hacia el Norte y hacia el Sur, al Oriente y al Occidente, decididas a levantar la cosecha.

Cuando uno hace este ejercicio de visión, se pregunta: ¿Hacia dónde me dirigiré? Esta fue la opción que Abram le propuso a Lot al decirle que escogiera.

"Subió, pues, Abram de Egipto hacia el Neguev, él y su mujer, con todo lo que tenía, y con él Lot. Y Abram era riquísimo en ganado, en plata y en oro. Y volvió por sus jornadas desde el Neguev hacia Bet-el, hasta el lugar donde había estado antes su tienda entre Bet-el y Hai, al lugar del altar que había hecho allí antes; e invocó allí Abram el nombre de Jehová. También Lot, que andaba con Abram, tenía ovejas, vacas y tiendas. Y la tierra no era suficiente para que habitasen juntos, pues sus posesiones eran muchas, y no podían morar en un mismo lugar. Y hubo contienda entre los pastores del ganado de Abram y los pastores del ganado de Lot; y el cananeo y el ferezeo habitaban entonces en la tierra. Entonces Abram dijo a Lot: No haya ahora altercado entre nosotros dos, entre mis pastores y los tuyos,

porque somos hermanos. ¿No está toda la tierra delante de ti? Yo te ruego que te apartes de mí. Si fueres a la mano izquierda, yo iré a la derecha; y si tú a la derecha, yo iré a la izquierda. Y alzó Lot sus ojos, y vio toda la llanura del Jordán, que toda ella era de riego, como el huerto de Jehová, como la tierra de Egipto en la dirección de Zoar, antes que destruyese Jehová a Sodoma y a Gomorra. Entonces Lot escogió para sí toda la llanura del Jordán; y se fue Lot hacia el oriente, y se apartaron el uno del otro. Abram acampó en la tierra de Canaán, en tanto que Lot habitó en las ciudades de la llanura, y fue poniendo sus tiendas hasta Sodoma. Mas los hombres de Sodoma eran malos y pecadores contra Jehová en gran manera. Y Jehová dijo a Abram, después que Lot se apartó de él: Alza ahora tus ojos, y mira desde el lugar donde estás hacia el norte y el sur, y al oriente y al occidente. Porque toda la tierra que ves, la daré a ti y a tu descendencia para siempre. Y haré tu descendencia como el polvo de la tierra; que si alguno puede contar el polvo de la tierra, también tu descendencia será contada. Levántate, ve por la tierra a lo largo de ella y a su ancho; porque a ti la daré. Abram, pues, removiendo su tienda, vino y moró en el encinar de Mamre, que está en Hebrón, y edificó allí altar a Jehová". (Génesis 13)

Hoy estamos a la mitad de nuestro camino de cuarenta días, y ¿hacia dónde iremos ahora? El Señor ha dicho: *"Alza ahora tus ojos, y mira desde el lugar donde estás hacia el norte y el sur, y al oriente y al occidente. Porque toda la tierra que ves, la daré a ti y a tu descendencia para siempre".* (Génesis 13:14)

Mira ahora donde vamos, decide, pues, seguir adelante, porque Dios te ha entregado una puerta abierta, y todo lugar donde pise la planta de tus pies será tu territorio. Eso es lo que Dios nos mostró a mí y a las demás mujeres de mi congregación Mishkan que estuvimos en vigilia esta noche. Era la casa de Julissa Martínez, quien junto a su esposo Kevin Martínez, nos abrió las puertas de su hogar, donde hicimos una fogata durante la vigilia. Esa noche marcó algo profético en nuestras vidas, y fue allí donde Dios me entregó esta Palabra. Es muy importante saber que cuando nos unimos en un mismo Espíritu, el mismo Espíritu Santo actúa y se encarga de enseñarnos todas las cosas y de recordarnos lo que Dios ya ha dicho (Juan 14:26).

La unidad entre creyentes, el acuerdo en el Espíritu, es vital.

> *"¿Andarán dos juntos, si no estuvieren de acuerdo? ¿Rugirá el león en la selva sin haber presa? ¿Dará el leoncillo su rugido desde su guarida, si no apresare? Porque no hará nada Jehová el Señor, sin que revele su secreto a sus siervos los profetas".* (Amós 3:3-5,7-8)

Seguramente tendrás separación de ideas o de puntos de vista entre tú y otras personas cuando se encuentren a la mitad de decisiones cruciales, tantas que hasta parecen separarse. Sin embargo, tú sigue arando sin desviarte del propósito, porque hay una puerta abierta que Dios ya te ha entregado, y todo lo que pisare la planta de tus pies será tuyo. Sé sensible a la dirección del Espíritu Santo y ten cuidado con la dirección que decides tomar.

> *"Hay camino que al hombre le parece derecho; Pero su fin es camino de muerte".* (Proverbios 14:12)

No mires ni escojas como lo hizo Lot. A él le pareció bueno, pero no fue así. Sino mira a tú alrededor, al Norte, al Sur, al Este y al Oeste, considera, calcula, y entonces camina hacia la puerta que Dios ya ha abierto y entra por ella.

> *"Escribe al ángel de la iglesia en Filadelfia: Esto dice el Santo, el Verdadero, el que tiene la llave de David, el que abre y ninguno cierra, y cierra y ninguno abre: Yo conozco tus obras; he aquí, he puesto delante de ti una puerta abierta, la cual nadie puede cerrar; porque aunque tienes poca fuerza, has guardado mi palabra, y no has negado mi nombre. He aquí, yo entrego de la sinagoga de Satanás a los que se dicen ser judíos y no lo son, sino que mienten; he aquí, yo haré que vengan y se postren a tus pies, y reconozcan que yo te he amado. Por cuanto has guardado la palabra de mi paciencia, yo también te guardaré de la hora de la prueba que ha de venir sobre el mundo entero, para probar a los que moran sobre la tierra. He aquí, yo vengo pronto; retén*

lo que tienes, para que ninguno tome tu corona. Al que venciere, yo lo haré columna en el templo de mi Dios, y nunca más saldrá de allí; y escribiré sobre él el nombre de mi Dios, y el nombre de la ciudad de mi Dios, la nueva Jerusalén, la cual desciende del cielo, de mi Dios, y mi nombre nuevo. El que tiene oído, oiga lo que el Espíritu dice a las iglesias". (Apocalipsis 3:7-13)

¡Dios nos ha entregado ya una tierra de bendición!

Recibiendo mi galón
P. Mercedes

Hoy recibimos el galón de la *dirección*.

Dirección es la acción y efecto de dirigir, de llevar algo hacia un término o lugar, es guiar, encaminar las operaciones a un fin, regir, dar reglas, aconsejar u orientar.

Tal parece que nos falta mucha dirección en estos días, pero verdadera dirección. Tendemos a preguntar a *Google* antes que al Dios todopoderoso. En nuestros *smartphone*, con un simple clic encontramos "la dirección". El Evangelio de Juan está lleno de metáforas sobre la ligereza y las tinieblas. La oscuridad no tiene poder sobre la luz (Juan 1:5). La condenación de Dios es que los hombres aman más las tinieblas que la luz (Juan 3:19). En la creación Dios nos dio varias fuentes de luz (Génesis 1:16). Jesús testifica claramente esto a los fariseos en Juan 8:12: *"Yo soy la luz del mundo; el que me sigue, no andará en tinieblas, sino que tendrá la luz de la vida".*

Tu dispositivo es la Biblia, el GPS es el Espíritu Santo… y Dios se encargará de darte la ruta de vida que más le agrade.

RECIBE TU GALÓN:
DIRECCIÓN.

⌄

•

DÍA 21

A NUESTRA MANERA
P. Yolanda

¿Te gustaría que en tu casa viniera alguien a darte órdenes? Seguro que no, ¿verdad? Porque se trata de tu casa. Trabajamos por tener la mejor casa o lo mejor que se pueda. Hay casas que de verdad son de ensueño. Sin embargo, todo eso es solo una parte. Tener una casa del tipo que sea es solo una parte, la otra parte es lo sobrenatural, lo que ninguno de nosotros podemos hacer a nuestra manera, y es tener un cerco de protección poderoso alrededor de la casa, alrededor de nuestra familia, y aun en todo lo que nos rodea y poseemos. Esto solamente lo puede hacer Jesús. Dejemos que Él sea el centro de la casa, que sea su hogar, uno donde el Espíritu Santo guíe y ministre todos los días. Solo el Padre celestial, el Dios grande y fuerte puede proteger nuestra vida. Vivir de acuerdo con su Palabra es la mejor forma de construir bien.

Construye tu casa sobre una roca fuerte: Jesús. Ábrele tu corazón, escucha su voz en la Biblia. Cristo debe ser el cimiento al momento de edificar la casa. Si Jehová edifica tu casa, esta será realmente sobrenatural. Jesús dijo:

"Cualquiera, pues, que me oye estas palabras, y las hace, le compararé a un hombre prudente, que edificó su casa sobre la roca. Descendió lluvia, y vinieron ríos, y soplaron vientos, y golpearon contra aquella casa; y no cayó, porque estaba fundada sobre la roca. Pero cualquiera que me oye estas palabras y no las hace, le compararé a un hombre insensato, que edificó su casa sobre la arena; y descendió lluvia, y vinieron ríos, y soplaron vientos, y dieron con ímpetu contra aquella casa; y cayó, y fue grande su ruina". (Mateo 7:24-27)

También la Palabra dice: *"Te haré entender, y te enseñaré el camino en que debes andar; sobre ti fijaré mis ojos"* (Salmos 32:8). Cree y confía. Si Él lo dijo, lo hará. Construir una casa a la manera de Dios es mejor.

Recibiendo mi galón
P. Mercedes

Hoy recibimos el galón del *descanso*.

Hace varios años atrás, escuché una canción cuya letra dice:

*Deja tu carga en mí
descansa aquí entre mis brazos
y sigue tu lucha
que yo afirmaré todos tus pasos.*

Cada vez que me siento con cargas recuerdo esta canción, porque con ella Dios me dice que descanse en Él. No hay nada mejor que saber que podemos ir al Maestro y decirle cuán cargados y turbados estamos. Y entonces escuchar su dulce voz decir *Deja tu carga en mí, y descansa en mis brazos*. No se compara con ningún consuelo que podamos obtener de otro lado.

Descansar en los brazos de Dios es para sentirnos protegidos a cada momento, porque Él jamás desampara a sus hijos, siempre está ahí para solucionar todo lo que sus siervos no pueden hacer en sus fuerzas. Dios nos sustenta en todo momento.

*"Echa sobre Jehová tu carga, y él te sustentará;
No dejará para siempre caído al justo".* (Salmos 55:22)

RECIBE TU GALÓN:
DESCANSO.

•

Día 22
Nuestro Creador es indispensable
P. Yolanda

Simplemente, lo es.

Indispensable es aquello que resulta necesario, imprescindible o fundamental para algo o alguien. En la obra de salvación, Jesús es el único camino para obtener el perdón de pecados. Es indispensable. Es la única forma de llegar al cielo… *"para que todo aquel que cree en él cree, no se pierda, mas tenga vida eterna"* (Juan 3:15).

Lo que se requiere es poner todo nuestro corazón, alma, mente y fortaleza en creerle y seguirlo. Él desafío de Jesús es: *"Si alguno quiere venir en pos de mí, niéguese a sí mismo, y tome su cruz, y sígame"* (Marcos 8:34).

Él es nuestro consuelo en medio de la prueba, de la angustia, el Dios de toda consolación.

"Bendito sea el Dios y Padre de misericordias y de toda consolación, el cual nos consuela en todas nuestras tribulaciones, para que podamos también nosotros consolar a los que están en cualquier tribulación, por medio de la consolación con que nosotros somos consolados por Dios". (2 Corintios 1:3-4)

Para tener fortaleza, Dios es indispensable.

Para tener bendición, Dios es indispensable. (Salmos 29:11)

Para tener vida abundante, Dios es indispensable.

Para todo lo que es realmente vivir, Dios es indispensable.

"Yo he venido para que tengan vida, y para que la tengan en abundancia". (Juan 10:10)

*"Bendice, alma mía, a Jehová,
Y bendiga mi ser su santo nombre".*
(Salmos 103:1)

"Jehová, tú eres mi Dios; te exaltaré, alabaré tu nombre, porque has hecho maravillas; tus consejos antiguos son verdad y firmeza". (Isaías 25:1)

"Mas a Jehová vuestro Dios serviréis, y él bendecirá tu pan y tus aguas; y yo quitaré toda enfermedad de en medio de ti". (Éxodo 23:25)

*"Todo lo que respira alabe a JAH.
Aleluya".* (Salmos 150:6)

¡Nuestro Dios indispensable es digno de toda la adoración!

Recibiendo mi galón
P. Mercedes

Hoy recibimos el galón del *consuelo*.

Qué mejor que la Palabra de Dios para recibir consuelo.

"Como aquel a quien consuela su madre, así os consolaré yo a vosotros, y en Jerusalén tomaréis consuelo". (Isaías 66:13)

"Ciertamente consolará Jehová a Sion; consolará todas sus soledades, y cambiará su desierto en paraíso, y su soledad en huerto de Jehová; se hallará en ella alegría y gozo, alabanza y voces de canto". (Isaías 51:3)

"En la multitud de mis pensamientos dentro de mí, Tus consolaciones alegraban mi alma". (Salmos 94:19)

"Bienaventurados los que lloran, porque ellos recibirán consolación". (Mateo 5:4)

"Y yo rogaré al Padre, y os dará otro Consolador, para que esté con vosotros para siempre". (Juan 14:16)

"Mas el Consolador, el Espíritu Santo, a quien el Padre enviará en mi nombre, él os enseñará todas las cosas, y os recordará todo lo que yo os he dicho". (Juan 14:26)

"A proclamar el año de la buena voluntad de Jehová, y el día de venganza del Dios nuestro; a consolar a todos los enlutados…". (Isaías 61:2)

RECIBE TU GALÓN:
CONSUELO.

•

Día 23

Otras me han abandonado, pero yo me paro en la brecha
P. Yolanda

Estoy parada en la brecha como intercesora. Un intercesor es una persona que toma el lugar de otra o que suplica en su lugar. La intercesión eficaz entra en el mundo espiritual desde cualquier parte, y cuando se es intercesora debe uno estar fortalecida en el Señor y en el poder de su fuerza.

> *"Por lo demás, hermanos míos, fortaleceos en el Señor, y en el poder de su fuerza. Vestíos de toda la armadura de Dios, para que podáis estar firmes contra las asechanzas del diablo".* (Efesios 6:10-11)

Para hacer oración intercesora con fe y eficacia debemos tener la armadura de Dios bien puesta para la conquista.

> *"¿Está alguno entre vosotros afligido? Haga oración. ¿Está alguno alegre? Cante alabanzas. ¿Está alguno enfermo entre vosotros? Llame a los*

> *ancianos de la iglesia, y oren por él, ungiéndole con aceite en el nombre del Señor. Y la oración de fe salvará al enfermo, y el Señor lo levantará; y si hubiere cometido pecados, le serán perdonados. Confesaos vuestras ofensas unos a otros, y orad unos por otros, para que seáis sanados".*
> (Santiago 5:13-16)

La oración del justo es intercesora, poderosa y conquistadora. Elías era un hombre con debilidades como las nuestras. Pero con fervor oró que no lloviera, y no llovió sobre la tierra durante tres años y medio. Y volvió a orar, y el cielo dio su lluvia y la tierra produjo sus frutos.

> *"Hermanos, si alguno de entre vosotros se ha extraviado de la verdad, y alguno le hace volver, sepa que el que haga volver al pecador del error de su camino, salvará de muerte un alma, y cubrirá multitud de pecados".* (Santiago 5:19-20)

Sé una intercesora y ora por otras mujeres. Haz un listado de oración. Confía en que Dios escucha y te fortalecerá en la batalla intercesora. Ten fe en que Él suplirá cualquier necesidad por la que ores.

> *"La oración eficaz del justo puede mucho".*
> (Santiago 5:16)

¡Párate en la brecha, intercede y conquista!

Recibiendo mi galón
P. Mercedes

Hoy recibimos el galón de la herencia.
"Yo publicaré el decreto;
Jehová me ha dicho: Mi hijo eres tú;
Yo te engendré hoy.
Pídeme, y te daré por herencia las naciones,
Y como posesión tuya los confines de la tierra".
(Salmos 2:7-8)

¿Sabías que si eres creyente en Jesucristo, no importa quién seas, Dios tiene una herencia reservada para ti? En términos legales, una herencia se refiere a bienes u otros regalos conferidos después de la muerte de un testador. La ley de herencia judía siempre estuvo vinculada a las líneas de sangre familiares, mientras que la ley romana permitía la concesión de la herencia a un heredero a través de la adopción. En Efesios 1:5 dice que por medio de Jesucristo hemos sido adoptados como hijos de Dios. En Efesios 1:11 aprendemos que los creyentes del Nuevo Testamento también reciben una herencia. El apóstol Pablo escribió a los cristianos en Éfeso, que también nosotros hemos obtenido una herencia. En Gálatas 4:7, Pablo escribió: *"Así que ya no eres esclavo, sino hijo; y si hijo, también heredero de Dios por medio de Cristo"*. Entonces, ¿cuál es nuestra herencia? En cierto sentido, somos como la tribu de Leví, no tenemos herencia mundana, y como Abraham, no somos más que viajeros aquí en la tierra (Génesis 23:4). Porque nuestra herencia está en Cristo (Efesios 1:11), quien es mediador de un nuevo convenio, por medio de su muerte, para que los que son llamados reciban la promesa de la herencia eterna (Hebreos 9:15). Fue necesaria la muerte de Cristo para adquirirla, y resucitó para que la pudiéramos recibir (Efesios 1:11). ¡Él vive! Según Efesios 1 ya estamos experimentando una porción de esa herencia aquí y ahora, porque ya están dadas nuestras bendiciones espirituales en los lugares celestiales en Cristo (1:3).

Nuestra herencia es un don, una promesa y una bendición de Dios por medio de Cristo. Puedes estar segura de ello y ser agradecida con Dios. Por lo tanto, puesto que recibimos un reino que no puede ser sacudido, mostremos gratitud, y ofrezcamos a Dios un servicio aceptable con reverencia y asombro (Hebreos 12:28).

RECIBE TU GALÓN:
HERENCIA.

•

Día 24
Perseverancia
P. Yolanda

La perseverancia es firmeza y constancia. Y esta debe ser una característica de la oración. Es por la perseverancia que las respuestas y los progresos serán evidentes en muy poco tiempo. Persevera en la oración. Pero también en el ayuno, en la Palabra, no importan los procesos de la vida por los que estés atravesando, siempre confía en que nuestro Padre celestial nos escucha y quiere que le digamos las peticiones de nuestro corazón.

"Cercano está Jehová a todos los que le invocan,
A todos los que le invocan de veras.
Cumplirá el deseo de los que le temen;
Oirá asimismo el clamor de ellos, y los salvará".
(Salmos 145:18-19)

Estas fueron de las primeras palabras, muy de mañana, con las que agradecimos a Dios y le hablamos en oración, para ampararnos en las promesas de la Palabra. Cada día que te levantes para tener un encuentro con Dios podrás ver cómo Él renueva tus fuerzas y te da una palabra de avivamiento. Toma tiempo hoy y abre la Biblia, deja que te instruya, que te inspire y edifique, deleitándote en cada palabra y, sobre todo, compártela con aquellos que, sin que tú lo sepas, quizá anhelan que alguien les hable del Señor. Persevera en la oración, de cierto te digo que habrá progreso en tu vida y en la de aquellos por los que intercedas. Espera en Jehová y él, hará. *"Más el que persevere hasta el fin, éste será salvo".* (Mateo 24:13)

¡Persevera y comparte!

Recibiendo mi galón
P. Mercedes

Hoy recibimos el galón de la *perseverancia*.

"Bienaventurado el varón que soporta la tentación; porque cuando haya resistido la prueba, recibirá la corona de vida, que Dios ha prometido a los que le aman". (Santiago 1:12)

"Y vosotros, hermanos, no os canséis de hacer bien". (2 Tesalonicenses 3:13)

Perseverar literalmente significa continuar, seguir, no parar, sin importar las circunstancias. Perseverar es una virtud, cultívala, practícala, porque quien tiene perseverancia, tiene a Dios a su lado. ¿Tienes fe en Dios? Sé perseverante en toda tu manera de vivir. Persevera en tu trabajo, en tus objetivos, planes, en todo… en la vida espiritual, en la comunión con Dios.

No importa cuán fuerte sea esta prueba que estés pasando o la que venga, persevera un poco más, porque Dios nos ha dado grandes promesas para creer.

RECIBE TU GALÓN:
PERSEVERANCIA.

Día 25
Ama al prójimo y al enemigo; un consejo de vida para dar vida
P. Yolanda

El Señor nos dice "ama a tu prójimo", y aún más al que te hiere, te abofeteé, al que te quite la capa, al que te calumnie, al que levante falso testimonio en contra tuya, al que te critique, al que esté hablando mal de ti a tus espaldas, a todos ellos ámalos, por cuanto Dios te ama a ti, para que ellos puedan ver el amor que Dios tiene hacia ellos.

Como pastoras experimentamos cómo muchas personas se van de las iglesias por un montón de pretextos, y eso duele. Pero nuestra actitud ante esto debe ser como la de Cristo frente a aquellos que lo acusaban, que no era de rencor, sino de compasión, de amor. En esta mañana el Señor nos dice que amemos a nuestro prójimo, aunque nos vitupere, critique, calumnie.

> *"Amarás a tu prójimo como a ti mismo".* (Mateo 22:39)

El amor hay que practicarlo todos los días.

¡Vive el amor, practica el amor, disfruta el amor de Dios!

Cuando amamos al prójimo y aun llevamos sus cargas con él, estamos cumpliendo la ley de Cristo (Gálatas 6:2). Es fácil amar a los que nos dan cariño, no así a los que apedrean, pero Cristo, nuestro Maestro en amar al prójimo, siempre puso la otra mejilla. Cierra las puertas a todo aquello negativo que ha venido a turbarte y a quitarte la paz, y haz tuya esa palabra que dice que se amen unos a otros (Juan 13:34).

Practica el amor con constancia, perdona con frecuencia, ama sin distingo. Sobrelleva las cargas de otra, porque esto tiene recompensa que viene de lo alto, de Jehová de los ejércitos, que hizo los cielos y la tierra. Hay recompensa en hacer la voluntad de nuestro Dios: ama a tu prójimo. Libérate de guardar alguna raíz de amargura en tu corazón, perdona y deja todo lo demás en las manos del Señor.

> *"Pero a vosotros los que oís, os digo: Amad a vuestros enemigos, haced bien a los que os aborrecen; bendecid a los que os maldicen, y orad por los que os calumnian. Al que te hiera en una mejilla, preséntale también la otra; y al que te quite la capa, ni aun la túnica le niegues. A cualquiera que te pida, dale; y al que tome lo que es tuyo, no pidas que te lo devuelva. Y como queréis que hagan los hombres con vosotros, así también haced vosotros con ellos. Porque si amáis a los que os aman, ¿qué mérito tenéis? Porque también los pecadores aman a los que los aman. Y si hacéis bien a los que os hacen bien, ¿qué mérito tenéis? Porque también los pecadores hacen lo mismo. Y si prestáis a aquellos de quienes esperáis recibir, ¿qué mérito tenéis? Porque también los pecadores prestan a los pecadores, para recibir otro tanto. Amad, pues, a vuestros enemigos, y haced bien, y prestad, no*

esperando de ello nada; y será vuestro galardón grande, y seréis hijos del Altísimo; porque él es benigno para con los ingratos y malos. Sed, pues, misericordiosos, como también vuestro Padre es misericordioso". (Lucas 6:27-36)

Recibiendo mi galón
P. Mercedes

Hoy recibimos el galón del *amor*.

Existen cuatro tipos de amor.

El amor *eros*, que es el amor sensual, romántico. El amor *familiar*, que es entre padres e hijos, hermanos, hermanas etc. El amor *filio*, que es el amor íntimo en la Biblia y que la mayoría de los cristianos practicamos unos con otros; es el amor que se observa en las amistades profundas, el amor al prójimo. El amor *storge*, una palabra griega que describe el amor familiar, un vínculo afectivo que se desarrolla naturalmente entre padres e hijos, entre hermanos y hermanas. Muchos ejemplos de amor familiar se encuentran en las Escrituras, como la protección mutua entre Noé y su esposa; el amor de Jacob por sus hijos; y el fuerte amor que las hermanas Marta y María tenían por su hermano Lázaro. Hay una palabra compuesta muy interesante que usa *storge*, es *philostorgos* y se encuentra en Romanos 12:10, que ordena a los creyentes a "ser devotos" los unos con los otros con afecto fraternal.

Pero el amor *ágape* es el más alto de los cuatro tipos de amor en la Biblia. Este término define el amor inconmensurable e incomparable de Dios por la humanidad.

Es el amor divino que viene de y solo de Dios. El amor ágape es perfecto, incondicional, sacrificial y puro. Jesucristo demostró este tipo de amor divino a su Padre y a toda la humanidad en la forma en que vivió y murió. Después de su resurrección, Jesús le preguntó al apóstol Pedro si lo amaba. Pedro respondió tres veces que sí, pero la palabra que usa para amar es *phileo* o amor *fraternal*. Pedro aún no había recibido el Espíritu Santo en Pentecostés, por tanto, era incapaz de un amor ágape. Pero después de Pentecostés, Pedro fue lleno del amor desinteresado e incondicional de Dios.

> *"Si yo hablase lenguas humanas y angélicas, y no tengo amor, vengo a ser como metal que resuena, o címbalo que retiñe. Y si tuviese profecía, y entendiese todos los misterios y toda ciencia, y si tuviese toda la fe, de tal manera que trasladase los montes, y no tengo amor, nada soy. Y si repartiese todos mis bienes para dar de comer a los pobres, y si entregase mi cuerpo para ser quemado, y no tengo amor, de nada me sirve. El amor es sufrido, es benigno; el amor no tiene envidia, el amor no es jactancioso, no se envanece; no hace nada indebido, no busca lo suyo, no se irrita, no guarda rencor; no se goza de la injusticia, mas se goza de la verdad. Todo lo sufre, todo lo cree, todo lo espera, todo lo soporta. El amor nunca deja de ser; pero las profecías se acabarán, y cesarán las lenguas, y la ciencia acabará. Porque en parte conocemos, y en parte profetizamos; mas cuando venga lo perfecto, entonces lo que es en*

parte se acabará. Cuando yo era niño, hablaba como niño, pensaba como niño, juzgaba como niño; mas cuando ya fui hombre, dejé lo que era de niño. Ahora vemos por espejo, oscuramente; mas entonces veremos cara a cara. Ahora conozco en parte; pero entonces conoceré como fui conocido. Y ahora permanecen la fe, la esperanza y el amor, estos tres; pero el mayor de ellos es el amor". (1 Corintios 13-1-13)

Este es uno de los capítulos más conocidos en la Biblia acerca del amor. Dios te dice: ¡Te amooo!, mi amor es incondicional, es puro, es real. No sé cuántas veces un ser querido te ha dicho que te ama, pero sus acciones muestran todo lo contrario, y has quedado herida. Hoy te digo que hay alguien que sí te ama, y no solo te lo dice, sino que dio su vida por ti y por mí en la cruz del Calvario.

"Porque de tal manera amó Dios al mundo, que ha dado a su Hijo unigénito, para que todo aquel que en él cree no se pierda, mas tenga vida eterna". (Juan 3:16)

Gracias, Señor, porque me amaste, me amas y siempre me amarás.

RECIBE TU GALÓN:
AMOR.

Día 26
¡Feliz Rosh Hashaná 5781, Año de la misericordia!
P. Yolanda

Rosh Hashaná es el Año Nuevo judío. ¿Cómo se festeja? ¿Qué significa? ¿Qué se come en esta fecha que sucede en el mes de septiembre entre la comunidad judía (y muchos no judíos pero que aman a Israel)? Rosh Hashaná en hebreo significa "cabeza del año", y de acuerdo con la tradición alude al día de la creación del primer ser humano sobre la faz de la tierra.

¡Feliz y próspero Shanah Tovah! significa "que tengas un buen año y un feliz Rosh Hashaná": ¡el año bueno de la misericordia!

Despedir el año viejo y recibir el nuevo es pensar en comidas, reuniones y festejos. Pero, como creyentes es útil asumir el cambio de año desde la perspectiva judía, la del pueblo escogido de Dios, pues en Él:

> *"Mas vosotros sois linaje escogido, real sacerdocio, nación santa, pueblo adquirido por Dios, para que anunciéis las virtudes de aquel que os llamó de las tinieblas a su luz admirable".* (1 Pedro 2:9)

> *"Porque tú eres pueblo santo para Jehová tu Dios; Jehová tu Dios te ha escogido para serle un pueblo especial, más que todos los pueblos que están sobre la tierra. No por ser vosotros más que todos los pueblos os ha querido Jehová y os ha escogido, pues vosotros erais el más insignificante*

de todos los pueblos; sino por cuanto Jehová os amó, y quiso guardar el juramento que juró a vuestros padres, os ha sacado Jehová con mano poderosa, y os ha rescatado de servidumbre, de la mano de Faraón rey de Egipto. Conoce, pues, que Jehová tu Dios es Dios, Dios fiel, que guarda el pacto y la misericordia a los que le aman y guardan sus mandamientos, hasta mil generaciones". (Deuteronomio 7:6-9)

La fiesta judía Rosh Hashaná

Es todo un privilegio que en esta hermosa festividad judía podamos adorar con mayor sensibilidad al Dios verdadero y, por supuesto, bendecir a Israel celebrando Rosh Hashaná, el principio de un nuevo año, tiempo de nuevos comienzos. El Rosh Hashaná (18 de septiembre de 2020) marca el inicio del año 5781 del día siguiente en el calendario hebreo, y secelebra con la primera estrella del primero del mes de Tishrei, que este año coincide con la noche del viernes 18 de septiembre y hasta el domingo 20 de septiembre. La expresión más pronunciada es "Shaná Tová", que significa "buen año". Una de las costumbres más importantes de la festividad es tocar el shofar, un antiguo instrumento fabricado a partir del cuerno de un animal *kosher*.

Sobre las recetas típicas de Rosh Hashaná se dice que, en la tradición judía, los sabios enseñan a dar bendiciones en los buenos momentos a través de los alimentos, que sirven de expresión de los deseos. El festejo de Rosh Hashaná se inicia con la bendición del pan, que en esta festividad se hornea con forma de círculo para recordar el ciclo que representa el comienzo de un nuevo año.

La celebración se viste de distintos platos, como la manzana con miel, que simboliza el deseo de tener un año dulce. También se suelen comer frutos como la granada, que representa el deseo de que las buenas acciones se multipliquen tanto como la gran cantidad de semillas que tiene ese fruto; o los dátiles, que se comen porque en hebreo se llaman tamar, similar a la palabra tamu, que significa "terminar", lo que deseamos históricamente para con nuestros opresores.

Los platos de consumo en la celebración no es solo una costumbre, sino que juegan un carácter simbólico. Por ejemplo, la manzana, la miel y la granada son alimentos que se consumen durante estos días, y simbolizan los deseos de que el nuevo año sea propicio. Una de las formas más sencillas y típicas consiste simplemente en tomar trozos de manzana mojados en miel como deseo de un año dulce. Se le pide a Dios hacer desaparecer a los enemigos. Lo mismo sucede con otras comidas, muchas de ellas asociadas con bendiciones concretas. La intención de compartir estos detalles es para conocer un poco sobre el mundo judío, especialmente su gastronomía, y la asociación con los símbolos, que nos ayudan a recordar que somos un solo pueblo en Jesús.

Honramos y bendecimos a Israel. Debemos de honrarle en todo tiempo, porque somos parte de la bendición. Me deleitan las promesas de Dios en su Palabra.

Un día Jehová le dijo a Abram: Vete de tu tierra y de tu parentela, y de la casa de tu padre, a la tierra que te mostraré. Y haré de ti una nación grande, y te bendeciré, y engrandeceré tu nombre, y serás bendición. Bendeciré a los que te bendijeren, y a los que te maldijeren maldeciré; y serán benditas en ti todas las familias de la tierra. (Génesis 12:1-3)

Así que bendecimos a Israel en el nombre de Jesús. Cada vez que tengas la oportunidad de bendecir, bendice a todos los que te rodean y serás bendecida.

Estos son los siete datos que los viajeros deben saber sobre Israel, y que la pastora Mercedes me ha compartido de sus viajes a Israel.

1. Israel revivió un idioma muerto, haciendo del hebreo uno de sus dos idiomas oficiales. El otro es el árabe. Sin embargo, el inglés es muy bien entendido y se calcula que más del 15% de la población habla español. El hebreo y el árabe se leen de derecha a izquierda.

2. La mayor parte de las compañías aéreas internacionales tienen vuelos a Israel. Ya que cuenta con más de 85 aerolíneas. Puedes encontrar vuelos directos desde las principales ciudades de Europa, Nueva York o Toronto hacia el aeropuerto Internacional Ben Gurion (TLV), que se encuentra a tan solo 16 kilómetros del centro de Tel Aviv.

3. El 60 % de Israel es desierto. Es por esta razón que este país tiene veranos largos, cálidos y secos (de abril a octubre) e inviernos generalmente suaves (de noviembre a marzo). Las condiciones varían considera-

blemente de una región a otra, con veranos húmedos e inviernos suaves en la costa, veranos secos e inviernos moderadamente fríos en las zonas montañosas, veranos cálidos y secos e inviernos agradables en el Valle del Jordán y condiciones semidesérticas todo el año en el Néguev.

4. Israel tiene un gran número de sitios arqueológicos; dos mil de ellos están ubicados en Jerusalén.

5. Tel Aviv, con frecuencia denominada "la ciudad que nunca duerme", fue la primera ciudad judía moderna que se levantó en Israel, y en torno a ella gira la vida económica y cultural del país.

6. La moneda de Israel es el Nuevo Shekel Israelí (NIS, por sus siglas en inglés) o simplemente *shekel* (pluralizado como *shekalim* en hebreo, o *shekels* en castellano). Cada *shekel* se divide en 100 *agorot* (*agora* en singular). Los billetes de banco se emiten con denominaciones de 20, 50, 100 y 200 *shekels*, mientras que las monedas son de 10, 5 y 1 *shekel* y de 50 y 10 *agorot*.

7. Cientos de misivas (una misiva es una carta dejándole un mensaje a alguien) llegan de varios países a Jerusalén, y son colocadas entre las grietas del Muro de los Lamentos.

"Ahora, pues, si diereis oído a mi voz, y guardareis mi pacto, vosotros seréis mi especial tesoro sobre todos los pueblos; porque mía es toda la tierra". (Éxodo 19:5)

Declara esta oración de cobertura para ti y tu familia en el nombre de Jesús y recibe la bendición de la misericordia.

Lee Salmos 91 como una declaración de que tú y los tuyos estarán siempre morando bajo la sombra del Eterno.

Les deseo un feliz año nuevo 5781 (2021 de nuestro calendario).

Recibiendo mi galón
P. Mercedes

Hoy recibimos el galón del *arrepentimiento*.

"Después que Juan fue encarcelado, Jesús vino a Galilea predicando el evangelio del reino de Dios, diciendo: El tiempo se ha cumplido, y el reino de Dios se ha acercado; arrepentíos, y creed en el evangelio". (Marcos 1:14-15)

Juan el Bautista inició su ministerio con un llamado urgente al arrepentimiento y a volverse a Dios. En Mateo 3:1-2 dice: *"En aquellos días vino Juan el Bautista predicando en el desierto de Judea, y diciendo: Arrepentíos, porque el reino de los cielos se ha acercado"*. La razón del llamado de Juan era que el reino se había acercado. Para poder ser parte de ese reino debemos antes habernos arrepentido: cambio de actitudes, reflexión interna sobre la manera de vivir, reconocimiento de nuestra situación espiritual para con Dios, y con ello provocar un cambio de vida.

Jesús también empezó su ministerio llamando a los hombres al arrepentimiento.

"Desde entonces comenzó Jesús a predicar, y a decir: Arrepentíos, porque el reino de los cielos se ha acercado". (Mateo 4:17)

Un resultado del arrepentimiento es que causa gozo en el cielo.

"Os digo que así habrá más gozo en el cielo por un pecador que se arrepiente, que por noventa y nueve justos que no necesitan arrepentimiento. Así os digo que hay gozo delante de los ángeles de Dios por un pecador que se arrepiente". (Lucas 15:7,10)

El arrepentimiento también trae el perdón de los pecados.

"Así que, arrepentíos y convertíos, para que sean borrados vuestros pecados; para que vengan de la presencia del Señor tiempo de refrigerio". (Hechos 3:19)

Solo por el arrepentimiento el Espíritu Santo es derramado sobre aquellos que se arrepienten.

"Pedro les dijo: Arrepentíos, y bautícese cada uno de vosotros en el nombre de Jesucristo para perdón de los pecados; y recibiréis el don del Espíritu Santo". (Hechos 2:38)

La importancia del arrepentimiento es muy clara en las Escrituras, es un llamado universal para toda la humanidad.

En estos días de tanta violencia y oscuridad es cuando el arrepentimiento cobra mayor relevancia. Debemos predicar un cambio de vida, de acciones, de actitud, de sentimientos. Arrepentirse es no volver a hacer lo mismo. No volver a hacer lo que ofende a Dios. Es vivir lejos del pecado que nos aleja de Dios. Debemos estar conscientes que por nosotros mismos, por nuestro esfuerzo, nunca ocurrirán cambios dramáticos en nuestra vida.

RECIBE TU GALÓN:
ARREPENTIMIENTO.

DÍA 27
MÁS QUE UN POSTRE
P. Yolanda

Cuando se habla de postres se entiende alguna preparación dulce, con cremas de sabor o nueces o almendras en dulces, pueden ser pasteles de chocolate, fresas endulzadas, helados, bombones, un sin fin de variedad. Los postres han sido siempre como el broche de oro de una buena comida o gran cena, bien acompañados de café o de alguna bebida especial. La verdad es que el mundo del postre no tiene fin.

Proverbios 28:13: *"El que encubre sus pecados no prosperará; Más el que los confiesa y se aparta alcanzará misericordia"*. En mi primer libro, *Reinas guerreras, Mujeres ungidas*, hay un tema que lleva por nombre "Mujer valiente de herencia segura", donde hablo de las hijas de Zelofehad. En Números 27 vemos a mujeres valientes, decididas, unidas, de acción, seguras. Su padre había muerto, entonces pidieron la herencia, la cual no debían recibir según la ley, pues no había varones, solo mujeres. Sin embargo, Dios permitió que les fuera entregada la herencia. Salieron con las manos llenas y muy bendecidas. El padre de ella falleció debido a su propio pecado. Recuerdo con esto a los hijos de Coré, quienes en su rebelión la tierra se abrió y se los tragó a todos.

> *"Coré hijo de Izhar, hijo de Coat, hijo de Leví, y Datán y Abiram hijos de Eliab, y On hijo de Pelet, de los hijos de Rubén, tomaron gente, y se levantaron contra Moisés con doscientos cincuenta varones de los hijos de Israel, príncipes de la congregación, de los del consejo, varones de renombre. Y se juntaron contra Moisés y Aarón y les dijeron: !!Basta ya de vosotros! Porque toda la congregación, todos ellos son santos, y en medio de ellos está Jehová; ¿por qué, pues, os levantáis vosotros sobre la congregación de Jehová? Cuando oyó esto Moisés, se postró sobre su rostro; y habló a Coré y a todo su séquito, diciendo: Mañana mostrará Jehová quién es suyo, y quién es santo, y hará que se acerque a él; al que él escogiere, él lo acercará a sí. Haced esto: tomaos incensarios,*

Coré y todo su séquito, y poned fuego en ellos, y poned en ellos incienso delante de Jehová mañana; y el varón a quien Jehová escogiere, aquel será el santo; esto os baste, hijos de Leví. Dijo más Moisés a Coré: Oíd ahora, hijos de Leví: ¿Os es poco que el Dios de Israel os haya apartado de la congregación de Israel, acercándoos a él para que ministréis en el servicio del tabernáculo de Jehová, y estéis delante de la congregación para ministrarles, y que te hizo acercar a ti, y a todos tus hermanos los hijos de Leví contigo? ¿Procuráis también el sacerdocio? Por tanto, tú y todo tu séquito sois los que os juntáis contra Jehová; pues Aarón, ¿qué es, para que contra él murmuréis? Y envió Moisés a llamar a Datán y Abiram, hijos de Eliab; mas ellos respondieron: No iremos allá. ¿Es poco que nos hayas hecho venir de una tierra que destila leche y miel, para hacernos morir en el desierto, sino que también te enseñorees de nosotros imperiosamente? Ni tampoco nos has metido tú en tierra que fluya leche y miel, ni nos has dado heredades de tierras y viñas. ¿Sacarás los ojos de estos hombres? No subiremos. Entonces Moisés se enojó en gran manera, y dijo a Jehová: No mires a su ofrenda; ni aun un asno he tomado de ellos, ni a ninguno de ellos he hecho mal. Después dijo Moisés a Coré: Tú y todo tu séquito, poneos mañana delante de Jehová; tú, y ellos, y Aarón; y tomad cada uno su incensario y poned incienso en ellos, y acercaos delante de Jehová cada uno con su incensario, doscientos cincuenta incensarios; tú también, y Aarón, cada uno con su incensario. Y tomó cada uno su incensario, y pusieron en ellos fuego, y echaron en ellos incienso, y se pusieron a la puerta del tabernáculo de reunión con Moisés y Aarón. Ya Coré había hecho juntar contra ellos toda la congregación a la puerta del tabernáculo de reunión; entonces la gloria de Jehová apareció a toda la congregación. Y Jehová habló a Moisés y a Aarón, diciendo: Apartaos de entre esta congregación, y los consumiré en un momento. Y ellos se postraron sobre sus rostros, y dijeron: Dios, Dios de los espíritus de toda carne, ¿no es un solo hombre el que pecó? ¿Por qué airarte contra toda la congregación? Entonces Jehová habló a Moisés, diciendo: Habla a la congregación y diles: Apartaos de en derredor de la tienda de Coré, Datán y Abiram. Entonces Moisés se levantó y fue a Datán y a Abiram, y los ancianos de Israel fueron en pos de él. Y él habló a la congregación, diciendo: Apartaos ahora de las tiendas de estos hombres impíos, y no toquéis ninguna cosa suya, para que no perezcáis en todos sus pecados. Y se apartaron de las tiendas de Coré, de Datán y de Abiram en derredor; y Datán y Abiram salieron y se pusieron a las puertas de sus tiendas, con sus mujeres, sus hijos y sus pequeñuelos. Y dijo Moisés: En esto conoceréis que Jehová me ha enviado para que hiciese todas estas cosas, y que no las hice de mi propia voluntad. Si como mueren todos los hombres murieren éstos, o si ellos al ser visitados siguen la suerte de todos los hombres, Jehová no me envió. Mas si Jehová hiciere algo nuevo, y la tierra abriere su boca y los tragare con todas sus cosas, y descendieren vivos al Seol, entonces conoceréis que estos hombres irritaron a Jehová. Y aconteció que cuando cesó él de hablar todas estas palabras, se abrió la tierra que estaba debajo de ellos. Abrió la tierra su boca, y los tragó a ellos, a sus casas, a todos los hombres de Coré, y a todos sus bienes. Y ellos, con todo lo que tenían, descendieron vivos al Seol, y los cubrió la tierra, y perecieron de en medio de la congregación. Y todo Israel, los que estaban en derredor de ellos, huyeron al grito de ellos; porque decían: No nos trague también la tierra. También salió fuego de delante de Jehová, y consumió a los doscientos cincuenta hombres que ofrecían el incienso". (Números 16:1-35)

Las hijas de Zelofehad dejaron saber a Moisés cómo había muerto su padre en el desierto; que él no había estado en la compañía de los que se juntaron contra Jehová en el grupo de Coré, sino que en su propio pecado murió y no tuvo hijos.

El pecado trae consigo muerte. Proverbios 28:13: *"El que encubre sus pecados no prosperará; mas el que los confiesa y se aparta alcanzará misericordia".*

La manifestación del pecado puede ser diferente en cada caso, pero todos llevan a la muerte de igual manera. Tanto el pecado que se acaricia a escondidas, como el que se deleita en público. Aun así, es tremendo ver cómo

Jehová hizo algo *diferente* con la mini rebelión de Coré: se los tragó la tierra a todos. Ya decíamos días atrás que Dios es misericordioso y hace justicia, y da la paga a cada uno según su merecido. Así que lo mejor que podemos hacer es agradar a Dios en toda nuestra manera de vivir, dar testimonio de que somos sus hijos, vivir de tal manera que seamos olor fragante al Señor, que seamos adoración a Él, porque la adoración es la actitud o la intención interna del corazón del hombre para con Dios, quien conoce nuestras intenciones más profundas.

Por tanto, lo mejor que podemos hacer es no guardarnos ningún pecado, sino reconocerlos, confesarlos, arrepentirnos, y pedirle perdón a Dios y apartarse de ellos, rendir nuestras vidas en una verdadera adoración.

> *"Más la hora viene, y ahora es, cuando los verdaderos adoradores adorarán al Padre en espíritu y en verdad; porque también el Padre tales adoradores busca que le adoren. Dios es Espíritu; y los que le adoran, en espíritu y en verdad es necesario que adoren".* (Juan 4:23-24)

Si confesamos nuestros pecados, no hay duda de lo que Dios hará: alcanzamos misericordia. No te rebeles en ninguna manera como aquellos de Coré, sino arrepiéntete y adora con un corazón puro delante de nuestro Dios. Tu contrición y humillación no la despreciará.

> *"Aunque la higuera no florezca,*
> *Ni en las vides haya frutos,*
> *Aunque falte el producto del olivo,*

Y los labrados no den mantenimiento,
Y las ovejas sean quitadas de la majada,
Y no haya vacas en los corrales;
Con todo, yo me alegraré en Jehová,
Y me gozaré en el Dios de mi salvación.
Jehová el Señor es mi fortaleza,
El cual hace mis pies como de ciervas,
Y en mis alturas me hace andar".
(Habacuc 3:17-19)

La meditación de este día sin duda nos ha caído como un postre espiritual. ¿No lo crees?

Recibiendo mi galón
P. Mercedes

Hoy recibimos nuestro galón de la *misericordia*.

Cuando pequeña, recuerdo las veces que le dije a mi mamá que quería cambiarme el nombre, porque no me gustaba, yo decía que era feo porque los niños en la escuela se burlaban de mí. No entendía aún el peso que llevaba mi nombre. Mercedes significa *misericordia*. Hoy, con orgullo, puedo decir mi nombre, pues Dios ha tenido misericordia de mí.

La misericordia es la disposición a compadecerse de los sufrimientos y miserias ajenas. Se manifiesta en amabilidad, asistencia al necesitado, especialmente en el perdón y la reconciliación. Es más que un sentimiento de simpatía, es una práctica.

La misericordia alimenta la compasión, proporcionando destellos prometedores de luz en un mundo oscuro. Es bondad, perdón por delante y empatía. La misericordia elige no sentirse ofendida, y compasivamente ve un corazón herido detrás de palabras hirientes. La misericordia de Dios se refleja en la cruz de Cristo, un reflejo directo de su amor por nosotros. La misericordia es una extensión y expresión de amor, "un acto de bondad, compasión o favor". La misericordia es una característica del único Dios verdadero.

¿Qué dice la Biblia que es la misericordia?

"Por la misericordia de Jehová no hemos sido consumidos, porque nunca decayeron sus misericordias. Nuevas son cada mañana; grande es tu fidelidad". (Lamentaciones 3:22-23)

El plan de Dios proviene de su amor misericordioso por su pueblo. Sabiendo que no había nada que pudiéramos hacer para ganar nuestro camino en su presencia, hizo un camino a través de la crucifixión de Cristo. Derrotando a la muerte, Jesús abrió el acceso a Dios para nosotros. A través de la oración, la Palabra de Dios y el Espíritu Santo que vive en nosotros, cada día trae nueva misericordia fresca. Cada mañana, Dios es fiel, aunque todos los días nos quedemos cortos. La misericordia es el don de Dios al corazón arrepentido. Los siguientes versículos definen este elemento del amor de Dios:

"Tú, Señor, eres bueno y perdonador;
grande es tu amor por todos los que te invocan".
(Salmos 86:5 NVI)

"Pero Dios, que es rico en misericordia, por su gran amor por nosotros, nos dio vida con Cristo, aun cuando estábamos muertos en pecados. ¡Por gracia ustedes han sido salvados!". (Efesios 2:4-5 NVI)

"… él nos salvó, no por nuestras propias obras de justicia, sino por su misericordia. Nos salvó mediante el lavamiento de la regeneración y de la renovación por el Espíritu Santo". (Tito 3:5 NVI)

RECIBE TU GALÓN:
MISERICORDIA.

DÍA 28
EL LLAMADO DEL AMOR DE CRISTO
P. Yolanda

"Porque de tal manera amó Dios al mundo, que ha dado a su Hijo unigénito, para que todo aquel que en él cree, no se pierda, mas tenga vida eterna". (Juan 3:16)

¿Cómo recibiste el llamado del amor de Cristo en tu vida? ¿Cómo has experimentado el gozo de la salvación? Dios usa personas, no siempre de nuestro círculo cercano, que nos muestran y nos dan el amor con cuerdas de amor, viviendo el gozo de su salvación. Otra manera puede ser que Dios permite experimentar rompimiento de cadenas de esclavitud al comprender la magnitud del amor de Jesús. Por ello, es importante mostrar el amor de Dios. Otras personas conocen a Dios por medio de la experiencia de una visita a una congregación especial. Allí sienten por primera vez la presencia de Dios. Y desde ese día no dejan de hablar del amor de Jesús.

En la Biblia leemos del amor de Jesús y su obra salvadora y de restauración para aquellos que creen en Él. Debemos ser ese testimonio vivo de que Él vive en nuestra vida, de que estamos llenas de su presencia y amor. Cada vez que mostremos el amor de Jesús, muchas vidas pueden venir a Él. El amor es parte del fruto del Espíritu (Gálatas 5:22-23), por tanto, debe ser evidente. Su amor es infinito, no tiene límites; es muy alto, ancho, y sublime. ¡Es sobrenatural! Es entregado.

¡Cuán grande es el amor de nuestro Dios!

Recibiendo mi galón

P. Mercedes

Hoy recibimos el galón de la *salvación*.

Ser salvado por Dios no es lo mismo que ser rescatado. No es una ayuda que el rico le da al pobre, no es como un médico que salva la vida de un paciente, ni el auxilio amoroso de una persona amable o una organización caritativa. La salvación de Dios se prepara para salvar a la humanidad y rebosa del gran amor y misericordia de Dios por la humanidad.

La liberación, por la gracia de Dios, del castigo eterno del pecado que Dios concede a aquellos que aceptan por fe sus condiciones de arrepentimiento y fe en el Señor Jesús. La salvación únicamente se obtiene a través de Jesucristo (Juan 14:6; Hechos 4:12), y depende solo de Dios para su provisión, garantía y seguridad.

Señor Jesús, creo que eres el verdadero Dios viviente. Sufriste y moriste en la cruz del Calvario por mis pecados. Confieso que soy un pecador salvado por tu don gratuito de gracia, y te acepto a ti, Señor, Jesucristo, como mi Señor y Salvador. Te invito, Señor Jesús, a residir en mi corazón como mi Señor y Salvador desde hoy en adelante. También agradezco al Padre celestial por enviar a su hijo Jesús a morir por mis pecados para poder tener vida eterna. En el nombre de Jesús, oro. Amén.

RECIBE TU GALÓN:
SALVACIÓN.

Día 29
¿QUÉ HAGO AQUÍ?
P. Yolanda

El regalo más grande que nadie te puede dar sobre la tierra y que solo proviene del cielo es el perdón. El perdón de Dios.

"Bendice, alma mía, a Jehová,
Y bendiga todo mi ser su santo nombre.
Bendice, alma mía, a Jehová,
Y no olvides ninguno de sus beneficios.
El es quien perdona todas tus iniquidades,
El que sana todas tus dolencias;
El que rescata del hoyo tu vida,
El que te corona de favores y misericordias;
El que sacia de bien tu boca
De modo que te rejuvenezcas como el águila.
Jehová es el que hace justicia
Y derecho a todos los que padecen violencia.
Sus caminos notificó a Moisés,
Y a los hijos de Israel sus obras.
Misericordioso y clemente es Jehová;
Lento para la ira, y grande en misericordia.
No contenderá para siempre,
Ni para siempre guardará el enojo.
No ha hecho con nosotros conforme a nuestras iniquidades,
Ni nos ha pagado conforme a nuestros pecados.
Porque como la altura de los cielos sobre la tierra,

*Engrandeció su misericordia sobre los que le
temen.
Cuanto está lejos el oriente del occidente,
Hizo alejar de nosotros nuestras rebeliones.
Como el padre se compadece de los hijos,
Se compadece Jehová de los que le temen.
Porque él conoce nuestra condición;
Se acuerda de que somos polvo.
El hombre, como la hierba son sus días;
Florece como la flor del campo,
Que pasó el viento por ella, y pereció,
Y su lugar no la conocerá más.
Mas la misericordia de Jehová es desde la
eternidad y hasta la eternidad sobre los que le
temen,
Y su justicia sobre los hijos de los hijos;
Sobre los que guardan su pacto,
Y los que se acuerdan de sus mandamientos
para ponerlos por obra.
Jehová estableció en los cielos su trono,
Y su reino domina sobre todos.
Bendecid a Jehová, vosotros sus ángeles,
Poderosos en fortaleza, que ejecutáis su palabra,
Obedeciendo a la voz de su precepto.
Bendecid a Jehová, vosotros todos sus ejércitos,
Ministros suyos, que hacéis su voluntad.*

*Bendecid a Jehová, vosotras todas sus obras,
En todos los lugares de su señorío.
Bendice, alma mía, a Jehová".* (Salmos 103)

No puede haber alma que se resista ante esto: acepta el perdón de Dios, solo así habrá paz y descanso en tu vida. Gózate en su perdón y se feliz por su amor.

Recibiendo mi galón
P. Mercedes

Hoy recibimos el galón del *propósito*.

Es de particular interés para cada una de nosotras, y para todo creyente, el querer conocer cuál es la voluntad de Dios para nuestra vida. Por definición, sabemos que la voluntad de Dios es buena, agradable y perfecta (Romanos 12:2). Luego, detallamos cosas como que le obedezcamos, que cumplamos su Palabra, etc. Todo eso está muy bien; pero hasta el momento esa es la voluntad escrita en su Palabra.

Sin embargo, por otro lado, la voluntad que deseamos siempre saber es aquella para vivir, para decidir, para el día a día, aun para el largo plazo. Hay dos maneras de conocer la voluntad de Dios. La primera es leyendo la Biblia, donde está buena parte de la voluntad de Dios para nuestra vida, lo que Dios quiere hacer, establecer, cómo quiere que vivamos y lo que desea que experimentemos. Su Palabra define la voluntad de Dios para mi vida. Pero, en segundo lugar, se trata de conocer el propósito de Dios para mi vida. Hombres como Abraham, Moisés y Jesús, todos tenían un propósito en la vida.

Hay un propósito que es únicamente para ti, y solo tú lo vas a cumplir, porque Dios te ha dotado de todo lo que necesitas para hacerlo. Es tu misión, tu responsabilidad. Hay un plan hecho por Dios para que lo cumplas. Habla con Dios y pídele que te revele cuál es su voluntad para tu vida, para qué estás aquí en la tierra, qué misión tiene para ti. Y si esa misión ya la tienes muy clara, no importa, no pierdas el ritmo de caminar con el Señor.

Padre, te doy gracias por tu Palabra, y seguiré hablando de tu Palabra. Quiero pedirte que tus hijas e hijos puedan conocer cuál es tu voluntad para ellos. Para qué nacieron, por qué en esta época, por qué han vivido las cosas que han vivido. Muéstrales tú propósito de por qué son las personas con quienes quieres hacer algo grande. Te pido que cada uno pueda conocer tu voluntad.

Padre, quiero recibir de ti cuál es tu voluntad para mi vida, cuál es tu propósito. Hoy rindo mi voluntad a tu propósito, yo haré como tú me digas. Háblame, dirígeme, enséñame, porque estoy decidido a hacer tu voluntad aquí en la tierra. Amén.

RECIBE TU GALÓN:
PROPÓSITO.

•

Día 30
PERDONANDO
P. Yolanda

"Y cuando estéis orando, perdonad, si tenéis algo contra alguno, para que también vuestro Padre que está en los cielos os perdone a vosotros vuestras ofensas". (Marcos 11:25)

El programa de Dios para mi vida hoy
El mensaje que Dios me dio en esta jornada es:
_____

Lo que Dios espera de mí:
_____

En la mañana:
_____

En la tarde:
_____

En la noche:
_____

Personas por las que estoy orando:

1. _____
2. _____
3. _____
4. _____

5. _____
6. _____
7. _____

Recibiendo mi galón
P. Mercedes

Hoy recibimos el galón de un *nuevo corazón*.

"Sobre toda cosa guardada, guarda tu corazón;
Porque de él mana la vida.
Aparta de ti la perversidad de la boca,
Y aleja de ti la iniquidad de los labios".
(Proverbios 4:23-24)

La mente de un hombre refleja lo que realmente es, no solo sus acciones o palabras. Esta es la razón por la que Dios examina el corazón del hombre y no simplemente su apariencia externa o lo que aparenta ser (1 Samuel 16:7). Así como hay muchas enfermedades y trastornos que pueden afectar al corazón físico, hay muchas dolencias del corazón espiritual que pueden afectar el crecimiento y el desarrollo del creyente. La arterioesclerosis es un endurecimiento de las arterias debido a la acumulación de placas de colesterol y cicatrices en las paredes arteriales. El endurecimiento del corazón espiritual también puede ocurrir. El endurecimiento del corazón se produce cuando se nos presenta la verdad de Dios y nos negamos a reconocerla o aceptarla. Si bien Egipto fue afligido con calamidades una vez tras otra, cuando el faraón se negó a liberar a los israelitas de su esclavitud, en realidad Dios había endurecido su corazón contra la verdad de que Dios todopoderoso quería, que era liberar a su pueblo de Egipto (Éxodo 7:22; 8:32; 9:34). En Salmos 95:7-8 el rey David le suplicó a su pueblo que no endurecieran sus corazones en rebelión contra Dios como lo hicieron en el desierto. Hay muchas cosas que pueden endurecer el corazón y pueden llevar a una persona a negar a Dios y, al igual que el colesterol bloquea el flujo sanguíneo, estas no permiten que el creyente tenga un libre fluir de la paz y las bendiciones de Dios que se derivan de la obediencia. Protegerse contra un espíritu rebelde y cultivar un espíritu de obediencia sumiso a la palabra de Dios es, por lo tanto, el primer paso para guardar el corazón. Cada cristiano está atrapado en una constante e intensa guerra con fuerzas demoníacas. Muchos de nosotros nos volvemos tan decididos en librar la guerra espiritual externa que nos olvidamos de que gran parte de nuestra batalla no es con fuerzas externas, sino con nuestra propia mente y pensamientos. Santiago 1:14-16 dice: "… sino que cada uno es tentado, cuando de su propia concupiscencia es atraído y seducido. Entonces la concupiscencia, después que ha concebido, da a luz el pecado; y el pecado, siendo consumado, da a luz la muerte. Amados hermanos míos, no erréis". El pecado siempre comienza en la mente. Un pecador primero debe concebir y pensar en esa acción pecaminosa antes de que realmente la lleva a cabo. Por lo tanto, la primera línea de defensa debe ser el negarse incluso a contemplar la posibilidad de una acción ilícita. El apóstol Pablo nos dice que llevemos cada pensamiento cautivo, de manera que sea conforme a la voluntad de Dios (2 Corintios 10:3-5). Evitar el enojo, el orgullo y la tentación también son elementos esenciales para guardar el corazón. El apóstol Pablo nos instruye:

"Por lo demás, hermanos, todo lo que es verdadero, todo lo honesto, todo lo justo, todo lo puro, todo lo amable, todo lo que es de buen nombre; si hay virtud alguna, si algo digno de alabanza, en esto pensad" (Filipenses 4:8).

Permanecer en estas cosas nos ayudará a construir un vallado de protección alrededor de nuestros corazones.

"Sobre toda cosa guardada, guarda tu corazón".
(Proverbios 4:23)

RECIBE TU GALÓN: NUEVO CORAZÓN.

Día 31
Reconciliación
P. Yolanda

A veces alejan más las actitudes que la distancia.

"Oísteis que fue dicho a los antiguos: No matarás; y cualquiera que matare será culpable de juicio. Pero yo os digo que cualquiera que se enoje contra su hermano, será culpable de juicio; y cualquiera que diga: Necio, a su hermano, será culpable ante el concilio; y cualquiera que le diga: Fatuo, quedará expuesto al infierno de fuego. Por tanto,

si traes tu ofrenda al altar, y allí te acuerdas de que tu hermano tiene algo contra ti, deja allí tu ofrenda delante del altar, y anda, reconcíliate primero con tu hermano, y entonces ven y presenta tu ofrenda. Ponte de acuerdo con tu adversario pronto, entre tanto que estás con él en el camino, no sea que el adversario te entregue al juez, y el juez al alguacil, y seas echado en la cárcel". (Mateo 5: 21-25)

El programa de Dios para mi vida hoy
El mensaje que Dios me dio en esta jornada es:
_____

Lo que Dios espera de mí:
_____

En la mañana:
_____

En la tarde:
_____

En la noche:
_____

¡Mujer, levántate!
Personas por las que estoy orando:

1. _____
2. _____
3. _____

4. _____

5. _____

6. _____

7. _____

Recibiendo mi galón
P. Mercedes

Hoy recibimos el galón de la *reconciliación*.

En Corintios 5:18-20 Pablo dice que Dios nos ha dado el ministerio de la reconciliación. Nos llama *"embajadores de Cristo"* para compartir el mensaje de reconciliación con los demás. En la Biblia, la reconciliación con los demás implica la reconciliación con Dios.

¿Alguna vez has sido lastimado por otra persona, y sentiste el deseo de hacerle daño también, de desquitarte, de tomar venganza?

La reconciliación bíblica es el proceso de dos partidos previamente alineados que llegan a la paz entre sí. Debido a que Dios nos ha reconciliado consigo mismo a través de Jesucristo, podemos reconciliarnos unos con otros, ya no contándonos nuestras ofensas. La ausencia de reconciliación priva a la Iglesia del poder de la unidad.

La reconciliación comienza con Dios. "Jacob siguió su camino, y le salieron al encuentro ángeles de Dios" (Génesis 32:1). ¿Qué le dijeron los ángeles a Jacob? ¿Te hubiera gustado estar al tanto de esa conversación? Lo que se dijo motivó a Jacob a hacer las paces, a admitir su error y a hacer las paces con su hermano Esaú. Creo que Dios obra en nuestras vidas de la misma manera. Cuando tratamos de entrar en su presencia nos revela aquellas relaciones que están rotas y nos pide que las hagamos bien.

La reconciliación con quien te ofendió bien debe producirse antes que la reconciliación con Dios. Esos ángeles aparecieron por una razón. Esa razón, creo, fue para informar a Jacob que antes de que las cosas puedan estar bien con Dios, tienen que estar en lo correcto con su hermano. Si se quiere reconciliarse con Dios, debe haber reconciliación unos con otros. Este es el principio: no puedes vivir en armonía con tu Padre celestial hasta que vivas en armonía con tus hermanos y hermanas humanos. Lazos rotos entre sí no solo rompen las relaciones entre sí, también cortan la relación con Dios.

La reconciliación debe ser intencional (Génesis 32:3-5). Jacob sabía que había hecho mal. Ahora sabía que tenía que hacerlo bien. Tuvo que dar el primer paso. Este es el principio: tomar la iniciativa es imperativo en la reconciliación.

La reconciliación debe bañarse de oración (Génesis 32:9-12). El proceso de reconciliación no es un paseo fácil, es a menudo algo complicado porque los corazones se encuentran endurecidos. Los sentimientos han sido heridos. Las emociones están al límite. Las heridas están abiertas. El ofendido, cuando es abordado por el ofensor, puede buscar un motivo oculto y puede sentir que el ofensor es ingenuo. El ofendido puede pensar: *¿Por qué después de todos estos años quiere reunirse ahora? ¿Por qué quieres hacer las cosas ahora?* Por tanto, Dios necesita ablandar los corazones, aliviar las emociones, sanar las heridas, llevar a la comprensión a las partes involucradas. Y no hay mayor poder disponible para que eso suceda que la oración. La oración nos cambia. No ores a menos que quieras cambiar.

La reconciliación demanda humildad. Este es el principio: la humildad nos pone en una posición para la reconciliación. Hay que pagar un precio por la reconciliación, y ese precio es tragarse el orgullo, enterrar el hacha de guerra, admitir estar equivocado. Toda acción de reconciliación requiere que alguna de las partes admita su culpa y muestre su deseo de reparar el daño.

Reconciliación requiere ser vulnerable. Abrazar a alguien es exponer el corazón. Exponer el corazón es revelar la parte de la relación dañada. Es revelar el dolor sentido o el dolor causado. Admitir las equivocaciones. Este es el principio: la reconciliación nunca sucederá hasta que el corazón esté expuesto.

La reconciliación conlleva al perdón (Génesis 33:4). El perdón no es opcional para conciliar una relación rota. Este es el principio: el perdón implica dejar ir para seguir con el resto de tu vida. No es libertad condicional, sino un indulto. El perdón significa que no requerimos dinero, palabras o acciones como pago; significa que no habrá resentimiento o amargura continuos. Esperamos lo mejor para el otro. El perdón es una larga curación, no es momentáneo.

La reconciliación es una restitución terminada. La restitución está tratando de restaurar lo que ha sido dañado o destruido, buscando justicia siempre que tengamos el poder de actuar o de influir en aquellos que tienen autoridad para actuar. La restitución es mucho más fácil cuando se trata de propiedad física. Si ha tomado propiedades físicas, se devuelve o se paga por ella. Pero la restitución es mucho más difícil cuando se han dicho palabras que han dañado el nombre y el carácter de una persona.

Jacob le dijo a Esaú: *"… de hecho, he visto tu rostro, como si hubiera visto el rostro de Dios, pues que con tanto favor me has recibido"* (Génesis. 33:10). Si quieres saber cómo es el rostro de Dios, ve a tu hermano o hermana que has ofendido, pide su perdón, y entonces escucharás decir: "Eres perdonado". Cuando el perdón se extiende al hermano o hermana que nos ha herido mostramos a Dios en nosotros.

Con la ofensa hemos roto nuestra relación con Dios. Pecamos. Hirió mucho a Dios nuestra desobediencia y rebelión. Con ello, Dios tendría suficiente para castigarnos en el infierno por la eternidad. En cambio, al igual que Esaú, Dios viene a nosotros a través de Su Hijo Jesucristo y nos abraza, nos llama hermano y hermana, y dice: *Te perdono. No sostendré tus pecados contra ti. Quiero caminar contigo y ser tu amigo.*

**RECIBE TU GALÓN:
RECONCILIACIÓN.**

Día 32
Nueva creación
P. Yolanda

"Purifícame con hisopo, y seré limpio;
Lávame, y seré más blanco que la nieve.
Hazme oír gozo y alegría;
Y se recrearán los huesos que has abatido.
Esconde tu rostro de mis pecados,
Y borra todas mis maldades.
Crea en mí, oh Dios, un corazón limpio,
Y renueva un espíritu recto dentro de mí.
No me eches de delante de ti,
Y no quites de mí tu santo Espíritu.
Vuélveme el gozo de tu salvación;
Y espíritu noble me sostente".
(Salmos 51:7-12)

El programa de Dios para mi vida hoy

El mensaje que Dios me dio en esta jornada es:
_____

Lo que Dios espera de mí:
_____

En la mañana:
_____

En la tarde:
_____

En la noche:
_____

¡Mujer, levántate!

Personas por las que estoy orando:

1. _____
2. _____
3. _____
4. _____
5. _____
6. _____
7. _____

Recibiendo mi galón
P. Mercedes

Hoy recibimos el galón de una *nueva creación*.

"Fórmame en el silencio, que todo sea nuevo y venga de ti", es la letra de una canción que me llena mucho. Y cada vez que la canto es una plegaria mía al Señor. Me remite a recordar cómo Dios me forma, cómo hace todo nuevo en mí, trayendo a la existencia lo que yo nunca me imaginé que podía tener dentro de mí.

> *"De modo que si alguno está en Cristo, nueva criatura es; las cosas viejas pasaron; he aquí todas son hechas nuevas".* (2 Corintios 5:17)

La Biblia dice que todas las cosas son hechas nuevas. En Cristo, todo lo que hacía antes ya no es, porque Dios nos ha dado una nueva dirección, una manera nueva de vivir, de servir. Ahora todo es nuevo. Puedo gritar de lo más profundo de mí que *¡Soy una nueva creación!* La mujer que era ya no es.

RECIBE TU GALÓN:
NUEVA CREACIÓN.

•

Día 33
Oración contra la tentación
P. Yolanda

"Entonces llegó Jesús con ellos a un lugar que se llama Getsemaní, y dijo a sus discípulos: Sentaos aquí, entre tanto que voy allí y oro. Y tomando a Pedro, y a los dos hijos de Zebedeo, comenzó a entristecerse y a angustiarse en gran manera. Entonces Jesús les dijo: Mi alma está muy triste, hasta la muerte; quedaos aquí, y velad conmigo. Yendo un poco adelante, se postró sobre su rostro, orando y diciendo: Padre mío, si es posible, pase de mí esta copa; pero no sea como yo quiero, sino como tú. Vino luego a sus discípulos, y los halló durmiendo, y dijo a Pedro: ¿Así que no habéis podido velar

conmigo una hora? Velad y orad, para que no entréis en tentación; el espíritu a la verdad está dispuesto, pero la carne es débil". (Mateo 26:36-41)

El programa de Dios para mi vida hoy
El mensaje que Dios me dio en esta jornada es:
_____

Lo que Dios espera de mí:
_____

En la mañana:
_____

En la tarde:
_____

En la noche:
_____

¡Mujer, levántate!
Personas por las que estoy orando:

1. _____
2. _____
3. _____
4. _____
5. _____
6. _____
7. _____

Recibiendo mi galón
P. Mercedes

Hoy recibimos nuestro galón del dominio propio.

"Porque no nos ha dado Dios espíritu de cobardía, sino de poder, de amor y de dominio propio". (2 Timoteo 1:7)

"Mejor es el que tarda en airarse que el fuerte; Y el que se enseñorea de su espíritu, que el que toma una ciudad". (Proverbios 16:32)

Cinco pasos para ejercer el dominio propio

El evangelio es la motivación que necesitamos para superar cualquier cosa que nos haya amenazado con vencernos. Cristo es glorificado cuando ejercemos el dominio propio, porque buscamos un premio imperecedero que solo Él nos puede dar, en lugar de uno perecedero, al que nos entregamos a través de la indulgencia carnal y la satisfacción inmediata. Estas sugerencias no son exhaustivas, son ideas prácticas para ejercer el domino propio divino, como se ve en las Escrituras.

Paso 1. Renueva tu mente a través de la Palabra de Dios.

"No os conforméis a este siglo, sino transformaos por medio de la renovación de vuestro entendimiento, para que comprobéis cuál sea la buena voluntad de Dios, agradable y perfecta". (Romanos 12:2).

Paso 2. Ora por la ayuda del Espíritu Santo.

"No ceso de dar gracias por vosotros, haciendo memoria de vosotros en mis oraciones, para que el Dios de nuestro Señor Jesucristo, el Padre de gloria, os dé espíritu de sabiduría y de revelación en el conocimiento de él, … y cuál la supereminente grandeza de su poder para con nosotros los que creemos, según la operación del poder de su fuerza". (Efesios 1:16,17-19)

Paso 3. Confiesa tus hábitos a Dios y a los demás.

"… pero si andamos en luz, como él está en luz, tenemos comunión unos con otros, y la sangre de Jesucristo su Hijo nos limpia de todo pecado". (1 Juan 1:7)

Paso 4. Identifica y quita los desencadenadores.

"En cuanto a la pasada manera de vivir, despojaos del viejo hombre, que está viciado conforme a los deseos engañosos, y renovaos en el espíritu de vuestra mente, y vestíos del nuevo hombre, creado según Dios en la justicia y santidad de la verdad". (Efesios 4:22-24)

Paso 5. Recuerda el evangelio cuando fracases.

"Acerquémonos, pues, confiadamente al trono de la gracia, para alcanzar misericordia y hallar gracia para el oportuno socorro". (Hebreos 4:16)

¡Alabado sea Dios por el aumento de su gracia en nuestra debilidad! Que nuestro autocontrol sea sometido también al dominio del Espíritu Santo, para la gloria de Dios y del evangelio eterno.

RECIBE TU GALÓN:
DOMINIO PROPIO.

•

Día 34
Vence al mal
P. Yolanda

"El amor sea sin fingimiento. Aborreced lo malo, seguid lo bueno. Amaos los unos a los otros con amor fraternal; en cuanto a honra, prefiriéndoos los unos a los otros. En lo que requiere diligencia, no perezosos; fervientes en espíritu, sirviendo al Señor; gozosos en la esperanza; sufridos en la tribulación; constantes en la oración; compartiendo para las necesidades de los santos; practicando la hospitalidad. Bendecid a los que os persiguen; bendecid, y no maldigáis. Gozaos con los que se gozan; llorad con los que lloran. Unánimes entre vosotros; no altivos, sino asociándoos con los humildes. No seáis sabios en vuestra propia opinión. No paguéis a nadie mal por mal;

procurad lo bueno delante de todos los hombres. Si es posible, en cuanto dependa de vosotros, estad en paz con todos los hombres. No os venguéis vosotros mismos, amados míos, sino dejad lugar a la ira de Dios; porque escrito está: Mía es la venganza, yo pagaré, dice el Señor. Así que, si tu enemigo tuviere hambre, dale de comer; si tuviere sed, dale de beber; pues haciendo esto, ascuas de fuego amontonarás sobre su cabeza. No seas vencido de lo malo, sino vence con el bien el mal". (Romanos 12:9-21)

El programa de Dios para mi vida hoy
El mensaje que Dios me dio en esta jornada es:
_____
Lo que Dios espera de mí:
_____
En la mañana:
_____
En la tarde:
_____
En la noche:
_____
¡Mujer, levántate!
Personas por las que estoy orando:

1. _____

2. _____

3. _____
4. _____
5. _____
6. _____
7. _____

Recibiendo mi galón

P. Mercedes

Hoy recibimos el galón del *sustento*.

Nuestro Dios es más grande que mi problema, más grande que mi necesidad, es el más grande en todo. Es mi sustentador.

Hoy fue un día fuerte: me caí en un centro comercial, tengo dolor en el cuerpo, la presión muy alta, en fin, todo está bajo un poco de caos. Pero aún en medio de todo, mi Dios es más grande. Él es mi sustento. El salmista lo dijo muy bien en Salmos 54:4: *"He aquí, Dios es el que me ayuda; el Señor es el que sostiene mi alma"*.

Después de tantas cosas que me pasaron, por un momento pude entender una vez más cómo Dios me ayuda. Mujer, confía y entiende que no hay nada más grande que Dios.

Confía en Dios, pues…

Él conoce tu nombre,

Él piensa en ti,

Él pelea por ti,

Él es tu refugio,
Él tiene un plan para ti,
Él siempre está contigo, y
Él es tu sustento.

**RECIBE TU GALÓN:
SUSTENTO.**

Día 35
Fortaleciendo la fe
P. Yolanda

*"Yo me alegré con los que me decían:
A la casa de Jehová iremos".* (Salmos 122:1)

El programa de Dios para mi vida hoy
El mensaje que Dios me dio en esta jornada es:
_____

Lo que Dios espera de mí:
_____

En la mañana:
_____

En la tarde:
_____

En la noche:

_____

¡Mujer, levántate!

Personas por las que estoy orando:

1. _____
2. _____
3. _____
4. _____
5. _____
6. _____
7. _____

Recibiendo mi galón
P. Mercedes

Hoy recibimos el galón de la *fe*.

La Biblia dice que sin fe es imposible agradar a Dios, y que la meta de nuestra fe es la salvación. Dios quiere que tengamos una fe viva para que podamos crecer en nuestra relación con Él. Entonces, ¿qué es la fe, y cómo la recibimos y crecemos en ella?

La fe va más allá de lo que podemos percibir con nuestros sentidos físicos, por lo que no funciona según las reglas de la ciencia. La fe nos permite creer que el Dios invisible puede hacer lo que es físicamente imposible. En ese sentido, la fe se construye y crece en un plano espiritual, no físico o científico. Pero eso no significa que la observación, la ciencia y el pensamiento racional no sean parte de cómo llegamos a creer en nuestro milagroso Dios creador en primer lugar. De hecho, no hay contradicción ni conflicto entre la fe piadosa y la verdadera ciencia. Después de todo, dado que Dios es el Creador de todo, la ciencia es el estudio de la creación de Dios.

La fe es una parte esencial de nuestra relación con Dios. Es un requisito previo para iniciar el proceso de conversión, que es un paso necesario en el camino hacia la salvación y la vida eterna. Sin fe no podemos agradar a Dios (Hebreos 11:6). *"Así que la fe es por el oír, y el oír, por la palabra de Dios"* (Romanos 10:17). Una buena manera de crecer en la fe es estudiar los ejemplos de fe registrados en la Biblia. Concéntrate en las promesas de amor, protección y fidelidad de Dios en Salmos 33:4; 37:28; 97:10; Proverbios 2:8; y 2 Tesalonicenses 3:3. Otros pasajes favoritos de las Escrituras que fortalecen la fe son Romanos 8:28, Filipenses 4:7,13 y Hebreos 13:5-6. Escribe al menos uno de estos pasajes de las Escrituras y ponlo en tu bolso o en otro lugar para llevarlo contigo y releerlo de vez en cuando. Escribe su Palabra en las tablas de tu corazón, *"porque sin fe es imposible agradar a Dios"*.

RECIBE TU GALÓN:

FE.

Día 36
Agradecimientos
P. Yolanda

"Amos, haced lo que es justo y recto con vuestros siervos, sabiendo que también vosotros tenéis un Amo en los cielos. Perseverad en la oración, velando en ella con acción de gracias; orando también al mismo tiempo por nosotros, para que el Señor nos abra puerta para la palabra, a fin de dar a conocer el misterio de Cristo, por el cual también estoy preso, para que lo manifieste como debo hablar. Andad sabiamente para con los de afuera, redimiendo el tiempo. Sea vuestra palabra siempre con gracia, sazonada con sal, para que sepáis cómo debéis responder a cada uno". (Colosenses 4:1-6)

El programa de Dios para mi vida hoy

El mensaje que Dios me dio en esta jornada es:
_____

Lo que Dios espera de mí:
_____

En la mañana:
_____

En la tarde:
_____

En la noche:
_____

¡Mujer, levántate!

Personas por las que estoy orando:

1. _____
2. _____
3. _____
4. _____
5. _____
6. _____
7. _____

Recibiendo mi galón
P. Mercedes

Hoy recibimos el galón de la *justicia*.

La justicia significa que a alguien siempre le preocupan dos cosas: tener razón y ser justo. La justicia significa "siempre hacer lo que es moralmente correcto y justo".

> *"Con la mira de manifestar en este tiempo su justicia, a fin de que él sea el justo, y el que justifica al que es de la fe de Jesús".* (Romanos 3:26)

> *"El ama justicia y juicio;
> De la misericordia de Jehová está llena la tierra".* (Salmos 33:5)

*"Dichosos los que guardan juicio,
Los que hacen justicia en todo tiempo".*
(Salmos 106:3)

"Y dije yo en mi corazón: Al justo y al impío juzgará Dios; porque allí hay un tiempo para todo lo que se quiere y para todo lo que se hace".
(Eclesiastés 3:17)

RECIBE TU GALÓN:
JUSTICIA.

•

DÍA 37
¡ALABA A DIOS!
P. Yolanda

*"Bendice, alma mía, a Jehová,
Y bendiga todo mi ser su santo nombre.
Bendice, alma mía, a Jehová,
Y no olvides ninguno de sus beneficios".*
(Salmos 103:1-2)

Dice el salmista: *"No olvides ningunos de sus beneficios"*. Cada día, en tus conversaciones, habla de Jesús y de lo que ha hecho en tu vida.

El programa de Dios para mi vida hoy
El mensaje que Dios me dio en esta jornada es:

_____

Lo que Dios espera de mí:

_____

En la mañana:

_____

En la tarde:

_____

En la noche:

_____

¡Mujer, levántate!

Personas por las que estoy orando:

1. _____
2. _____
3. _____
4. _____
5. _____
6. _____
7. _____

Recibiendo mi galón
P. Mercedes

Hoy recibimos el galón de la *alabanza*.

"Alabad a Dios en su santuario;
Alabadle en la magnificencia de su firmamento.
Alabadle por sus proezas;
Alabadle conforme a la muchedumbre de su grandeza.
Alabadle a son de bocina;
Alabadle con salterio y arpa.
Alabadle con pandero y danza;
Alabadle con cuerdas y flautas.
Alabadle con címbalos resonantes;
Alabadle con címbalos de júbilo.
Todo lo que respira alabe a JAH.
Aleluya". (Salmos 150)

El Salmo 150 describe la forma de alabar a Dios.
¿En qué lugar? En todo lugar.
¿Por qué? Por sus proezas, por su grandeza.
¿Cómo? Con todo lo que tenemos.
¿Quién? Todo lo que respira.
¡Alaba a Jehová porque Él es digno!

RECIBE TU GALÓN:
ALABANZA.

Día 38

¡LA PRESENCIA DE DIOS!
P. Yolanda

"Y Moisés respondió: Si tu presencia no ha de ir conmigo, no nos saques de aquí". (Éxodo 33:15)

Lectura de Éxodo 30.
El programa de Dios para mi vida hoy
El mensaje que Dios me dio en esta jornada es:
_____

Lo que Dios espera de mí:
_____

En la mañana:
_____

En la tarde:
_____

En la noche:
_____

¡Mujer, levántate!
Personas por las que estoy orando:

1. _____
2. _____
3. _____

4. _____

5. _____

6. _____

7. _____

Recibiendo mi galón

P. Mercedes

Hoy recibimos el galón de la *presencia*.

"Y él dijo: Mi presencia irá contigo, y te daré descanso". (Éxodo 33:14)

Cada día le digo al Señor estas palabras: "Si tu presencia conmigo no va, yo no voy a ningún lugar", es la letra de una canción que también dice: "No quiero llegar, no voy a llegar".

En otras palabras: *Señor no quiero vivir mi vida sin ti. No quiero tomar una decisión sin ti; si tú no vas no quiero ir.*

"Y he aquí la gloria del Dios de Israel, que venía del oriente; y su sonido era como el sonido de muchas aguas, y la tierra resplandecía a causa de su gloria. Y el aspecto de lo que vi era como una visión, como aquella visión que vi cuando vine para destruir la ciudad; y las visiones eran como la visión que vi junto al río Quebar; y me postré sobre mi rostro". (Ezequiel 43:2-3)

En una visión, Dios llevó a Ezequiel a la puerta de Jerusalén que se dirigía hacia el Este. Al mirar, Ezequiel pudo ver la gloria del Dios de Israel que provenía del camino del este. Y oyó la voz de Dios, que era como el sonido de muchas aguas. La vista y los sonidos del momento eran abrumadores, ya que la tierra brilló con su gloria.

En respuesta a la visión, Ezequiel cayó sobre su rostro ante Dios. En ese momento, recibió una visión más profunda de la naturaleza de Dios y su propio carácter. Se dio cuenta de que Dios era más grande que cualquier cosa que pudiera imaginar. Ezequiel reconoció que no era nada ante Dios y que le debía todo a Él.

Este reconocimiento hizo posible que Ezequiel dejara de depender de sí mismo y de sus propias habilidades. Podía reconocer la grandeza de Dios y experimentar su presencia de una manera más poderosa.

Muchas personas, incluso muchos creyentes, nunca entran realmente en la presencia de Dios ni experimentan una relación verdaderamente íntima con Él. Es fácil pasar por emociones y permitir que las cosas ordinarias de este mundo nos impidan experimentar lo verdaderamente extraordinario. Tales cosas pueden impedir que entremos en la presencia de Dios y que podamos fluir en el poder del Espíritu.

No permitas en tu vida que las cosas de este mundo te impidan experimentar la presencia de Dios.

Comienza por pasar tiempo de calidad con Él. Búscalo a través de tiempos de intimidad. Habla con Él. Escúchalo. Estudia su Palabra. Humíllate ante el Señor. Reconoce que todo se lo debes a Él y que no podrás lograr nada sin Él. Adóralo. Alábalo. Dale gracias en todo tiempo a Él.

Padre anhelo tu presencia. Revélate a mí de una manera nueva y más íntima. Te adoro y te alabo. En el nombre de Jesús. Amén.

**RECIBE TU GALÓN:
PRESENCIA.**

•

Día 39
Un buen hábito espiritual
P. Yolanda

"Ahora, pues, he aquí el rey que habéis elegido, el cual pedisteis; ya veis que Jehová ha puesto rey sobre vosotros. Si temiereis a Jehová y le sirviereis, y oyereis su voz, y no fuereis rebeldes a la palabra de Jehová, y si tanto vosotros como el rey que reina sobre vosotros servís a Jehová vuestro Dios, haréis bien. Más si no oyereis la voz de Jehová, y si fuereis rebeldes a las palabras de Jehová, la mano de Jehová estará contra vosotros como estuvo contra vuestros padres. Esperad aún ahora, y mirad esta gran cosa que Jehová hará delante de vuestros ojos. ¿No es ahora la siega del trigo? Yo clamaré a Jehová, y él dará truenos y lluvias, para que conozcáis y veáis que es grande vuestra maldad que habéis hecho ante los ojos de Jehová, pidiendo para vosotros rey. Y Samuel clamó a Jehová, y

Jehová dio truenos y lluvias en aquel día; y todo el pueblo tuvo gran temor de Jehová y de Samuel. Entonces dijo todo el pueblo a Samuel: Ruega por tus siervos a Jehová tú Dios, para que no muramos; porque a todos nuestros pecados hemos añadido este mal de pedir rey para nosotros. Y Samuel respondió al pueblo: No temáis; vosotros habéis hecho todo este mal; pero con todo eso no os apartéis de en pos de Jehová, sino servidle con todo vuestro corazón. No os apartéis en pos de vanidades que no aprovechan ni libran, porque son vanidades. Pues Jehová no desamparará a su pueblo, por su grande nombre; porque Jehová ha querido haceros pueblo suyo. Así que, lejos sea de mí que peque yo contra Jehová cesando de rogar por vosotros; antes os instruiré en el camino bueno y recto. Solamente temed a Jehová y servidle de verdad con todo vuestro corazón, pues considerad cuán grandes cosas ha hecho por vosotros. Más si perseverareis en hacer mal, vosotros y vuestro rey pereceréis". (1 Samuel 12:13-25)

No vayas en pos de la vanidad, porque de nada aprovecha. Mujer, decide que la Palabra de Dios sea sobre ti por el resto de tu vida, y que nunca exista un día donde te olvides de tu devoción personal con Dios.

El programa de Dios para mi vida hoy

El mensaje que Dios me dio en esta jornada es:

_____

Lo que Dios espera de mí:

_____

En la mañana:
_____

En la tarde:
_____

En la noche:
_____

¡Mujer, levántate!

Personas por las que estoy orando:

1. _____
2. _____
3. _____
4. _____
5. _____
6. _____
7. _____

Recibiendo mi galón
P. Mercedes

Hoy recibimos el galón del fruto del *Espíritu*.

"Mas el fruto del Espíritu es amor, gozo, paz, paciencia, benignidad, bondad, fe, mansedumbre, templanza; contra tales cosas no hay ley". (Gálatas 5:22-23)

Amor

"Y ante todo, tened entre vosotros ferviente amor; porque el amor cubrirá multitud de pecados". (1 Pedro 4:8)

"El que no ama, no ha conocido a Dios; porque Dios es amor". (1 Juan 4:8)

Alegría

"Estas cosas os he hablado, para que mi gozo esté en vosotros, y vuestro gozo sea cumplido". (Juan 15:11)

"Regocijaos en el Señor siempre. Otra vez digo: ¡Regocijaos!". (Filipenses 4:4)

Paz

"La paz os dejo, mi paz os doy; yo no os la doy como el mundo la da. No se turbe vuestro corazón, ni tenga miedo". (Juan 14:27)

"Y la paz de Dios, que sobrepasa todo entendimiento, guardará vuestros corazones y vuestros pensamientos en Cristo Jesús". (Filipenses 4:7)

Paciencia

"Fortalecidos con todo poder, conforme a la potencia de su gloria, para toda paciencia y longanimidad". (Colosenses 1:11)

Amabilidad
"Mira, pues, la bondad y la severidad de Dios; la severidad ciertamente para con los que cayeron, pero la bondad para contigo, si permaneces en esa bondad; pues de otra manera tú también serás cortado". (Romanos 11:22)

Bondad
"Ciertamente el bien y la misericordia me seguirán todos los días de mi vida, y en la casa de Jehová moraré por largos días". (Salmos 23:6)

Fidelidad
"Jehová, hasta los cielos llega tu misericordia, y tu fidelidad alcanza hasta las nubes". (Salmos 36:5)

Humildad
"Que a nadie difamen, que no sean pendencieros, sino amables, mostrando toda mansedumbre para con todos los hombres". (Tito 3:2)

Dominio propio
"Porque no nos ha dado Dios espíritu de cobardía, sino de poder, de amor y de dominio propio". (2 Timoteo 1:7)

RECIBE TU GALÓN:
EL FRUTO DEL ESPÍRITU.

Día 40
¡Pentecostés!
La venida del Espíritu Santo
P. Yolanda

"Cuando llegó el día de Pentecostés, estaban todos unánimes juntos. Y de repente vino del cielo un estruendo como de un viento recio que soplaba, el cual llenó toda la casa donde estaban sentados; y se les aparecieron lenguas repartidas, como de fuego, asentándose sobre cada uno de ellos. Y fueron todos llenos del Espíritu Santo, y comenzaron a hablar en otras lenguas, según el Espíritu les daba que hablasen. Moraban entonces en Jerusalén judíos, varones piadosos, de todas las naciones bajo el cielo. Y hecho este estruendo, se juntó la multitud; y estaban confusos, porque cada uno les oía hablar en su propia lengua. Y estaban atónitos y maravillados, diciendo: Mirad, ¿no son galileos todos estos que hablan? ¿Cómo, pues, les oímos nosotros hablar cada uno en nuestra lengua en la que hemos nacido? Partos, medos, elamitas, y los que habitamos en Mesopotamia, en Judea, en Capadocia, en el Ponto y en Asia, en Frigia y Panfilia, en Egipto y en las regiones de África más allá de Cirene, y romanos aquí residentes, tanto judíos como prosélitos, cretenses y árabes, les oímos hablar en nuestras lenguas las maravillas de Dios. Y estaban todos atónitos y perplejos, *diciéndose unos a otros: ¿Qué quiere decir esto? Mas otros, burlándose, decían: Están llenos de mosto. Entonces Pedro, poniéndose en pie con los once, alzó la voz y les habló diciendo: Varones judíos, y todos los que habitáis en Jerusalén, esto os sea notorio, y oíd mis palabras. Porque éstos no están ebrios, como vosotros suponéis, puesto que es la hora tercera del día. Más esto es lo dicho por el profeta Joel:*

*Y en los postreros días, dice Dios,
Derramaré de mi Espíritu sobre toda carne,
Y vuestros hijos y vuestras hijas profetizarán;
Vuestros jóvenes verán visiones,
Y vuestros ancianos soñarán sueños;
Y de cierto sobre mis siervos y sobre mis siervas en aquellos días
Derramaré de mi Espíritu, y profetizarán.
Y daré prodigios arriba en el cielo,
Y señales abajo en la tierra,
Sangre y fuego y vapor de humo;
El sol se convertirá en tinieblas,
Y la luna en sangre,
Antes que venga el día del Señor,
Grande y manifiesto;
Y todo aquel que invocare el nombre del Señor, será salvo".* (Hechos 2:1-20)

El programa de Dios para mi vida hoy
El mensaje que Dios me dio en esta jornada es:

_____

Lo que Dios espera de mí:

_____

En la mañana:

_____

En la tarde:

_____

En la noche:

_____

¡Mujer, levántate!

Personas por las que estoy orando:

1. _____
2. _____
3. _____
4. _____
5. _____
6. _____
7. _____

Recibiendo mi galón
P. Mercedes

Hoy recibimos el último galón, el de la *victoria*.

Estos son algunos versículos de la Palabra de Dios que proclaman victoria, hazlos tuyos y obtén tu galón para la eternidad.

"Asidos de la palabra de vida, para que en el día de Cristo yo pueda gloriarme de que no he corrido en vano, ni en vano he trabajado". (Filipenses 2:16)

"Prosigo a la meta, al premio del supremo llamamiento de Dios en Cristo Jesús". (Filipenses 3:14)

"Antes, en todas estas cosas somos más que vencedores por medio de aquel que nos amó". (Romanos 8:37)

"He peleado la buena batalla, he acabado la carrera, he guardado la fe". (2 Timoteo 4:7)

Di conmigo:

Hoy recibo mi último galón. He pelado, he llorado, he reído, ¡pero Dios me ha dado la victoria!

MUJER, RECIBE TU GALÓN: ¡VICTORIA!

VIVENCIAS PASTORALES

Pastora Idsia Murga Díaz

Primeramente, le doy gracias a Dios por permitirme cumplir con esta asignación; para mí es de sumo gozo, y mi deseo es que cada persona que lea este libro sea ministrada a través del Espíritu Santo. Aprovecho este momento para también agradecer a mi esposo el pastor José Aguilu González, por ser el apoyo en mi vida, por su amor, por sus consejos y por ser ese hombre que sobrepasa todas mis expectativas en todas las áreas; gracias, mi amor, igualmente por tus oraciones, con las que podemos alcanzar mucho más.

A mis hijos Christian Lebrón Murga y Nataly Lebrón Murga, mis motores, que me motivaron a no rendirme; nunca había tenido las manos tan llenas, y hoy les agradezco por sus vidas y su amor incondicional; me siento una madre muy especial. A mis padres, Rev. Luis R. Murga Fuente y Haydee Díaz López, gracias por instruirme en el camino del Señor y por ser nuestros ejemplos para mí y para cada familia.

También a las hijas de la casa, de Iglesia Maranatha de Fajardo, Puerto Rico. Y en esta ocasión sin pasar por alto a una mujer, que fue muy usada a través del Espíritu Santo cuando una noche de servicio en el altar de la casa Maranatha me dio un mensaje divino de parte de Dios, preparándome para esta invitación, la cual fue muy conectada por el cielo de parte de Dios. A la ministro de adoración Soraya Santiago Collazo; te bendigo, una vez la Palabra estuvo en movimiento, yo la recibí, la hice mía y he aquí, al recibir la llamada de mi amiga, la pastora Yolanda, puedo ver la Palabra tan apresurada que viene de Dios para este tiempo y aquí me encuentro. Ciertamente el Señor DIOS no hace nada sin revelar su secreto a sus siervos los profetas (Amos 3:7).

He aquí, yo estoy a la puerta y llamo; si alguno oye mi voz y abre la puerta, entraré a él, y cenaré con él, y él conmigo. En estas páginas nos encontramos respondiendo a la invitación de nuestro Rey. Un día escuché la voz de Dios, y Él entró a mi corazón. Desde ese día se encuentra cenando conmigo día a día, y nosotras, la pastora Mercedes, la pastora Yolanda y mi persona, como ministros del Evangelio, como mujeres, esposas, madres y mujeres de ministerio, nos encontramos en un banquete celestial, donde el Rey nos mandó a sentar a la mesa juntamente con Él, y hoy te compartimos cada vivencia (Apocalipsis 3:20).

Para mí es una bendición dirigirme a cada una de ustedes y dejarle saber que la obediencia a Dios siempre nos permitirá disfrutar de las bendiciones que Él nos ha prometido, dándonos la libertad de escoger abrir las puertas de nuestro corazón o cerrarlas; te insto a que escuches la voz de Dios, lo abras y lo obedezcas.

Estamos viviendo un tiempo en donde debemos buscar a Dios más que nunca; es triste ver cómo creyentes que llevan tantos años en la iglesia no anhelan buscar el rostro del Señor y se conforman con poco. Esto lo he visto a través de los años en el pastorado, y ver que cuando les llega el día malo entonces se apuran en buscar a Dios, en vez de estar preparados espiritualmente en la oración, en el ayuno y estudiar la Palabra, para cuando llegue el día malo puedan tener las fuerzas y la victoria. No me cansaré de predicar que buscando el rostro del Señor vamos a poder vencer toda tentación, desánimo, pereza, dejadez espiritual y conformismo.

Cuando buscamos el rostro del Señor, hay cambios en nuestras vidas, los pensamientos empiezan a cambiar, nuestro hablar, nuestro caminar, y comenzamos a ver cosas sobrenaturales en nuestras vidas. En este tiempo donde nos ha llegado una pandemia, los creyentes y pastores han caído en pánico y miedo y se han alejado de Dios, que es el único que nos puede cuidar. Hay pastores que no quieren abrir sus iglesias aun cuando se les ha permitido abrir, y creyentes enfriándose en sus casas. ¿Qué Dios es el que estamos buscando? Hoy te digo que la realidad es que estamos en una lucha espiritual constante, nos guste o no. Somos llamados a resistir, a estar preparados para el ataque y firmes en la fe. Es una lucha intensa, pero Dios no nos deja indefensos. Él provee la armadura que necesitamos para vencer. ¡Sólo tenemos que ponérnosla y usarla! Cuando te pones la armadura, te estás vistiendo de oración, de fe, de la Palabra de Dios, de ayuno y de estar a solas con tu Padre Celestial.

Mis experiencias durante 40 días de ayuno

Pastora Idsia Murga Díaz

Día 1

En mi primer día al levantarme sentí una paz inmensa; sabía que esa paz provenía de Dios porque me ministraba sobre lo que trae la obediencia, porque cuando eres obediente eres bendecida y comienzas a sentir esa paz. Mientras iba de camino al trabajo pongo música de adoración y sigo en comunión con Dios; pude sentir fuertemente su presencia y comienzo a llorar, porque lo que sentía era muy fuerte en mi vida. En el camino, Dios comienza a hablarle a mi corazón que había llegado el tiempo de ir a otro nivel. Cuando Dios te da una asignación para hacer, el enemigo lo sabe, por lo tanto hay que tener los ojos bien abiertos.

Cuando salgo del trabajo, salgo a comer; cuando voy a pagar en la ventanilla, una hija espiritual mía que no esperaba verla allí le dice a la que está cobrando, "no le cobres, a ella yo lo pago", y me dice "adelante pastora"; le doy las gracias y me estaciono para comer.

Cuando estoy comiendo, recuerdo la Palabra que el que obedece a Dios es bendecida. Qué hermoso es tener hijas espirituales que saben lo que es honrar y bendecir a sus pastores; no es en vano lo que se les enseña, yo fui bendecida, pero ella será doblemente bendecida, porque el que siembra cosecha.

Cuando llego a mi casa y comienzo a escribir el celular sonó más que nunca llamadas para traer discordias; rápidamente supe que el enemigo quería distracción, así que corté con toda distracción y me dispuse a poner la paz en esas llamadas. Pastoras, cuando tú sacas tiempo con Dios van a llegar distracciones, pero yo quiero decirte que el tiempo que sacamos para Dios es sagrado y que el enemigo va a buscar la manera de distraernos. Lucas 9:18 dice: Un día Jesús se apartó para orar. Y Juan 6:15 dice: Jesús se retiró AL MONTE Él solo. EL HOMBRE O MUJER NECESITA ESTAR A SOLAS CON DIOS. A SOLAS CON DIOS, ¡ES UN PRIVILEGIO EXTRAORDINARIO! QUE SEA ESTA LA COSA MÁS IMPORTANTE QUE NUESTROS CORAZONES QUIERAN HACER: buscar, encontrar y reunirse con Dios. ¡TÓMATE EL TIEMPO PARA ESTAR A SOLAS CON ÉL!

Quiero hablarte a ti pastora, a veces nos vemos en tantos compromisos que dejamos el tiempo de Dios en segundo lugar; muchas veces agotadas y sin fuerzas y sin que nadie nos levante las manos arriba y oren por nosotras como un Aarón y Hur, y que nos traigan una piedra para poder descansar. Aun así, no sueltes tu oración ni tu vara, que esa va hacer tu victoria. Dios mira tú cansancio, pero la función del pastor en la batalla espiritual de la iglesia es interceder; mientras las ovejas duermen el pastor intercede; mientras las ovejas trabajan el pastor está orando por su trabajo; mientras las ovejas se divierten el pastor está intercediendo; aun cuando un miembro o pariente está pasando por una crisis, el sigue pastor orando. Ya que sabes que estamos orando y tienes la bendición de que las oraciones te están cubriendo, tengo una invitación para cosas mayores y es que si tú oras vas a ver una gran bendición para tu vida. Y a ti, pastora, no dejes de orar, porque viene recompensa.

Día 2

En mi segundo día me desperté a las 3:00 de la madrugada con mucha hambre; claro, ya mi carne sabía que iba a estar en ayuno, y la carne hay que someterla pues no le gusta ayunar, y meditaba que en lo natural cuando nos da hambre, rápido vamos y comemos, o cuando nos da sed vamos y tomamos agua, pero en lo espiritual sabemos dónde saciar el hambre y la sed, y no vamos. Dice la Palabra: *"Dios, Dios mío eres tú; de madrugada te buscaré; mi alma tiene sed de ti, mi carne te anhela, en tierra seca y árida donde no hay aguas"* (Salmo 63:1).

En el servicio de oración de esta noche comenzamos a interceder en que cada día tengamos hambre por su Palabra y podamos ser saciados por Dios. Cayó la Presencia de Dios en nosotros; unos se quedaron sentados como si nada y eso mismo recibieron, pero los que le pidieron a Dios allí fueron saciados por Dios.

Pastores, te vas a encontrar en los cultos gente que tendrán hambre y serán saciados y otros se quedarán con hambre y sed; no te desanimes, uno quisiera que todos fueran saciados pero la realidad es que buscar a Dios es algo voluntario; nosotros sigamos orando por ellos para que ocurra un despertar en sus vidas. Los que tienen hambre y sed siempre están buscando comida y bebida. Los que tienen hambre y sed de justicia siempre tienen que estar luchando por conseguirla. No estemos satisfechos hasta que Dios nos llene. Si realmente tenemos hambre y sed del Señor, debemos permitir que sea nuestro acompañante de vida. No lo dejes en la iglesia junto al púlpito cada culto, Él quiere acompañarte a donde vayas. Si no sentimos hambre de Dios, es porque hemos estado comiendo chatarra espiritual; no es probable que queramos comer la comida que más necesitamos, la comida de la Vid. Oro por los pastores en esta hora, para que sus congregaciones tengan hambre y sed por Dios cada día y puedan ser alimentados por la Palabra de Dios. Esta comida que Dios me ofrece no la cambio por ningún banquete de ningún restaurante, esto es para los que creen, para quienes inclinan su oído para escuchar la voz de Dios. Si lo crees, grita un ¡Amén!

DÍA 3

Hoy en mi trabajo se acerca la trabajadora social y me dice que hay una familia que su casa se les quemó y habían perdido muchas cosas, que era una familia de tres y entre ellos un bebé; rápidamente me moví, fui con mi suegra a comprar cosas para ellos, escribí en el chat de la iglesia y comencé a pedir para que fuera suplida esa necesidad de esta familia que yo no conozco, pero que Jesús sí la conocía; así también me dejaron saber de la necesidad de una madre con dos hijos adolescentes con necesidades especiales, que se tuvo que regresar a Puerto Rico y la estaba pasando mal; estaban durmiendo en el piso, no tenían que comer, no tenía gas, no tenían dinero y la poca familia que tenía le habían dado la espalda, solo contó con algunas amistades que le alquilaron una casa para que tuviera un techo donde estar con sus hijos. Pedí su número de teléfono, hablé con ella y le pregunté dónde vivía; cuando me dijo donde vivía, era a tres horas en carretera pero eso no me detuvo ni a la iglesia, para ir a llevarles todo lo que necesitaba; ella quedó en shock, no podía creer que personas de tan lejos y más aún que fuera una iglesia fueran a suplir su necesidad; ella tan pronto me vio se tiró encima de mí a llorar, nos olvidamos por completo del *Covid 19*, que no nos permite abrazar, pero cuando Dios está en el asunto y tú estás haciendo el trabajo que se supone que hagamos hay una cobertura de Dios en nosotros; esta madre quedó casi sin voz de tanto llorar, no encontraba las palabras para agradecer lo que hicimos; y no solamente le suplimos su necesidad, sino que también le hablamos de Jesús y le sembramos la semilla.

Pastores, es tiempo de salir de las cuatro paredes; hay mucha necesidad en la calle, espiritual y natural, y mientras estemos en las cuatro paredes no vamos a ver la necesidad en las personas; Dios nos va a pedir a cuentas lo que no estamos haciendo.

> *Porque tuve hambre, y me disteis de comer; tuve sed, y me disteis de beber; fui forastero, y me recibisteis; estaba desnudo, y me vestisteis; enfermo, y me visitasteis; en la cárcel, y vinisteis a mí. Entonces los justos le responderán, diciendo: Señor, ¿cuándo te vimos hambriento, y te dimos de comer, o sediento, y te dimos de beber? ¿Y cuándo te vimos como forastero, y te recibimos, o desnudo, y te vestimos? ¿Y cuándo te vimos enfermo, o en la cárcel, y vinimos a ti? Respondiendo el Rey, les dirá: En verdad os*

digo que en cuanto lo hicisteis a uno de estos hermanos míos, aun a los más pequeños, a mí lo hicisteis (Mateo 25:35-40).

El amor vence cualquier tipo de barreras, nuestra prioridad es que nuestro país conozca y ame a Jesús; debemos persistir en nuestro servicio a Dios, cada persona tiene propósito en Dios y Dios siempre va a premiar a los que han sido leales; podemos recibir muchas ideas del Señor, pero si no hacemos nada, nada pasará. Sin acción no hay riesgo, y sin riesgo no hay victoria.

Los pobres volverán alegrarse en el Señor, los más necesitado se regocijarán en el Santo de Israel (Isaías 29:19); con las palabras motivas, pero con los hechos influencias. Dejemos de señalar y juzgar a la gente, *no juzguéis antes de tiempo: esperad a que venga el Señor* (1 Corintios 4,5). Pablo recomiendo la mayor moderación en el juicio. Al mismo tiempo, exhorta con insistencia a preocuparse por los demás: *A los insumisos amonestadlos, a los deprimidos animadlos, a los débiles socorredlos, con todos sed pacientes* (1 Tesalonicenses 5:14); cuando nos ponemos a señalar y a juzgar estamos ofendiendo a Dios, y lo peor es que muchas veces sin darnos de cuenta estamos actuando peor que quien juzgamos. Amemos a las almas porque por ellos Jesús murió; también recuerde que la cruz es para todos, dejemos que el Espíritu Santo haga su trabajo de cambiar a las personas y no nosotros, salgamos a buscar las almas y a hablar de Cristo, hay personas esperando por ti a que les hables de Jesús; hay gente enferma, en depresión, en la cárcel, desesperados, atormentados, en adicción y alcohol, hijos rebeldes, personas sin trabajos, deambulantes.

Existe una frase muy conocida: *ojos que no ven, corazón que no siente*; si nosotros como iglesia permanecemos encerrados en nuestras cuatro paredes, siguiendo sólo nuestra propia agenda, rutina, actividades, etc., continuaremos siendo insensibles a las necesidades de los de afuera, he ahí la necesidad urgente de salir. Es necesario primero ver para luego sentir. Jesús veía y en su corazón nacía compasión por los demás. Se necesitan iglesias hambrientas por las vidas que no tienen a Dios. No necesitamos de una cámara fotográfica para que la gente sepa que se está ayudando; usted, iglesia, salga corriendo a ayudar a todo aquel que lo necesita. Si tú eres un discípulo de Jesús, hazte la siguiente pregunta: *¿A cuántas personas les hablé de Jesús?* Queridos pastores, si Jesús salía a las calles, nosotros también debemos seguir ese ejemplo.

Alguna vez te has preguntado, *¿qué haría el Señor Jesús si estuviera en la tierra?, ¿estaría encerrado en cuatro paredes?* Creo que sabemos la respuesta. No es malo estar ocupados en actividades dentro de la iglesia, el error está en sólo preocuparnos por nosotros mismos y olvidarnos que los demás necesitan escuchar la buena noticia que un día también nosotros recibimos.

Día 4

¡Qué hermoso es escuchar la voz de Dios! Desde el martes me ministraba Dios en que el servicio de oración se intercediera por hambre y sed de Dios, y así se hizo, y seguía esa Palabra retumbando mi corazón. Hoy jueves estaba estudiando, me tocaba llevar la Palabra a la iglesia, y mientras estudiaba Dios seguía retumbando mi corazón con estas palabras: PASIÓN, HAMBRE Y SED POR DIOS. Entendí que Dios quería que llevara el mensaje sobre PASIÓN HAMBRE Y SED POR ÉL, y le digo a Dios OK, lo que tú quieras yo hago. Mientras estudiaba llegó una idea a mi cabeza dada por el Espíritu Santo, y era que llenara una jarra de agua y tuviera vasos, y mientras ministrara tomara la jarra de agua en mis manos y comenzara a preguntar cuántos querían ser saciados y que pasarán al frente, y cuando les diera el vaso yo le echaría en representación de Dios, preguntándoles *¿hasta dónde les echaría el agua?* Comienzo a ver que unos quisieron el agua hasta la mitad del vaso, otros el vaso lleno y otro solo un poco para que el agua diera para todos. Comienzo por decirles: "así como ustedes pidieron que se les llenara el vaso, así van a ser saciados de su sed; a los que pidieron sus vasos llenos fueron completamente saciados, a los que pidieron mitad así fueron saciados y los que pidieron solo un poco para que diera para los demás así fueron saciados".

El agua de Dios nunca acaba, siempre hay; en esa agua no hay sequía, ni contaminación, no hay racionamiento, es pura y limpia para todo aquel que quiera beber de esa agua.

¡Qué poderoso es Dios cuando te da ideas que vienen de Él! Pastores, cuando Dios te dé ideas, hazlas, porque lo que va a ocurrir es poderoso. Dios no es un Dios de rutinas, es un Dios de cosas nuevas; no lleves a tus ovejas a una rutina cuando Dios no es así. Comienza a hacer cosas nuevas para que comiences a ver nuevos resultados en tu congregación. Salgamos de la rutina de los culto; un día comienzas el culto con el mensaje y termínalo con adoración; DIOS ha sido directo con el ser humano, ha puesto claramente cómo deben de realizarse las cosas, no como el hombre ha querido hacerlas. Muchas veces no queremos hacer las cosas que Dios nos dice porque nos hemos acostumbrado a la rutina y encajonamos al Espíritu Santo, que quiere hacer cosas nuevas y no lo dejamos; rompe en esta hora con toda rutina y envuelve a las ovejas en cosas nuevas. La rutina nos puede llevar a caer en la consecuencia de presentar nuestra adoración sin amor, porque es algo que día a día en la reunión hacemos, lo hemos hecho por años, y esto puede estar ocasionando de que no estemos realmente entregando y dando lo que DIOS nos ha pedido que hagamos. *"Así que, hermanos, os ruego por las misericordias de Dios, que presentéis vuestros cuerpos en sacrificio vivo, santo, agradable a Dios, que es vuestro culto racional"* (Romanos 12:1).

La rutina nos vuelve religiosos; la principal consecuencia de que servir a Dios se vuelva rutina es que lo sobrenatural se corta. El fluir del Espíritu no está, todo lo que se hace es humano, Dios no interviene en nada. Qué feo es que Dios no esté y ni siquiera nos demos cuenta, porque estamos acostumbrados a no depender de Él. Qué feo que sigamos haciendo las cosas igual que siempre como si nada pasara, como si fuera un show, una simulación. Te animo, pastor, a hacer cosas nuevas; ve a tu lugar secreto, busca un lápiz y papel y prepárate a escuchar la voz de Dios y a escribir ideas nuevas.

DÍA 5

La Palabra de Dios dice: *Dios, Dios mío eres tú; de madrugada te buscaré; mi alma tiene sed de ti, mi carne te anhela, en tierra seca y árida donde no hay aguas* (Salmo 63:1). Si hay algo que Dios busca es personas que le busquen de madrugada; en estos días Dios ha estado levantándome más temprano que nunca para buscar su rostro; les diré que es la mejor hora para hacerlo. Tenemos que salir del sueño que se pega a la cama y entrar a la presencia de Dios, tenemos que salir del conformismo y comenzar a doblar nuestras rodillas, sé que muchas veces no es fácil, tal vez seamos de esas personas que le cuesta levantarse temprano como a mí, pues nos gusta dormir, pero tenemos que hacer un esfuerzo si queremos que el ministerio que Dios nos dio funcione. Le he pedido a Dios que si caigo en un conformismo me saque de ahí, porque muchas veces caemos y nos acomodamos, y cuando abrimos nuestros ojos hay una congregación de igual manera; hoy te digo que despertemos y animemos a la iglesia a buscar el rostro del Señor temprano, antes de que salga el sol, tiempo de sacar toda vagancia de nuestras vidas.

Temprano en la mañana empiezo a leer y llego a estar consciente que Dios, por medio de su Palabra y su Espíritu, me está hablando. Luego pronto me encuentro hablándole a Dios. ¡Cuánta bendición y fuerzas nos vienen al comenzar el día así!, al encontrar a Dios cara a cara, antes de salir a enfrentar al mundo; por leer y digerir su Palabra antes de tocar nuestra correspondencia o el diario.

Te invito a que si no has experimentado levantarte de madrugada, a que lo hagas; en estos últimos días donde Dios me ha levantado más temprano he tenido unas experiencias hermosas con mi Padre Celestial. Cristo nos dio un ejemplo, cuando levantándose muy de mañana, siendo aún muy oscuro, estaba con su Padre, esforzándose para el día. Fue el único tiempo para estar a solas con su Padre, porque al salir el sol la muchedumbre lo apretaba durante todo el día y sus discípulos querían de su compañerismo.

El orar de madrugada es unas de las más grandes bendiciones que he podido descubrir. Te puedo asegurar que al orar de mañana no estarás ciego al mundo espiritual; pienso que es el mejor horario, cuando tus ojos espirituales se abrirán, cuando tus oídos espirituales se abrirán, las visiones en tu vida serán tan comunes que se te hará difícil saber la diferencia entre lo físico y lo espiritual, la presencia de Dios se te hará tan real que sentirás como te abraza y te transforma.

Una de las experiencias que he tenido fue cuando Dios me había llamado a mi esposo y a mí al pastorado y nos iban ungir; esa noche antes casi no pude dormir, recuerdo que eran las tres de la madrugada y sabía que Dios me estaba inquietando para orar; allí mismo en mi cama comienzo a orar y Dios habló a mi espíritu que me dice, *desde hoy eres mi predicadora delante de los ángeles, delante de los demonios y de los hombres*; no podía hablar, solo escuchaba la voz de Dios. Te aseguro que si buscas a Dios de mañana, vivirás lo sobrenatural en tu vida y ministerio.

Día 6

Servir a Jehová produce mucho gozo. Jesús les dijo a sus discípulos: *"Tomen sobre sí mi yugo"*. Y añadió: *"Hallarán refrigerio para sus almas. Porque mi yugo es suave y mi carga es ligera"* (Mat. 11:28-30). ¡Qué ciertas son estas palabras! A veces estamos agotados cuando vamos a las reuniones y a predicar. Pero ¿verdad que cuando regresamos a casa nos sentimos con más fuerzas y mejor preparados para soportar los problemas? No hay duda de que el yugo de Jesús es suave, fácil de llevar.

Muchas veces mi cuerpo está cansando, soy esposa, madre, hija, abuela, trabajadora y pastora; y la distancia de donde vivo a la iglesia es de 45 minutos. Llegan momentos agotadores, como el día de hoy, donde tengo que gritar lo que dice Isaías 40:29-31: *"El da esfuerzo al cansado, y multiplica las fuerzas al que no tiene ningunas. Los muchachos se fatigan y se cansan, los jóvenes flaquean y caen; pero los que esperan a Jehová tendrán nuevas fuerzas; levantarán alas como las águilas; correrán, y no se cansarán; caminarán, y no se fatigarán".*

El diablo sabe bien que estar muy ocupados en las actividades cristianas nos fortalece. Y él no quiere que estemos fuertes. Por eso, cuando a usted le parezca que está agotado física y emocionalmente, no se aleje de Jehová. Al contrario, acérquese a él más que nunca. Recuerde que la Biblia dice: *"Él los hará firmes, él los hará fuertes"* (1 Pedro 5:10).

Cuántos consejos hay que dar a las ovejas; reuniones, llamadas, visitas; si hay una emergencia a la hora que sea, salimos de la casa. Muchas veces el pastor es el primero que habré la iglesia y el último que la cierra, aunque ese no es mi caso, pues tengo una excelente ujier que lo hace, pero muchos pastores no tienen esa bendición; yo quiero decirte que los pastores vamos a fallar. Jamás podremos cumplir con la expectativa y exigencia de las ovejas. Tendremos días en que no podremos reunirnos, en que nos enojemos, en que nos falte compasión, en que les hablamos más fuerte de lo que deberíamos. Poner su esperanza en nosotros es una batalla perdida. Ellos no necesitan a un pastor imperfecto, ellos necesitan al único Pastor perfecto, y es nuestra tarea apuntarlos hacia Él, para su gloria y nuestro bien.

Pastor, descansa en que les has comunicado el evangelio, que les has enseñado la Palabra de Dios, y que el Espíritu habita en ellos. Eso es ser fiel al llamado que Dios ha puesto sobre tu vida. Descansa en los brazos de Dios y saca tiempo y vete de vacaciones; es necesario y no es pecado. ¡Da un grito de júbilo!

DÍA 7

Cada día tenemos que luchar con nuestra mente para que esté conectada al Espíritu Santo, pues ella solo quiere vagar y más cuando sacamos nuestro tiempo para con Dios en oración y ayuno; es ahí cuando nuestra mente la tenemos que someter a la voluntad de Dios.

Esta madrugada Dios vuelve a levantarme a las 4:47 am, y le dije a Dios "llevas dos madrugadas que me levantas a la misma hora, ¿qué será?"; cuando bajo a la sala para comenzar a orar mi mente comienza a vagar y comienza a recordarme que tenía muchas cosas atrasadas y cómo las iba hacer; de momento digo, "pero por qué ya estoy pensando en eso si este tiempo es de Dios ahora, luego pensaré cómo las pongo al día". Quiero decirte que la voluntad de Dios es que nosotros saquemos tiempo con Él porque Él es primero, y luego vendrá lo demás; la palabra de Dios dice: *Mas buscad primeramente el reino de Dios y su justicia, y todas estas cosas os serán añadidas* (Mateo 6:33).

Es la voluntad de Dios que en algún momento en el futuro, tal vez muy pronto, estemos todos juntos con Él, pero para que eso suceda nosotros tenemos que vivir una vida agradable a Él. *"Enséñame a hacer tu voluntad, porque tú eres mi Dios; tu buen espíritu me guíe a tierra de rectitud"* (Salmos 143:10).

Cuando llegó al servicio durante la mañana lo primero que hago es ir al altar a orar, luego me siento en el piso y sigo orando, y de momento levanto mi cabeza y veo cómo algunas personas desperdician el tiempo de Dios hablando con otros hermanos y me preguntaba por qué será más importante hablar con los hermanos que hablar con Dios, y el Espíritu Santo me empieza a ministrar que así estaban sus vidas totalmente vacías y que no buscan su voluntad; comienza a decirme por eso te levanté hoy a la misma hora, porque tu dependes de mí y para que comiences a ver lo que está sucediendo en mi casa y veas la dejadez espiritual que hay en muchos, que no están preparados para mi venida. Me subo altar a interceder y a pedirle a Dios que hubiera un despertar en la iglesia, que sus ojos fueran abiertos, y comienzo a reprender todo espíritu de dejadez, conformismo y apatía espiritual que hay en muchos, y seguía Dios ministrando mi vida, *yo quiero que ellos hagan mi voluntad*. Pastores, cuando llegues al templo y veas esto en tu congregación, comienza a interceder fuertemente; habrá quienes se unan a ti y otros no porque simplemente no están haciendo la voluntad de Dios, pero tú sigues orando; sé que es triste ver esto cada día en las iglesias, pero sigue orando para que sus ojos puedan ser abiertos y no se pierdan. Y Dios me seguía ministrando, *yo quiero que lleguen a mi casa con sus mentes conectadas*. Muchas veces llegamos a la casa de Dios pensando lo que voy hacer de comida, o que tengo que limpiar, y sus mentes vagando en cosas en vez de estar conectado con el Espíritu Santo, y simplemente salen como llegan.

Usted puede ser feliz en el sufrimiento si se encuentra en la voluntad de Dios, pero puede tener agonía con buena salud si está fuera de su voluntad. Usted no puede conocer la voluntad de Dios para su vida a menos que acuda primero a la cruz. Que tu oración sea poder caminar en la voluntad de Dios; la voluntad de Dios se revela a través de la oración.

Día 8

Y decía a todos: Si alguno quiere venir en pos de mí, niéguese a sí mismo, tome su cruz cada día, y sígame (Lucas 9:23)

Hay muchas personas que llevan una cruz en el cuello como un amuleto y otros por protección, pero la realidad que eso no es lo que significa Lucas 9:23; esto es una invitación a morir. Solamente quien tiene vida puede morir; Jesús nunca te va a pedir nada que Él no haya hecho. Hay que morir a la carne, al viejo hombre. Yo en mi vida he tenido que morir a muchas cosas que me hacían daño y tomar la cruz y seguir a Jesús. Hay días que la cruz va a pesar más que otros, pero aun así pidámosle a Dios que nos ayude a llevarla con fuerzas.

En un momento Jesús recrimina a Pedro para que no interfiera entre él y la voluntad del Padre. Un modo nítido de hacerle comprender que por encima de uno mismo está el plan de Dios. El maestro prosigue diciendo que hay que aceptar la cruz para poder seguirlo, y no cometer el error de querer ganar la vida en este mundo, sino más bien la vida eterna.

Hoy fue un día que le dije a Dios que me diera fuerzas para seguir haciendo su voluntad pues llegan días muy agotadores; he tenido días que llego a la iglesia arrastrando mis pies, pero salgo renovada con nuevas fuerzas, porque mientras tú sigas haciendo lo que Dios te dijo que hicieras de lo demás se encarga Él. Pastores, es fuerte llevar la cruz de un ministerio como el pastorado, pero qué regocijo cuando somos obedientes, aunque muchas veces cuando sigues a Jesús vas a perder amistades y tendrás familias en contra. *"Porque el que quiera salvar su vida, la perderá, pero el que pierda su vida por causa de mí la encontrará"* (Mateo 16:25,26).

DÍA 9

Hoy quiero hablarte de algo doloroso que pase hace unos años. Me encontraba enferma en mi casa esa noche, y mi esposo iba de camino con mi familia para la iglesia; de momento mi esposo me llama para darme la noticia más desgarradora que le puedan dar a uno y era que a mi hermano mayor saliendo de su negocio lo habían matado con varios disparos. Comienzo a gritar y llorar, me subo a la guagua y salgo para el lugar; no sé cómo llegue allí solo puedo decir que Dios fue quien me ayudó a llegar al lugar de la escena, una escena tan dolorosa, viendo a mi madre sentada en una silla con tanto dolor, ver a la esposa de mi hermano junto a sus hijos devastados, ver a mi hermano tirado en el piso muerto, donde la policía no te dejaba acercarte a él, y ver aquel lugar lleno de gente viendo lo que allí sucedió. Me tiro en la falda de mi mamá a llorar, de momento se acerca una persona a decirme que estuviera tranquila y mi mamá le dice, déjala que llore; fue algo muy impactante para mi familia y para mí. Mi hermano sale esa noche, cerró su negocio e iba a buscar a su familia para ir para la iglesia; cuando se va a montar en el carro ahí es cuando le disparan.

Toda una familia arropada por el dolor, y lo único que podía decir: ESPÍRITU SANTO TU ERES MI CONSOLADOR. Ver que en medio de esta tragedia había un Consolador dándonos fuerzas; la gente nos comentaba, "yo los veo fuertes", y nuestra contestación era, "solo el Espíritu Santo lo puede hacer, porque con nuestras fuerzas no podemos". Llegar a la iglesia no era fácil pues él era el sonidista de la iglesia; no hubo un solo día en que el Espíritu Santo no nos consolara.

Pastores, van a llegar días dolorosos a nuestras vidas y que aun así nos tenemos que presentar a la iglesia y predicar; les puedo decir que son los mensajes más poderosos porque en medio de todo hay un Consolador diciéndote *yo te doy fuerzas, estoy contigo día y noche y no te dejaré*. El consuelo y el cuidado de Dios son suficientes para superar cualquier dolor. Una vez que hayamos experimentado su consuelo, debemos convertirnos en portadores de consuelo para otros; recibimos su consuelo por medio del Espíritu Santo, quien vive en nosotros.

No hay ninguna situación o momento en que Él sea inaccesible al creyente; podemos ser consolados y tranquilizados en cualquier momento del día o de la noche. Él sabe cuándo sus hijos sufren, y anhela consolarles; *nos consuela en todas nuestras tribulaciones, para que podamos también nosotros consolar a los que están en cualquier tribulación, por medio de la consolación con que nosotros somos consolados por Dios* (2 Corintios 1:4).

DÍA 10

Hoy yo quiero hablarte a ti, pastora que me lees, y te pregunto: ¿con qué personaje de la Biblia te identificas? Yo puedo hablarte que me identifico con la reina Esther, una mujer valiente que asumió su posición con agallas, con dignidad y fuerza; en un momento de mi vida había perdido mi dignidad, vivía en la oscuridad, llegué a vivir en depresión, había perdido mi valor, mi autoestima estaba en el suelo, mis malas decisiones me llevaron a comer tierra, me encontraba sin fuerzas, desgastada de tanto luchar, hasta que un día llegué a los pies de Jesús y todo cambió; entonces tuve agallas, valentía y fuerzas para salir de donde me encontraba, y Dios me posicionó. A veces creemos que porque hubo errores en nuestra vida y malas decisiones, Dios no nos puede posicionar ni nos puede escoger para un llamado; si eres de las que has dicho que no mereces estar en este ministerio por lo que has vivido, o por el comportamiento de algunos miembros de la congregación, déjame decirte algo, habrá gente de la iglesia que no te honre, que no te valore, posiblemente no te sientas amada por la congregación, pero yo quiero decirte que ninguno de ellos te escogió sino Dios, asume tu posición con valentía. Ester pudo liberar a su pueblo y el Señor la honró por su confianza y valentía delante de Él; Dios te honra, pastora, tu esfuerzo no es en vano, vas a levantar mujeres que están pasando momentos difíciles como tú también los pasaste y Dios te levantó y te posicionó.

Es lamentable, pero hay tiempos en que no hay un líder que se levante para el momento. Dios no sólo tiene un lugar para nosotros, nos ha colocado donde nos necesita. La decisión es nuestra en cuanto a sí haremos lo que podamos en el lugar que estamos. Dios te escogió, manos a la obra porque de los cobardes no se ha escrito nada. *¡Y si perezco, que pereza!*

Día 11

Mas tú, cuando ores, entra en tu aposento, y cerrada la puerta, ora a tu Padre que está en secreto; y tu Padre que ve en lo secreto te recompensará en público (Mateo 6:6).

Dios está interesado en nuestra disponibilidad; el propósito de la oración es que tengamos una mejor relación con Él y que su voluntad se cumpla aquí en la tierra. Hoy préstale tu humanidad a Dios, orando para que Él intervenga en cualquier situación, y permítele a Dios operar en la tuya, abriéndole tu corazón a Jesús.

El tiempo que saquemos para estar a solas con Dios debe ser sagrado; si Jesús tuvo necesidad de orar, cuanto más nosotros. ¿Cuándo? En todo momento. Debemos estar orando en todo momento, en la tribulación, en la aflicción, en los momentos buenos, en los momentos malos, en todo momento, ya sea para dar gracias, para pedir consejo, etc.

Ministros, nosotros tenemos que ser ejemplo de un pueblo que nos ve y sabe si buscamos de Dios o no lo buscamos; si quieres una iglesia que ore, ella tiene que ver a un pastor que ore, no podemos exigir lo que no vivimos. *Andad sabiamente para con los de afuera, redimiendo el tiempo. Sea vuestra palabra siempre con gracia, sazonada con sal, para que sepáis cómo debéis responder a cada uno* (Col. 4:5,6).

Soy de las que me encanta quedarme en la iglesia para orar; me llevo ropa, sábana, almohada, y saco fines de semanas para estar a solas con mi Padre; esto lo aprendí desde muy pequeña viendo a mis padres; es algo que en este tiempo apenas se ve, pero quiero decirte que es mi mejor tiempo para estar en su presencia y hablar con mi Padre. Pastores, si no sacamos tiempo con Dios cómo pretendemos que la iglesia lo haga. Las experiencias más hermosas la he encontrado en ese tiempo, los culto más poderosos, porque cuando tú sacas tiempo en oración, Dios te recompensará en público; te ánimo a que saques unos fines de semanas y te quedes en la iglesia buscando el rostro del Señor, y posiblemente cuando leas esto digas, *¿quedarme en la iglesia? Pero si yo lo puedo hacer desde mi casa, aquí tengo una cama y la comodidad para hacerlo.* Te diré algo, en tu casa está la mayor distracción, interrupciones, pero cuando estás en la casa de Dios es muy diferente, por eso me gusta hacerlo de esa manera; sal de la rutina y dile a Dios cómo está canción:

Es la misma rutina.
Todo es igual, dónde se fue la pasión que en mí había.

Ese fuego que ardía se desvaneció.
Por eso ven, interrumpe mi vida, Señor.
Yo necesito tu intervención.
Interrumpe mi vida.
Interrumpe mis sueños.
Interrumpe todo lo que quieras en mí.
Toma el dominio Dios.
Interrumpe mi vida.
Interrumpe mis sueños.
Tú sabes Señor lo que es mejor.
Toma el dominio Dios.
Interrúmpeme Señor.

No podemos llegar a la oración poderosa usando "fórmulas mágicas".

Día 12

"El fruto del justo es árbol de vida; y el que gana almas es sabio" (Proverbios 11:30). ¿Te has tomado el tiempo para ver la necesidad tan grande que hay a tu alrededor? No hay que ir muy lejos para conocer personas heridas, familias destruidas, jóvenes sin rumbo, etc. Nuestra sociedad está clamando por esperanza, por restauración, y la buena noticia es que usted tiene lo que ellos necesitan ¡a Jesús!

He visto como han menguado los cultos que se hacían en las calles, en los hogares, desde mucho antes de la pandemia; nos hemos quedado encerrados en cuatro paredes, cuando hay tanta necesidad de predicar a Jesús afuera. Muchas iglesias están dormidas juntamente con sus pastores, y Dios nos va a llamar a cuentas. Un alma vale más que todo el mundo, que todas las estrellas del cielo; su valor es incalculable.

No hay mayor gozo que llevar a una persona a la experiencia transformadora de Cristo. Mientras más saborees este gozo, más querrás que Dios te haga ganador de almas. Si el pastor no gana almas, la iglesia no ganará almas; si el pastor no tiene pasión por las almas, la iglesia no tendrá pasión por las almas; si el pastor no gana almas, perderá su enfoque y la iglesia también. Perderá su corazón por los perdidos y aún en los servicios de la iglesia nada estará enfocado a ellos; se preparan grandes mensajes, pero en ellos no hay ni una pizca de interés por los perdidos o aquellos visitantes que están entre nosotros. Donde quiera que nos paremos hablemos de Jesús.

Es triste ver cómo ministros están por competir qué iglesia es mejor, quién tiene más gente, qué ministerio de adoración canta mejor, qué músicos tocan mejor, quién predica mejor; mientras las vidas se pierden. Dios no nos llamó a competir, nos llamó a predicar su Palabra, y les dijo: *Id por todo el mundo y predicad el evangelio a toda criatura* (Marcos 16:15). Salgamos de las cuatro paredes y seamos ganadores de almas y hagamos el nombre de Jesús famoso.

Día 13

Dios está buscando hombres y mujeres consagrados, que lideren a partir de una íntima relación con Él.

Padre, así como tú estás en mí y yo en ti, permite que ellos también estén en nosotros (Juan 17:21,22).

No puedes desarrollar una relación íntima con Dios sin apartar tiempo para comunicarte con Él. El día de hoy salí de mi trabajo para ir para la iglesia pues mi corazón anhelaba estar allí, llegué más temprano de lo acostumbrado porque quería tener intimidad con Dios, comienzo a orar tirada en el piso a solas con Él y luego comienzan a llegar los hermanos a la iglesia; se acercaba la hora del culto, no podía dejar de interceder en llanto, los adoradores subieron al altar para comenzar, pero yo no podía entregarles, cayó algo tan fuerte en mí que seguí gimiendo fuerte y solo decía, *no me saques de tu presencia*; luego las adoradoras se unen conmigo y Dios le decía a la iglesia que se metiera en su presencia; algunos entraron y otros no. Muchos ya no saben lo que es estar en su presencia, y Dios me ministraba que así estaban muchas iglesias en el mundo, secos como una hoja, ya no quieren tener experiencias con el Señor, no quieren ser bautizados en el Espíritu Santo y fuego, y mucho menos estar en intimidad con Dios. Viven de las experiencias pasadas y no quieren algo nuevo, pero así quieren ser bendecidos por Dios.

Dios está buscando en esta hora pastores llenos del fuego y del poder de Dios, y solo podemos ser llenos cuando sacamos tiempo con Dios en ayuno, oración y la Palabra. Para entrar en intimidad con Dios, debemos empezar a conocer el corazón de Dios mediante el Espíritu Santo. *"Todo mi ser te desea por las noches; por la mañana mi espíritu te busca"* (Isaías 26:9).

Oración:

Señor, hoy vengo delante de ti en este día para decirte que te amo y quiero tener una intimidad contigo como nunca la tuve en mi vida. Hoy me acerco a ti para amarte más, conocerte mejor y entregarme por completo sin reservas.

DÍA 14

Tarde, mañana y mediodía me lamentaré y gemiré, y él oirá mi voz (Salmo 55:17). Cuando observamos la vida de oración de Jesús, notamos la intensidad con que Él oraba. El Nuevo Testamento dice que en Getsemaní Él clamó a gran voz, que en la intensidad de su súplica, en el terreno húmedo del huerto, rogó hasta que su sudor era *"como gotas de sangre"* (Lucas 22: 44). Ningún cristiano debe ignorar el gran poder que existe en la oración, ella ha sido creada para derribar al mayor de los gigantes. El deseo de Dios es ver cristianos audaces, que crean que hay poder en la oración, para darles lo que le pidan. En Jeremías 33:3 dice: *"Clama a mí, y yo te responderé, y te enseñaré cosas grandes y ocultas que tú no conoces"*. Cada mañana puedes sentir y ver que las misericordias de Dios son nuevas cada día, y al clamar a Él podrás experimentar el poder de la oración. Ministros, si queremos una iglesia fuerte en la oración, debemos comenzar por nosotros primeros; comencemos a orar en alta voz para que se rompan cadenas, oremos por nuestro país.

Cuando Dios, lleno de tristeza, decidió destruir las ciudades de Sodoma y Gomorra, Abraham se puso a interceder por estas dos ciudades, y logró salvar a su sobrino Lot y su familia. Su corazón sufría al ver a justos destruidos con una población malvada, por lo que intercedió por ellos (Génesis 18:23-33). Estoy convencida de que el corazón de Dios estaba profundamente tocado al ver a su hijo Abraham interceder por estas dos ciudades. A cada propuesta que Abraham hacía, Dios aceptaba y continuaba escuchando pacientemente. Somos unas embajadoras del cielo, y tu oración tiene tanto peso como la de Abraham. Mi vida fue marcada por la oración cuando veía a mis padres orar por sus 5 hijos, que estábamos perdidos, y por sus oraciones que yo escuchaba fuertemente por ellos en su habitación, una oración en voz alta, con autoridad, reprendiendo todas las cadenas que nos ataban, puedo decir que por esas oraciones estoy de pie, y Dios comenzó también a hacer hermosas cosas en mis hermanos. Hoy en día los padres no tienen autoridad para orar por sus hijos, prefieren que estén perdidos antes de encerrarse en oración por ellos; he visto como pastores son débiles en la oración por su congregación, se necesita un espíritu fuerte, lleno de autoridad y poder, para orar por una congregación donde muchos están desanimados, enfermos, tristes, en pánico con lo que está sucediendo, llenos de problemas, sin fe, necesitados de amor, con dejadez espiritual y conformismo.

Te invito, ministro, a levantarte con la autoridad que Dios te dio y comiences a entrar en esa oración poderosa que derrumba muros, donde el enemigo tiene que huir, se rompen cadenas y se pudre todo yugo a causa de la unción en el nombre de Jesús.

Día 15

Es trágico ver cómo muchos cristianos permiten que el enemigo los use para conseguir sus fines de desacreditar y desanimar a líderes cristianos. Los ataques con frecuencia se centran en los pastores, pero no están limitados a ellos ni mucho menos; es hora de que una iglesia militante se ponga en pie en contra de –en lugar de participar en– las mentiras y las calumnias del enemigo con respecto a esto. Es fácil criticar al pastor, difícil es ponerse sus zapatos; aprendí algo de mi papá, y es que él dice que todo aquel que se pasa criticando al pastor y haciéndole la vida difícil Dios lo debe llamar al pastorado, para que sepan lo que es bueno. Qué duro y triste es ver noticias donde pastores se han quitado la vida, han caído en depresión, o terminan en un hospital por causa de una congregación difícil de pastorear; es muy fácil juzgarlos sin saber. Debemos comenzar a darnos cuenta de lo intensa que es la lucha contra los pastores en todo el mundo. De la misma manera que el brazo de Moisés necesitó ser sostenido en la batalla, nuestros líderes necesitan que nosotros les levantemos en intercesión.

¡Qué responsabilidad la de su posición! Están ordenados como pastores para proteger a las ovejas de lobos hambrientos. ¡Qué poco entiende la iglesia la temible responsabilidad y del trabajo del ministerio! La oración por los pastores es vital, porque Satanás trae los ataques más grandes contra aquellos en liderazgo espiritual. Es triste ver cómo congregaciones no oran por sus pastores, como si ellos fueran perfectos, como si no pasaran problemas y situaciones; es triste ver una congregación que no sabe discernir cuando un pastor necesita de la oración y que le levanten las manos, aun así estamos 24/7 con las ovejas cada vez que nos necesiten.

El pastor continuamente lucha contra la apatía e indiferencia de una congregación, con la queja, la crítica, lo cual se vuelve una lucha diaria; algunas veces se levantan rebeldes que contaminan, desaniman y dividen el rebaño.

Como pastora e hija de pastor, quisiera compartir algunas áreas que he observado y en las que podemos cuidar de aquellos que cuidan a otros.

- Ora por él y por su familia.
- Ama a tu pastor y su esposa.
- Vela por sus necesidades materiales.
- Obedécele servicialmente.
- Protégele.
- Infórmale.
- Confía en aquellos que él confía.
- Recuérdale lo hermoso que es el pastorado.
- Explícale los frutos del ministerio.
- Sé su amigo.
- Predica el evangelio a sus hijos.
- Ayúdale a descansar.

¡Ánimo, pastores, que Dios ve tu esfuerzo!; sé que muchas veces después de pasar tiempo con Dios en ayuno y oración y leyendo la Palabra para traer el mensaje, ves que en ese culto el ambiente está pesado, la gente no quiere alabar, no quieren levantar sus manos, pareciera como si estuvieran frisados, y te preguntas *¿pero qué pasó aquí?*; esperando el mejor culto, pero no es así, y te has sentido frustrado. Déjame decirte algo, esto me ha pasado muchas veces, pero Dios me hace entender cómo anda un pueblo que todavía no ha sabido entrar a la presencia de Dios, porque se conforman quedarse en la orilla y no entrar de lleno, pero tú sigue hacia adelante pues esto solo se rompe con ayuno y oración.

No te desanimes y avanza, que no todo es tan malo. En el camino encontramos amigos y discípulos amados, fieles en tiempos buenos y sobre todo en tiempos malos, obedientes, constantes, generosos y dispuestos a apoyar y a servir, gente que recibe de lo que Dios puso en ti y quieren más. Después de todo, por ellos vale la pena continuar sirviendo a Dios. Pastores, nunca olvides que debemos vivir en conexión constante con el que nos llamó, porque Él nos da enseñanzas asombrosas y nos da la madurez para permanecer estables, pese a que las emociones en algunos momentos críticos nos griten: "¡sal corriendo, huye, no vale la pena seguir!"; pero el luchar y superar estos momentos nos hace crecer y nos vuelve dependientes de Dios, y hace crecer también nuestra pasión por Él. Dios escoge gente para ser pastores y los convierte en pastores de acuerdo con su plan. Fui creada por Él para ser pastora, ese es mi llamado, y después de conocer al Señor Jesús como mi Señor y Salvador, el ser pastora es mi más valiosa posesión.

> *Estoy convencida precisamente de esto: el que comenzó en ustedes la buena obra, la perfeccionará hasta el día de Cristo Jesús* (Fil 1:6).

Día 16

¿Qué muros has tenido que derrumbar? *Entonces el pueblo gritó, y los sacerdotes tocaron las bocinas; y aconteció que cuando el pueblo hubo oído el sonido de la bocina, gritó con gran vocerío, y el muro se derrumbó. El pueblo subió luego a la ciudad, cada uno derecho hacia delante, y la tomaron* (Josué 6:20).

El diablo te puede herir, pero no te puede destruir; como hija de Dios lo puedes hacer, Él te ha dado la victoria; un buen soldado tiene excelente botas, las batallas espirituales las libramos en el poder de Dios, las bocinas anuncian que algo grande está por suceder, se necesita fe para creer lo que usted escucha; con el poder de Dios derribamos muros y despojamos del territorio a Satanás, ¿acaso Dios no puede derribar los muros que Satanás ha levantado en las familias? Pues te diré que sí, y te contaré mi experiencia. Llegué a un culto de oración y me fui al altar a orar, y de momento siento la inquietud de orar por mi hijo; de momento caigo en llanto fuerte y gritos, sin saber qué le estaba pasando, y sigo intercediendo y gimiendo por él, sigo gritando como si estuviera con dolores de parto, así como dice en la Palabra, *como la mujer en cinta cuando se acerca el alumbramiento gime y da gritos en sus dolores, así hemos sido delante de ti, oh Jehová* (Isaías 26:17); de momento me levanto y sigo caminando y orando por él; dos días después pasó un suceso, donde Dios lo libró de la muerte; Dios me dio la victoria. Pastores, páirense en la brecha por su familia, derriben todo muro que se ha levantado, toquen la trompeta, y verán como todo muro se cae en el nombre de Jesús. No se pueden caer los muros con una oración sin fuerza y sin ánimo; Dios te dio el poder y la autoridad para que intercedas fuertemente por tu familia; si lo crees grita ¡Amén!, quizás ese territorio por conquistar es ese estado de ánimo que es variable, la baja estima, la inestabilidad, la inseguridad, Dios quiere que tomes ese territorio hoy, Él te quiere dar la victoria.

Libérate de la pereza, del desánimo, Jesucristo es el buen pastor que liberta tu familia; se sabe que las familias de pastores son atacadas fuerte por muchas congregaciones que tienen sus ojos puestos sobre ellos y no en Dios, y por causa de eso hoy muchos no le sirven a Dios, pero Jesús ya te dio la victoria. Te bendigo para que esa victoria llegue a tus manos, en el nombre de Jesús.

DÍA 17

"Porque donde están dos o tres congregados en mi nombre, allí estoy yo en medio de ellos" (Mateo 18:20).

Aquí encontramos una de las grandes promesas que los cristianos tenemos. El texto es sencillo, pero nos da la gran promesa de recibir cualquier cosa que pidamos en común acuerdo con otros creyentes. Qué importante es que compartas tus alegrías, miedos, preocupaciones, angustias, gozos y, en general, todo lo que pasa en tu vida con tus hermanos en Cristo, para que juntos puedan orar y alabar a Dios por lo que hizo, hace y hará en nuestras vidas.

El orar en compañía de alguien más tiene un propósito. No se trata de hacer "chismes" de lo que te pasa, sino hacer conciencia de las necesidades que hay en la vida de las personas; recuerda estas palabras: *allí estoy yo en medio de vosotros*; es una promesa que se cumple todos los días cuando nos reunimos a orar y a alabar a Dios. ¡Él se encuentra en medio de nosotros! Dios se preocupa por ti. Quiere estar cerca de ti y guiarte; no caigas en las ideas que he visto y escuchado de que Dios no tiene tiempo para nosotros o está en algún lugar lejano. ¡Falso! Dios está con aquellos que lo reciben y se juntan para alabarlo. Ministros, yo quiero decirte que si tienes 5 o 10 miembros en la iglesia, Dios escucha las oraciones de ustedes; no crean que porque son pocos Dios no los está escuchando ni está; he estado en iglesias grandes donde la oración es vaga y no hay unidad, y también he estado en iglesias pequeñas donde la oración es fuerte y todos en unidad, porque de esto se trata, de iglesias que estén en intimidad con Dios. No te desanimes, esfuérzate y sé valiente. Yo pastoreo una iglesia pequeña donde hemos sentido el rechazo y donde nos han criticado por ser pocos, pero cuando nos reunimos en su nombre en intimidad con Dios suceden cosas poderosas; acuérdate de algo, el hombre no fue quien te llamó, sino Dios; tú sigue enseñando a la iglesia la importancia de la oración y la búsqueda de Dios, y la unidad. En una iglesia donde está Dios suceden cosas sobrenaturales, hay milagros, liberaciones, lo que sucede es que tenemos que estar dispuestos a pagar el precio. Todo tiene su consecuencia; la iglesia necesita hermanos dispuestos a pagar el precio. Necesita que el fuego del Espíritu Santo sea encendido en cada uno de nosotros. El que está dispuesto y busca encuentra. Qué hermoso es cuando llegamos a la casa de Dios y estamos todos unidos alabando y adorando a nuestro Padre; aunque algunos van a hablar con el hermano, hay otros conectados con Dios.

Soy de las que llego temprano a la iglesia a comenzar a orar, y mientras siguen llegando los hermanos se siguen uniendo; hay un refrán que dice que en la unión está la fuerza, pues así mismo es, en la unidad de un pueblo que viene a orar y adorar, la presencia de Dios comienza a inundar nuestras vidas. Hoy una persona me dijo que iba a la iglesia pero que no sentía a Dios; le pregunté, ¿tú oras? Me contestó que no, entonces le dije cuando lo hagas lo sentirás, y no solamente eso, lo conocerás.

Te dejo con lo siguiente. Un hombre dijo en su lecho de muerte: no voy a encontrarme con un Dios extraño, desconocido, con quien nunca hubiera hablado. Voy a la casa de mi Padre. Aprendí a conocerlo en secreto en mi aposento por medio de la oración. ¿Podremos decir lo mismo?

DÍA 18

Un equipo debe que conocerse muy bien para poder ser eficientes. Equipo habla de unidad, complemento, fidelidad, compromiso, propósito y apoyo mutuo. Un equipo debe trabajar en unidad. Es imposible obtener buenos resultados cuando hay división o no hay una disposición de trabajar en equipo. El equipo del matrimonio debe tener esta conciencia de unidad en su relación y evitar toda actitud de división. Unidad no significa estar de acuerdo en todo, pero sí estar dispuestos a escuchar, reconocer y ceder cuando se vean mejores opciones para toma de decisiones. Un equipo que hace bien las cosas es prosperado. Un matrimonio que funciona como un equipo es un matrimonio que será prosperado en todo. Les contaré que mi esposo y yo trabajamos juntos hace varios años en un hogar de rehabilitación, y me han preguntado cómo lo hacemos, pues mi contestación es que somos un equipo, y si queremos que nuestro trabajo funcione tenemos que trabajar en unidad.

Así mismo en nuestro ministerio; dice en la Palabra: *Mejores son dos que uno, porque tienen mejor paga por su trabajo. Porque si cayeren, el uno levantará a su compañero; pero ¡ay del solo! que cuando cayere, no habrá segundo que lo levante. También si dos durmieren juntos, se calentarán mutuamente; mas ¿cómo se calentará uno solo? Y si alguno prevaleciere contra uno, dos le resistirán; y cordón de tres dobleces no se rompe pronto* (Eclesiastés 4:9-12). He visto cómo matrimonios que tienen ministerios no se apoyan el uno al otro, no viven en unidad, compiten, se celan, y por eso se ven tantos fracasos, porque no trabajan en unidad con el Espíritu Santo; he estado en iglesias donde el pastor desde el altar a barrido el piso con su esposa, dejándola en vergüenza; es triste ver estas cosas, pues Dios no está ahí. *¿Andarán dos juntos, sino estuvieren de acuerdo?* (Amós 3:3).

Un matrimonio sano radica en la capacidad de ambos cónyuges de llegar a acuerdos satisfactorios. Asimismo, Jesús afirmó de manera categórica que *todo reino dividido contra sí mismo, es asolado, y toda ciudad o casa dividida contra sí misma, no permanecerá* (Mat. 12:25).

Los acuerdos matrimoniales logran que una familia se mantenga en pie, unida. Cuando uno de los dos busca solamente su propio beneficio, jamás resultará algo favorable para la relación. Pastor, honra a tu esposa; pastora, honra a tu esposo; los dos fueron llamados para esta asignación. Siempre le he enseñado a la iglesia que honre a su pastor; igual mi esposo le enseña cómo honrarme. No seamos del montón, unidos jamás serán vencido; sigan hacia al frente porque atrás está lleno.

DÍA 19

Jesús respondió y dijo: *"Escrito está: No sólo de pan vive el hombre, sino de toda palabra que sale de la boca de Dios"* (Mateo 4:4). La palabra de Dios es esencial en la vida de alguien que dice ser un seguidor de Cristo, porque en primer lugar la Biblia nos enseña cómo ser un cristiano y luego nos enseña a seguir a Jesús en nuestra vida diaria. Debemos entender que la palabra de Dios es nuestro sustento, la palabra de Dios da estabilidad a nuestras vidas, la palabra de Dios nos da una seguridad y una garantía de cumplimiento, la palabra de Dios nos libra del peligro y la destrucción, la palabra de Dios nos estimula e inspira nuestra fe, la palabra de Dios nos da consuelo y tranquilidad en momentos de dolor y angustia. Las personas necesitan más que pan para vivir, hay que alimentarse de toda palabra de Dios, ya que nos ayuda en los momentos de necesidad, nos transforma y nos da la comprensión y el aseguramiento de la vida eterna donde tendremos el derecho a comer del árbol de la vida, que está en medio del paraíso de Dios (Apocalipsis 2:7).

Uno necesita comer y beber para vivir. Son necesidades básicas. Jesús tenía hambre y sed, necesitaba comida y agua. Pero más allá de la necesidad de alimento y bebida para vivir, él dijo que su vida se sustentaría no sólo de pan, sino más bien de la palabra del Padre. Jesús nos dio el ejemplo de cómo podemos resistir la tentación: con la verdad y la obediencia a Dios. Que muchas tentaciones se nos presentan como ministros; una de ellas es soltarlo todo y salir corriendo, ¿o solo me pasa a mí nada más? Pero me paro, pienso y me digo que he podido ver la mano del Señor desde la primera fila. He podido ver el poder del evangelio transformando al "peor" de los pecadores. He podido experimentar el amor de Dios por medio de una congregación que me ama. Pero hay otras veces, muchas veces, más de las que quisiera recordar, donde he experimentado la desilusión de ver alejarse del Señor a gente que tanto he amado.

He visto en primera fila el engaño de Satanás operando en familias enteras. He sido acusada, juzgada y rechazada. El llamado pastoral es sumamente hermoso, pero a la vez sumamente difícil. Pero te diré algo, vale la pena, pero como es de esperarse, el Espíritu Santo una y otra vez susurra a mi corazón la importancia y necesidad de mi llamado. Si tú eres pastor y te encuentras cansado, permíteme decirte algo: Tu has sido llamado, tu llamado es un privilegio, tu llamando es a confiar y tu llamado es por gracia. Qué bueno que cuando estas tentaciones nos llegan podemos ir a la Palabra y poder vencerlas. Fortalécete cada día en la Palabra, que es nuestro alimento, y con ella es que vamos a poder vencer toda tentación.

Día 20

A veces los conflictos parecen muy difíciles de solucionarse, pero el Señor es capaz de darnos la solución y libertad. Cuando tenemos una angustia, Dios quiere consolarnos y ayudarnos a ser libres. El Señor tiene en cuenta cada una de las angustias, dolores y preocupaciones de sus hijos. Para ser libres de las preocupaciones y angustias, debemos darle lugar a la presencia de Dios en nuestras vidas. Te contaré que llevaba unas noches sin casi dormir, pues estaba preocupada por una situación a tal extremo que me estaba quitando la paz; llego una noche a la iglesia y me acuerdo que en ese culto bajó la presencia tan fuerte sobre mí que caí de rodillas, y Dios comienza a ministrarme que dejará toda preocupación en sus manos que él iba a estar en control; comienzo a llorar y a sentir paz.

A veces los conflictos parecen muy difíciles de solucionarse, pero el Señor es capaz de darnos la solución y libertad. Pastor, comienza a cerrar las bocas de los leones que quieren devorarte. ¿Cuántas personas quizá andan esperando que hagas algo malo para acusarte? Quizá muchos ojos esten puestos en ti, pero si tu corazón le pertenece al Señor y buscas por todos los medios de agradarlo siempre, jamás tendrán de qué acusarte; la Biblia dice: *"Por eso se pusieron de acuerdo y dijeron: Como no tenemos nada de qué acusar a Daniel, lo haremos caer solamente con algo que tenga que ver con su religión"* (Daniel 6:5).

Siempre nos van a criticar, acusar, juzgar y hasta calumniar, pero si estamos seguros en quien creemos Dios peleará por nosotros. Es triste que haya personas dispuestas a tramar de cualquier forma posible tu caída, y es que nadie dijo que le ibas a caer bien a todos, siempre habrá gente dispuesta a tramar tu caída a consecuencia de la envidia y celos que tienen hacia lo que Dios está haciendo en ti. Que nada te quite el sueño. ¿Te has sentido alguna vez a punto de caer en el foso lleno de leones? La maldad de otros contra ti es y será grande, que cuando tú decides servir a Dios de corazón, muchos se levantarán en tu contra. Lo que ayudó a Daniel a soportar todo esto fue su comunión con Dios, su vida de oración, su confianza en su Dios. A Satanás no le gusta que tú, como pastor o ministro, te levantes en oración, él te quiere fuera; eso era lo mismo que quería de Daniel, sacarlo, le estorbaba. ¿Cuántos ministros no son estorbo para los planes del diablo en las comunidades? Por eso Satanás usa y usara gente para derribarte con calumnias, mentiras y engaños, solo para tirarte a un foso llenos de leones hambrientos, pero nuestra confianza es que Dios nos librará de tal maldad.

Meditaba dentro de mí cual ha sido mi culpa para que muchas veces miembros de la congregación se vayan sin dar una explicación, y analizándome me di cuenta que ninguna culpa hay, que mi único "error" ha sido orar por las almas, declarar la Palabra tal y como es, pero esto no le gustará al diablo. Pero tú sigue así, dedicando tu vida a Dios; Él te honrará y muy pronto pondrá sobre los estrados de tus pies a tus enemigos.

DÍA 21

Si Jehová no edificare la casa, en vano trabajan los que la edifican; si Jehová no guardare la ciudad, en vano vela la guardia (Salmo 127:1).

Salomón entendió que el trabajo del hombre tiene su lugar, pero al final de cuentas era de poco uso sin la obra y la bendición de Dios. Sin el trabajo y la obra de Dios, en vano trabajan los que la edifican. Ahora bien, es verdad que a menos que la buena mano de Dios esté sobre nosotros, no podemos edificar de modo próspero una casa de adoración para su nombre. A menos que tengamos su bendición, no es posible erigir una casa confortable para habitar en ella. Y si su bendición no está en nuestros hijos, la casa (la familia) puede ser edificada, pero en vez de ser la casa de Dios será la sinagoga de Satanás. Como cristianos fieles, debemos ser el ejemplo para seguir y dedicarle el tiempo requerido a nuestra familia. Ser cabeza de familia es mucho más que ser el proveedor principal en un núcleo familiar. Ser cabeza de familia significa que Dios te ha puesto en una posición de suma importancia, ya que los que te rodean serán influenciados por tus acciones, y también por las faltas en ellas. Debemos tomar tiempo para enseñarles la palabra de Dios. ¿Por qué es tan importante que nuestros hijos conozcan la palabra de Dios? La palabra de Dios es la que les ayudará a tomar las decisiones correctas al encontrarse confrontados a la presión social y tendencias populares; la palabra de Dios será la muralla de protección que les mantendrá seguros en medio de este mundo de maldad. Podemos darles todos los lujos a nuestros hijos, carros, casa, buena ropa, su buen celular, pero si no construimos en ellos un buen cimiento con la Palabra de Dios entonces fracasaremos como padres.

¿Y con los hijos espirituales? Como pastora me duele mucho cuando un hijo espiritual toma la decisión de irse de la iglesia, y me pasó hace unas semanas; me sentí muy triste aun diciendo que Dios no le había hablado, pero que él se sentía en paz; llego a mi casa y al acostarme comienzo a pensar cómo puede la gente tomar estas decisiones así tan fácil y luego decir que la paz está sobre ellos cuando uno sabe que Dios lo sembró allí; y me hacía la pregunta, ¿por qué sucede esto? En la mayoría de los casos esto es algo que sucede porque el cimiento de la vida espiritual de la persona se encuentra débil, o quizás el cimiento no fue echado correctamente, sino que esta mesclado o contaminado. En otras palabras, no han edificado su vida en el Señor, sino que han ignorado o excluido algunas cosas que Dios nos revela en su Palabra. ¿De qué nos vale decir que somos cristianos, si no usamos la palabra de Dios de cimiento en nuestra vida? Pastores, hay gente en nuestras congregaciones con un cimiento débil, a punto de caerse al suelo; como cristianos fieles debemos asegurarnos de que estamos edificando sobre la verdad de Dios, y no en las mentiras del diablo. Estas personas que están a punto de caer al suelo necesitan el tiempo de leer y meditar en la palabra de Dios para que su cimiento sea sólido.

Despierta al que tienes a tu lado y dile: edifica en la verdad de Dios.

Día 22

Hablando entre vosotros con salmos, con himnos y cánticos espirituales, cantando y alabando al Señor en vuestros corazones (Efesios 5:19).

Cuantos pastores que me leen no han llegado a un culto donde la gente no quiere cantar ni adorar, como si estuviéramos en un cementerio; aun sabiendo el poder que tiene la adoración, ese día no quieren hacerlo, porque muchos de ellos llegan cargados, enfermos, desanimados, y en vez de adorar y cantar a Dios para que sean libres prefieren no hacerlo; es ahí cuando se conoce el verdadero adorador, y el Padre está buscando adoradores que adoran al Padre en espíritu y en verdad. La adoración a Dios implica mucho más que simplemente asistir a un servicio de adoración donde cantamos alabanzas y escuchamos la predicación de la Palabra. Adoración es un estilo de vida que envuelve todo nuestro ser, tanto de día como de noche. Adorar es todo lo que decimos, lo que hacemos y, más importante aún, cómo lo hacemos. La adoración a Dios se centra en Dios. Fuimos creados para adorar, y somos mandados a adorar solo a Dios en las formas en las que Él nos ha mandado en la Escritura (Éxodo 20:3-5; Apocalipsis 22:9; Eclesiastés 5:1-7). Por lo tanto, al preparar nuestros corazones para la adoración, debemos enfatizar que la adoración se trata de Dios, no de nuestras preferencias. Cuantas veces, pastores, hemos llegado a la casa de Dios agotados, cansados, enfermos, tristes, y cuando comenzamos a adorar y a cantar todo eso se va y salimos nuevos, porque Dios está buscando corazones dispuestos.

Dios ama la música; llenó su creación de ella y le dio al hombre una capacidad sorprendente de producir música y de crear música. Dios te dio la capacidad de cantar, hazlo; de tocar un instrumento, tócalo; de danzar, comienza a hacerlo; Dios se deleita en que sus hijos lo alaben.

Antes de Dios llamarme al pastorado pertenecía al ministerio de adoración de la casa, y había días difíciles de llevar a un pueblo a que cantaran y adoraran y decía, pero si yo no estoy mal, estoy buscado de Dios, por qué la gente llega así; sencillamente no han experimentado lo que es adorar al Padre en espíritu y en verdad y entrar a su presencia y saber que en medio de la alabanza pueden recibir el milagro que tanto buscan, que toda carga se va, que a la tristeza Dios la convierte en gozo, pero tenemos que hacerlo de corazón. El canto del creyente es una respuesta de fe a la revelación divina. Es por lo que el cristiano puede cantar alabanzas a Dios aun cuando se encuentra en medio de situaciones difíciles. Cuando Pablo y Silas fueron golpeados y encarcelados en Filipos, dice en Hechos 16:25 que *"a medianoche, orando Pablo y Silas, cantaban himnos a Dios"*. Esto no se trata de si cantas lindo o feo, se trata de corazones agradecidos y rendidos a Dios. Por más terribles que sean nuestras circunstancias, Dios sigue sentado en su trono; Él sigue siendo sabio, bueno, misericordioso, amante y fiel. Y cuando un creyente eleva su voz en alabanza, independientemente de las dificultades que tenga a su alrededor, está proclamando su confianza inquebrantable en el Dios de su salvación.

Cantemos, entonces, porque no hay que tener la voz de Plácido Domingo para deleitar los oídos de Dios. Todo lo que se requiere es un corazón creyente y una garganta dispuesta a dar a Dios la gloria debida.

Día 23

Es importante que oremos por los demás, porque Jesucristo nos ha ordenado que lo hagamos. Jesús ordena que oremos, no solo por nuestra familia, amigos y compañeros creyentes, sino también por nuestros enemigos. *"Pero yo os digo: Amad a vuestros enemigos, bendecid a los que os maldicen, haced bien a los que os aborrecen, y orad por los que os ultrajan y os persiguen"* (Mateo 5:44). Al orar por los demás, estamos imitando a Jesucristo, quien intercede con Dios Padre en nuestro nombre, así como el Espíritu de Dios que intercede por nosotros con gemidos demasiado profundos para ser expresados con palabras.

"Y de igual manera el Espíritu nos ayuda en nuestra debilidad; pues qué hemos de pedir como conviene, no lo sabemos, pero el Espíritu mismo intercede por nosotros con gemidos indecibles" (Romanos 8:26). Orar por otros es importante porque así se cumple un mandato del Nuevo Testamento. Oremos por el gobierno, por los inconversos, por la iglesia perseguida, por los ministros; el orar por los demás hace que quitemos la atención de nuestras propias vidas y de las necesidades que nos rodean. La oración no es para entretenernos, sino un mandato de nuestro Señor Jesucristo para cultivar nuestra relación con Él y nuestro crecimiento espiritual. Aunque hablamos mucho de la importancia de la oración, solemos tratarla como si fuera un pasatiempo en lugar de una disciplina. Pastores, oremos por la iglesia, por la unidad, por todos los pastores, no importa si no pertenece a tu ministerio o concilio, para que haya hambre por el evangelio; que la predicación de la Palabra sea bíblica y dirigida por el Espíritu Santo, que los cánticos de la iglesia enseñen a los miembros a confesar, lamentar y alabar, que haya un deseo creciente por ser distintos del mundo, que los miembros compartan el evangelio, que la esperanzas por un cambio político vayan de la mano de la esperanza del cielo, que el dar sea fiel, por hambre y sed de Dios, por un despertar en el pueblo de Dios. Si nosotros como pastores no oramos, vamos a ser unos ministros fracasados; si hay una iglesia que no te está viendo orar, entonces no exijamos lo que no vivimos. Hay una carga muy fuerte de orar por la iglesia y por todos los miembros, que no podemos estar perdiendo el tiempo, o que otras cosas ocupen el tiempo de la oración. Si queremos cultos llenos del fuego de Dios, tenemos que

ser ministros llenos del fuego de Dios; si queremos una iglesia que ore, tenemos que ser ministros de oración. He sabido llegar a la iglesia, al culto de oración, donde menos personas van, porque están tan llenos de las oraciones en sus casas que no les hace falta ir al culto de oración, pero no por eso yo voy a parar de hacerlo, es entonces donde mi oración tiene que ser más fuerte. Que hermoso es cuando hay una iglesia que se unen todos juntos a orar por todas las cosas que Dios pone en nuestros corazones, así sea que haya 10 personas como si fueran 10 mil.

En un momento dado Dios me tuvo que enseñar a orar por mis enemigos, me hizo entender que no era una opción sino un mandato. Qué difícil se me hizo en aquel entonces, pero Jesús me recordó que fui un pecador perdonado.

Ora como Cristo oró por ti: "Padre, perdónalos porque no saben lo que hacen". Ora para que Dios te dé amor por tus enemigos. Ora que Él te enseñe cómo amarlos, sin comprometer los límites y la verdad del evangelio. Ora que te dé formas claras de orar de corazón por amor por tus enemigos, tal y como Cristo nos amó a nosotros cuando aún éramos sus enemigos. Ora conforme a Colosenses 4:6, que Dios cambie tu corazón y que del mismo broten palabras de gracia, que sean sazonadas. Que Dios te dé sabiduría para responder apropiadamente en el momento preciso y Dios ponga en ti palabras que permitan ganar al oyente (Prov. 4:23).

DÍA 24

"Él da esfuerzo al cansado, y multiplica las fuerzas al que no tiene ningunas. Los muchachos se fatigan y se cansan, los jóvenes flaquean y caen; pero los que esperan a Jehová tendrán nuevas fuerzas; levantarán alas como las águilas; correrán, y no se cansarán; caminarán, y no se fatigarán" (Isaías 40:29-31).

Pastor, ¿alguna vez usted se ha sentido sin fuerzas? ¿Alguna vez se ha desanimado, hasta el punto de solamente sentarse y no seguir? Creo que es acertado el poder decir que es muy natural y común el experimentar cansancio, desánimo o decepción. En este pasaje de la Biblia nos muestra algo bien interesante acerca de la vida, y es que en ella muchas veces nos quedamos sin fuerzas y sin aliento alguno para poder continuar; las circunstancias ahogan nuestro entendimiento y nos sentimos sin aire, sin luz; este pasaje nos dice que el humano se cansa. El humano pierde sus energías, podemos flaquear. Pero también nos enseña la fuente donde usted y yo podemos recargar nuestras baterías. El Señor es la fuente de fuerza eterna. Nuevas fuerzas Dios te da. Al que está cansado lo vuelve a refrescar y al que no tiene ninguna, ¡Él da nuevas fuerzas! Pero hay que esperar en Él. Es decir, debemos de recibirlas de Él. Y el plan es que nos quiere ayudar. Si usted está espiritualmente abatido, físicamente cansado, debería memorizar y meditar en este versículo todo el tiempo. Aprenda a utilizarlo cuando se sienta en esas condiciones.

Ser pastor es fácil. Es fácil tener que renunciar a tus sueños personales para decir sí a un llamado que sólo tú y Dios entienden; es fácil querer formar una familia que debe ser ejemplo; es fácil que te despierten para resolver situaciones de las ovejas; es fácil tener que formar líderes e invertir tiempo, recursos y esfuerzo para que después te comenten que se van de la congregación, donde podrán crecer o a una menos "complicada"; es fácil tener personas motivadas aunque estés roto en pedazos; es fácil hacer de albañil, electricista, carpintero, plomero, pintor, mecánico, chofer, músico, director de alabanza, y hasta jardinero, porque los que los conocedores no están dispuestos ni disponibles; es fácil llamar y visitar a todas aquellas personas que han dejado de asistir a la iglesia, unos te reciben con halagos y otros con su mal genio; es fácil preparar cuatro o cinco predicaciones a la semana; es fácil enfermarte y tener que predicar aunque estés con dolor, fiebre y todas las demás implicaciones de la enfermedad; es fácil sentirse cansado, frustrado, triste, resentido y no tener a otros que te puedan escuchar por miedo a que te juzguen por ser tan vulnerable como los demás; es fácil escuchar murmuraciones, críticas y descontentos y entonces guardar silencio; es fácil escuchar las murmuraciones y críticas y que hablen de ti a tus espaldas. Hay personas que creen que los pastores simplemente predican el domingo y descansan el resto de la semana, pero la verdad es muy distinta.

Clamó en este día por ti, pastor, declaro fuerzas nuevas y un grupo de gente leal viniendo a tus caminos para ayudarte a hacer la obra del Padre; te ruego Dios que tú fortalezcas a cada siervo que tiene la responsabilidad de dirigir una iglesia delante de ti, oro para que les des vida y salud, renueves sus fuerzas, les de autoridad y poder para llevar a cabo la obra que le has encomendado, en el nombre de Jesús, amén.

Día 25

"Y sucedió que unos hombres que traían en un lecho a un hombre que estaba paralítico, procuraban llevarle adentro y ponerle delante de él. Pero no hallando cómo hacerlo a causa de la multitud, subieron encima de la casa, y por el tejado le bajaron con el lecho, poniéndole en medio, delante de Jesús" (Lucas 5:18,19).

Aquí vemos que fue necesaria la participación de cuatro hombres para traer a un paralítico delante del Señor con el propósito de que fuese sanado.

Este pobre paralítico no hubiera tenido esperanza si no hubiera sido que tenía algunos amigos que lo llevaron a Jesús. Debemos llevar a los necesitados y debilitados a Jesús. Ministros, ¿cuántos amigos tienes en el ministerio que cuando te ven débil se acercan a ti para darte ánimo? Yo, por ejemplo, tengo muy pocos, porque los que dicen ser no son, solo piensan en ellos mismos. Cuántos ministros no están ahora mismo paralíticos espiritualmente porque se han descuidados; otros están enfermos, agotados, débil, frustrados, etc. Y que necesitan de amigos para darles ánimo y palabra que los fortalezcas. Son esos amigos que se dan cuenta de tu necesidad y te llevan a Jesús. Estas personas dijeron, *de una manera u otra vamos a llevar nuestro amigo paralítico a*

Jesús; esos son los verdaderos amigos, estoy segura de que los hombres que llevaron al paralítico a Jesús volvieron a sus casas regocijados. Nosotros también podemos tener parte en este gozo por llevar a otros a Jesús. En un momento en mi vida yo estaba paralítica mentalmente, paralítica en mis pensamientos; por muchos años luchando con mis propias fuerzas, y solo dos personas me llevaron a Jesús (mis padres), y en este tiempo que llevo en el pastorado son pocos ministros a lo cual le puedo llamar amigos, pero he entendido que ellos necesitan ser sanados del orgullo, vanidad, arrogancia, ser mejores que todo el mundo, celos, envidia y que necesitan ser llevados a Jesús urgentemente.

El Señor Jesucristo nos dio la definición de un verdadero amigo: *"Nadie tiene mayor amor que este, que uno ponga su vida por sus amigos. Vosotros sois mis amigos, si hacéis lo que yo os mando. Ya no os llamaré siervos, porque el siervo no sabe lo que hace su señor; pero os he llamado amigos, porque todas las cosas que oí de mi Padre, os las he dado a conocer"* (Juan 15:13-15).

Pastores, no dejemos que otros ministros luchen con sus propias fuerzas, ayudémosles a llegar a Jesús, contra viento y marea, porque en Jesús es donde ellos van a encontrar su sanidad.

Día 26

> *"Porque la tristeza que es según Dios produce arrepentimiento para salvación, de que no hay que arrepentirse; pero la tristeza del mundo produce muerte"* (2 Corintios 7:10).

El arrepentimiento es un requisito necesario para la salvación. Ninguna persona puede ser salva sin verdadero arrepentimiento. Cuando usted mira a Juan el Bautista, el precursor de Jesucristo, y vemos como él predicó, leemos en Mateo 3:2: *"En aquellos días vino Juan el Bautista predicando en el desierto de Judea, y diciendo: "Arrepentíos, porque el reino de Dios está cerca".*

¿Le ha pasado esto a usted? Usted seguía con su vida, pensando que todo iba bien, cuando vino alguien y le dijo algo acerca de usted mismo, y justo cuando esa persona dijo esas palabras, sintió usted como si le hubiesen dado una puñalada en el corazón que dijese: Eso es así, ¿no es cierto? Puede que se ponga usted a la defensiva, puede que discuta o que luche, pero en el fondo usted sabe que es verdad. Le duele, pero es un sufrimiento santo que lleva al arrepentimiento. Hace que cambie usted, que altere su comportamiento. El arrepentimiento nos limpia y nos libera. ¿Mantenemos nosotros abierta la puerta del arrepentimiento a la gracia salvadora de Dios en y por medio de nosotros? Yo crecí en un sistema religioso, y siempre veía a las personas que estaban mal, menos yo, hasta que una joven me dijo, ¿y tú no fallas? En el momento me fui a la defensiva, pero luego cuando llegué a mi casa esa palabra que ella me dijo retumbaba en mi corazón, y me sentía triste, que tuve que tirarme al piso a arrepentirme y pedirle perdón a Dios. Desde entonces mi pensamiento cambió y empecé a entender lo que dice 2 Corintios 7:10.

Muchas veces creemos que porque somos pastores no tenemos que arrepentirnos, ¡qué equivocados estamos!, la Biblia enseña que todos los hombres son pecadores. Muchos pueden estar de acuerdo con esta afirmación, pero no muchos entienden lo que esto significa. Dios nos ha dicho en su palabra que todos los hombres desde el momento en que son concebidos están corrompidos por una maldad terrible, la maldad heredada de su ancestro original, Adán (Salmo 51:5; Salmo 58:3; 1 Reyes 8:46; Romanos 3:9-12). Esa maldad no es otra cosa que la rebelión contra Dios su Creador. La declaración más clara de la corrupción moral del hombre es esta: *"Dice el necio en su corazón: No hay Dios"* (Salmos 14:1 y 53:1). La realidad es que en la Biblia, Dios, como un buen médico, nos provee del diagnóstico del corazón humano: *"Engañoso es el corazón más que todas las cosas, y perverso; ¿quién lo conocerá?"* (Jeremías 17:9). ¿Y cuál es el propósito de Dios? ¿Nos quiere hacer sentir mal? Pues de una manera sí. ¿Nos quiere maltratar? ¡Jamás! Dios nos dice la verdad acerca de nuestra condición, precisamente porque no quiere que perezcamos. Por causa de nuestro pecado somos sus enemigos y estamos bajo su ira (Romanos 5:10). El decirnos la verdad tiene el propósito de llevarnos al arrepentimiento.

Cuántos ministros en pecado están en los altares sin ningún arrepentimiento, pues conozco muchos, y cada cual le dará cuentas a Dios de sus actos; si eres uno de ellos te invito a que vuelvas y leas detenidamente este versículo de 2 Corintios 7:10 y puedas tener un verdadero arrepentimiento.

Un arrepentimiento o una conversión que no produzca un odio hacia el pecado y un amor por Dios no es verdadero. Aquel que dice ser cristiano, pero continúa viviendo en su carne, no ha experimentado este arrepentimiento para vida que trae gozo a Dios. ¿Se ha arrepentido usted verdaderamente? Ministro, recuerde algo, si en usted no hay arrepentimiento de pecado, cómo entonces usted va a corregir a alguien que esté en pecado dentro de la iglesia, con qué moral vamos a confrontarlos con la Palabra. Cuando hay un verdadero arrepentimiento, sientes tristeza por tus pecados, te avergüenzas por ellos delante de Dios, lo confiesas a Dios y abandonas la práctica de pecar. No seamos del montón, seamos ministros arrepentidos y llenos del poder de Dios. Un día decidí no ser del montón, sino una predicadora llena de Dios y no del mundo. El arrepentimiento que Jesús dice es algo serio y profundo. Llevemos este llamado en serio, porque cuando Dios nos escogió lo hizo en serio. Dios te bendiga.

Día 27

"El que encubre sus pecados no prosperará; mas el que los confiesa y se aparta alcanzará misericordia" (Proverbios 28:13).

Este proverbio es uno de mis favoritos, porque de una manera clara y directa me instruye sobre cómo tratar el pecado en mi vida. Esconder mi pecado no me ayuda de ninguna manera. Dios me dice en su Palabra que si escondo el pecado, o no hago nada sobre el pecado que cometo, no prosperaré. No veré éxito ni en lo espiritual ni en lo material. Pero si enfrento mi pecado, lo reconozco, lo confieso a Dios y, sobre todo, me aparto de mi pecado, entonces seré perdonado por la misericordia de Dios. Esta es la manera como la palabra de Dios nos instruye a tratar el pecado en nuestra vida, que por la gracia de Dios nos sometamos al consejo de su Palabra.

Nosotros como ministros debemos estar limpios delante de Dios, debemos ser ejemplo hacia los demás; para ser limpios a la vista de Jehová, debemos evitar toda clase de inmoralidad. Lea Efesios 5:5, que deja muy claro que las personas que llevan una vida inmoral y no se arrepienten *"no heredarán el Reino de Dios"*, y no solamente nosotros, sino también la congregación, donde hay miembros que tapan los pecados de otros con lo cual se convierten en igual que ellos. Y te voy a escribir una experiencia que me sucedió en la iglesia; tenía un matrimonio que eran ministros en la iglesia, y este hombre se enamoró de otra mujer dentro de la misma iglesia. Cuando me entero comienzo a preguntar y a confrontarlos, pero todo era negado; traté este asunto con mucha delicadeza ya que era fuerte y aquí en Puerto Rico para tú acusar a alguien tienes que tener evidencia porque si no te demandan; pues como no tenía pruebas solo seguían los rumores de las personas. Comencé a orar que Dios sacara todo a la luz, esa es el arma más poderosa; esto me estaba trayendo problemas en la iglesia, porque había personas a favor de su esposa porque ya habían visto a sus esposo con la otra mujer compartiendo en otros lugares a escondidas, y otros a favor de su esposo incubriendo su pecado; vuelvo y reúno a estas personas y me lo siguen negando, comienza el Espíritu Santo a inquietarme y abrir mis ojos y a dejarme saber que era verdad, este hombre estaba en adulterio dentro de la misma iglesia; me siento con este hombre y le digo que no quería que cogiera ninguna clase de parte en la iglesia, y a la otra mujer con la cual él estaba fallando a su esposa le dije lo mismo. La iglesia comenzó a dividirse con este terrible pecado; comienzo a orar e interceder fuertemente, a decirle a Dios saca todo a luz y déjalos en vergüenza, y así mismo pasó, Dios sacó a la luz todo pecado de estas dos personas, quedaron en vergüenza no solamente ellos, sino los que lo defendían a él, y ellos terminaron saliendo de la iglesia y no hubo ningún arrepentimiento, destruyó a la familia que tenía y hoy viven miserables espiritualmente. Nosotros como pastores tenemos que orar para que Dios limpie la iglesia y que saque todo pecado a la luz, y tomar acción; conozco pastores que no confrontan a la iglesia con el pecado para que la gente no se les vaya; pues te diré algo, yo prefiero que se vacíe la iglesia y confrontar el pecado, a tenerle que pasar la mano, porque nosotros vamos a rendirle cuentas a Dios. Y cuando tapas el pecado te conviertes en un pecador también. ¡Grita un aleluya ahora!

Te dejo con esto: El gran pecado del cristiano es predicar y no practicar; creer, pero no vivir de acuerdo con lo que se cree.

DÍA 28

"Porque de tal manera amó Dios al mundo, que ha dado a su Hijo unigénito, para que todo aquel que en él cree, no se pierda, mas tenga vida eterna" (Juan 3:16).

La oferta de vida eterna viene desde arriba, de Dios. Su amor expresado en el regalo de su Hijo Jesús, por medio de quien la vida eterna se nos es dada, es para todos. Mas solo los que deciden creer en Él, los que escogen aceptar que Él es el regalo y que escogen recibirlo como el regalo, vivirán por la eternidad. El amor de Dios nos garantiza escapar de la condenación eterna y nos hace herederos de la vida eterna. Cuán grande e incomparable es este amor. Es un amor extenso y eterno que proviene del Ser dador de toda buena dadiva, que ha elegido por sobre toda su creación al ser humano como objeto de su amor. Este amor se ha expresado a través de su Hijo unigénito, el cual fue entregado para morir en la cruz del Calvario y por medio de su muerte salvar a todo aquel que en Él cree.

He hablado con personas de Jesús que me dicen que ellos no merecen el amor de Él por las cosas malas que han hecho y que no tienen perdón de Dios; qué triste es escuchar esto, es ahí cuando les digo la cruz es para todos, eso te incluye a ti, no importa lo que has hecho, si te arrepientes Dios te perdona, y no solamente te perdona sino que no se acuerda más de tu pecado.

Trabajo en un lugar con personas con problemas de drogas, alcohol y confinados, y esas palabras las escucho a menudo, pues creen que con lo que hicieron Dios no los pueden amar; muchas personas así hay en el mundo y necesitan gentes llenas del amor de Dios para hablarles. ¿Estamos haciendo ese trabajo? Así como tu experimentaste ese amor de Jesús, hay personas que necesitan también experimentarlo; no nos callemos, hablemos de Jesús. Le pregunté a mi esposo cómo fue su experiencia al conocer a Jesús; claro está, ya yo lo sabía, pero quise escucharlo de nuevo y escribirlo aquí. Mi esposo en su juventud estuvo preso por 15 años, yo lo conocí faltándole aproximadamente dos años de sentencia; dice su Palabra: *"y lo vil del mundo y lo menospreciado escogió Dios, y lo que no es, para deshacer lo que es"* (1 Corintios 1:28). Me dice que esa decisión de aceptar al Señor fue un momento difícil y doloroso, porque él tenía que dejar lo que le gustaba para experimentar algo nuevo que veía en otros; en ese momento sintió una compañía, un apoyo incondicional, lo que él estaba buscando, y lo encontró en Jesús. Hoy en día somos pastores de una iglesia hermosa, Iglesia Maranatha, en el pueblo de Fajardo, Puerto Rico, donde predicamos el amor de Jesús para que otros lo puedan experimentar.

DÍA 29

"Él es quien perdona todas tus iniquidades, el que sana todas tus dolencias" (Salmos 103:3).

¡Qué pensamiento tan increíble, que el Dios de justicia pueda recibir nuestro corazón cargado de iniquidad y pecado y lo pueda dejar más blanco que la nieve! Y ese perdón es nuestro sólo debido a quién es Dios. El salmista dice que Él es misericordioso, lleno de gracia, abundante en amor, lento para la ira y saturado de paciencia. Él recuerda que nos formó del polvo de la tierra, y sin Él estaríamos condenados. Cuando Dios nos perdona, Él se hace propicio a nosotros y obtenemos la paz por medio de su expiación. El pecado queda cancelado y borrado. El corazón de David canta: *"Rompió mis cadenas"*, y grita en voz alta a su alma: *"¡Nos ha hecho libres!"* Y con esa libertad viene un poder extraordinario. Recibimos la fuerza para no caer más en el pecado, para caminar en rectitud, para ser misericordiosos como Dios es misericordioso, y para perdonar a otros como hemos sido perdonados por Dios.

Cuando el perdón de Dios llega a tu vida, tú cambias, ves las cosas de otra manera, familias cambian, amigos, porque hay un arrepentimiento de pecado y comienzas a sentir una paz sobrenatural y tu corazón comienza a limpiarse; esa culpabilidad que no te dejaba dormir se va. He visto cómo matrimonios son restaurados cuando llega el perdón de Dios a sus vidas; no importa lo feo y sucio que hayan sido sus pecados, Dios perdona y restaura.

Pastores, cuántas personas hay dentro de las iglesias que se sienten que no son perdonados por Dios, y muchas veces llevan tiempo yendo a la iglesia, pero se sienten así porque creen que lo que hicieron es muy feo para que Dios los perdone, cargan con culpabilidad por años; la santa Palabra de Dios nos dice que Jesucristo, a través de su muerte en la cruz, nos hace libres, libres del pecado, libres de la ley, libres de la esclavitud de la culpa que acarrea el pecado y la ley. Sigamos predicando sobre el perdón de Dios hasta que ellos comiencen a creer y a sentirlo, hasta que se apropien de su perdón y comiencen a creer en sus promesas.

En mi juventud arrastré culpabilidades que no me pertenecían, hasta que entregué mi vida a Jesús, y toda esa culpabilidad se fue de mí. Ministros, acerquémonos a estas vidas con mucho amor, porque llegará el momento que ellos experimentarán ese perdón. Pastor, no es por tu fuerza, o hablándoles fuerte, ni aplastándolos con palabras hirientes, porque ¿dónde demostramos el amor de Jesús? Recuerden que nosotros fuimos perdonados por Dios y se llevó todas nuestras dolencias. Lo digo porque eso lo he visto mucho, y no podemos caer en eso. Dejemos que sean restaurados por el Señor.

DÍA 30

"Y cuando estéis orando, perdonad, si tenéis algo contra alguno, para que también vuestro Padre que está en los cielos os perdone a vosotros vuestras ofensas" (Marcos 11:25).

Las Escrituras nos dicen que hay muchas cosas que pueden entorpecer nuestras oraciones. Una de ellas es la falta de perdón. Dios sabe que tener falta de perdón es destructivo, porque levanta una pared entre nosotros y Él. Cuántas personas yo he tenido que perdonar aun sabiendo el daño tan grande que me hicieron; el perdonar te hace libre, aunque tú no tengas la culpa; tú haces tu trabajo si la otra persona no quiere perdonarte, pues Dios se encargará de ella. Nosotros como pastores, cuánta traición, daño, mentiras, calumnias, nos ha hecho la gente, especialmente las que más hemos ayudado y nos han pagado mal, y nos duele, claro que sí, somos seres humanos como cualquier otra persona, pero tenemos que aprender a perdonar aun a esas personas, si es que queremos llegar al cielo.

Te contaré el caso de una mujer que regresó a la iglesia después de haberse ido por tercera vez; regresó y la recibí con mucho amor, pues era una mujer que tenía muchos problemas y fracasos en su vida, una mujer con mucho talento, pero Satanás siempre la tiraba al piso, una mujer que ayudé mucho, no solamente yo, sino mi esposo y la congregación, una mujer que cada vez que se iba de la iglesia hacía mucho daño, envenenando a otros hermanos para que se fueran de la iglesia también, una mujer mentirosa que a cada pastor donde ella llegaba le mentía; aun así con todo eso ella regresa y yo la recibo con amor, pero orando Dios me dejó saber que ella era la del problema, no las personas que la rodeaban; se va por cuarta vez, y le dije a Dios, bueno, yo he estado bregando con esta mujer y cada vez que vuelve el daño es mayor; entendí que el amor y el perdón que salía de mí hacía ella le molestaba, y sé que no regresará más pues Satanás se rindió de quererme hacerme daño usándola a ella y ver que el amor y el perdón eran más fuertes que lo que ella cargaba. Pastores, perdonemos a todos los que se han ido y les han hecho daño, si queremos que nuestras oraciones y ministerio sean victorioso. Usted puede tener éxito por fuera, pero si tiene falta de perdón y amargura por dentro, eso arruinará y empañará toda victoria. Pidámosles a Dios fuerzas, porque no es fácil bregar estos casos donde uno sea desbordado en amor y ayuda para que esta persona esté bien, y que te paguen mal y traición; recordemos que a Jesús lo traicionaron y aun así les dijo perdónalos porque no saben lo que hacen. Al enemigo le molesta que tú ames y perdones, por eso usa personas para hacerte daño y no saben que el daño se lo están haciendo ellos mismo. Has está oración:

> *Señor Jesús, pido especialmente la gracia de perdonar a esa persona que me ha herido. Pido perdonar a mi peor enemigo, la persona que más me cuesta perdonar, o la persona que haya dicho que nunca la perdonaría. Gracias Jesús, porque me estás liberando del mal de no perdonar, y pido perdón a todos aquellos a los que yo también he ofendido. Gracias Señor, por el amor que llega a través de mí hasta ellos. Amén.*

Día 31

"…deja allí tu ofrenda delante del altar, y anda, reconcíliate primero con tu hermano, y entonces ven y presenta tu ofrenda. Ponte de acuerdo con tu adversario pronto, entre tanto que estás con él en el camino, no sea que el adversario te entregue al juez, y el juez al alguacil, y seas echado en la cárcel" (Mateo 5:24,25).

El hermano enojado es capaz de usar un lenguaje abusivo, mata con palabras; las palabras de algunos son como espadas. Muchos hermanos dentro de las iglesias andan enojados con otros por tonterías; muchos de nosotros como pastores tenemos que bregar con estas situaciones dentro de la iglesia, y lo peor es que son por tonterías. Tuve un caso no se hace mucho de un hermano que siempre me daba quejas de otro hermano, que ese hermano lo ofendía, que era arrogante con él, y siempre le decía que había que amarnos los unos a los otros aun con nuestros defectos, pero este hermano seguía dándome quejas, y por la manera que hablaba del otro hermano pude discernir que lo que había en su corazón era rencor con el otro hermano; quise varias veces reunirme con los dos para que se dijeran lo que les molestaba, pero nunca quiso, así que no me costó otro remedio que ponerme en vela a ver si era verdad lo que él me decía, y nunca vi nada de lo que él me decía, siempre vi al otro hermano tratarlo bien, y de ayudarle en lo que él trabaja en la iglesia, pero este hermano lo que sentía era celos y envidia por este otro hermano, y un día le dije puedes orar, ofrendar, ayunar, diezmar, predicar, pero si no te reconcilias con tu hermano nada eso llegará al cielo. Y usted se preguntará cómo terminó este capítulo, y si hubo reconciliación, pues le diré que este hermano prefirió irse de la iglesia antes de reconciliarse con el otro hermano. Hoy en día ese hermano que quiso reconciliación ha sido prosperado, bendecido y con un llamado al pastorado, mientras que el que no quiso está en lugar donde Dios no lo envió y posiblemente a lo que Dios lo llamó no lo ejerza por no saber amar a otros. Se fue del lugar donde Dios lo había sembrado y donde Dios le había confirmado que esa iba hacer su iglesia, a otro lugar donde Dios no le habló que se fuera. y lo peor es que no lo reconoce por su orgullo, aparenta una paz que no es real, porque Dios no te saca del lugar donde te sembró para sacarte a experimentar en otro lugar donde él no te dijo.

Aprendamos a pedir perdón cuando ofendemos, y a reconciliarnos con nuestro hermano. Esto es lo diario de cada pastor en sus iglesias, ¿y qué me dicen de los pastores que llegamos enojados y así nos subimos al altar a predicar, sin antes pedirle perdón a su esposa o a su esposo?; pues les diré que a mí me ha pasado y siento que esa palabra rebotó y no pasó del techo de la iglesia; no solamente la palabra, sino también la oración, la ofrenda, porque me ha cogido el Espíritu Santo y me ha dicho, *ajá, predicando y no te has reconciliado con tu esposo*; no me diga que solo me ha pasado a mí y a usted no, pero qué bueno que tenemos al Espíritu Santo que nos dice lo que está mal y podemos arreglar. La reconciliación es lo más hermoso que hay.

El propósito principal de ofrecer sacrificios y ofrendas a Dios es para reconciliarnos con El. 2 Cor. 5:20: *"en nombre de Cristo os rogamos: ¡Reconciliaos con Dios!"*

Pero antes de poder reconciliarnos con Dios tenemos que reconciliarnos con el hermano, porque Dios no acepta el servicio de su hijo que tenga enojo, malicia, amargura, en el corazón y esté distanciado de su hermano.

Nuestra relación con Dios depende de nuestra relación con el hermano. 1 Jn. 4:20: *"Si alguno dice: Yo amo a Dios, y aborrece a su hermano, es un mentiroso; porque el que no ama a su hermano, a quien ha visto, no puede amar a Dios a quien no ha visto"*. Les bendigo.

Día 32

"Crea en mí, oh Dios, un corazón limpio, y renueva un espíritu recto dentro de mí. No me eches de delante de ti, y no quites de mí tu santo Espíritu. Vuélveme el gozo de tu salvación, y espíritu noble me sustente" (Salmos 51:10-12).

Estos versículos bíblicos son una oración pidiendo un corazón nuevo, limpio y recto ante Dios. Dios siempre puede crear algo nuevo y bonito hasta de nuestros errores. David le suplica a Dios que no le eche de su presencia ni le quite el Espíritu Santo. Necesitamos sacar tiempo para escuchar al Espíritu Santo y vivir dentro de su voluntad. El gozo que sentimos al obedecer nos confirma que estamos en el camino correcto, mientras que la pérdida del gozo es un buen indicador de que algo va mal.

Ministro, posiblemente tú que me lees has fallado, has pecado, ya el gozo no está por causa del pecado; te quiero decir que si vas delante de Dios arrepentido de todo corazón, Dios te perdona y te pone un corazón limpio y vas a comenzar a sentir el gozo de la salvación; puedes levantarte y Dios restaurar tu ministerio, familia, amigos, matrimonio, eso es algo que yo he visto. Me gozo de ver ministros restaurados por el poder del Espíritu Santo, y ser levantados nuevamente con unción y poder de lo alto y retomar lo que un día el enemigo les quito, posiblemente por descuidos espirituales, pero Dios sigue siendo Dios y cuando vamos rendidos a Él y le pedimos como en este Salmo, Dios lo hace. Así como he visto ministros restaurados por Dios, también he visto ministros que no se han podido levantar, por otros ministros acusadores que en vez de ayudar a levantarlos nos sumamos a la derrota, lo pisoteamos, barremos el piso con él aun siendo ellos ministros también. Me pregunto, ¿dónde está el amor que predicamos desde un altar?, ¿donde está la restauración?, ¿no pensamos que ese ministro tiene familia y una congregación dolida?, ¿quiénes somos nosotros para juzgarlos?; usted no sabe si ese ministro se ha arrepentido y no ha podido ser restaurado, y personas como esa. Y me pregunto yo, ¿si un ministro por ser ministro se cae quiere decir que no merece ser restaurado? ¿Por qué no podemos declararle el Salmo 51:10-12 y orar, darle palabra de ánimo para que se pueda levantar? A esto yo le llamo hipocresía, mientras estas bien son tus amigos ministros, pero cuando fallas hasta te dejan de hablar, porque a lo mejor creen que se puedan contagiar del error de otro; nosotros no nos vamos a sumar al pecado ni apoyar su pecado, nosotros vamos a declararle la Palabra y orar para que se pueda levantar, eso lo hace un amigo ministro que está lleno del amor de Dios y del Espíritu Santo. Dios tiene el poder para ponerle un corazón limpio y renovar un espíritu recto dentro de él que le dé el gozo de la salvación.

Te invito ministro a que si conoces a otro ministro que cayó en pecado y no se ha podido levantar, que ya no tiene gozo, que siente vergüenza de lo que hizo, a que lo llames, ores por él y lo ayudes a restaurarse, porque para ellos la misericordia está también, e invítalo a leer este Salmo, que sé que sanara su corazón. Dios puede cambiar su mente, sus pensamientos, sus hábitos, sus impulsos, y el Espíritu purificar sus deseos de traer el gozo a su vida.

Día 33

"Velad y orad, para que no entréis en tentación; el espíritu a la verdad está dispuesto, pero la carne es débil" (Mateo 26:41).

En la batalla contra la tentación, no importa su tipo, la oración es un arma de la que nosotros no podemos prescindir. El propósito de la tentación es atraparnos para alejarnos de Dios. La oración, la comunión con Dios, es exactamente lo contrario: mantiene abiertos los canales de comunicación con nuestro Padre. ¡Oh, cuanto consuelo y amor provienen del Padre y cuanto apoyo encuentran los que resisten al enemigo cuando acuden a Él en oración!

Cuando cedemos a la tentación, Dios no oirá nuestras oraciones. Satanás sabe eso, y esta es una razón por la cual trabaja tan duro tentando tanto a ministros como a los cristianos en general para que pequen.

Debemos reconocer nuestras debilidades, he visto cómo ministros caen en la tentación, donde se derrumba él y la congregación por descuidos espirituales; nos aflojamos de la oración, ayuno y de la Palabra, y cuando abrimos los ojos ya hemos cedido a la tentación. Conozco de cerca un ministro que había salido de las drogas, Dios lo restauró y estaba muy bien, hasta que le dio por ir a rescatar personas con uso de drogas, y cuando vino a ver él estaba junto con ellos usando drogas; qué quiere decir esto, que si sabes que es tu debilidad no vayas hasta que Dios así te lo indique, porque muchas veces creemos que estamos fuertes, pero no estamos fuertes nada, ni en la oración, ni en la búsqueda del Señor. Resistan al diablo, y huirá de ustedes. Pónganse a jugar con él y pronto tendrán cadenas, no en las muñecas sino en el alma.

La tentación se presenta a veces de una manera sutil. Quizás nadie sepa que se ha cedido a ella aparte de la persona y Dios, pero si cede a ese grado, se vuelve débil y queda manchado con la maldad del mundo. Claro, controlarse no es fácil porque, como dice la Biblia, *"la carne es débil"* (Mateo 26:41). De modo que todos fallamos. No obstante, si nos arrepentimos de corazón y procuramos que esa mala acción no se convierta en una práctica, nuestro Creador, Jehová, será "misericordioso y benévolo" con nosotros (Salmo 103:8). ¡Cómo nos consuelan estas palabras!

Día 34

"No seas vencido de lo malo, sino vence con el bien el mal" (Romanos 12:21).

No te dejes vencer por el mal. Por el contrario, vence al mal, haciendo el bien. Si hacemos como Jesús y amamos a los malvados, *"obtenemos una amplia victoria"* (Romanos 8:37). Conquistamos el mundo cuando expresamos que creemos en Jesús, obedeciéndole aun cuando sea difícil. Dios nos llama a convertirnos en pacificadores, no traficantes de guerra. Usar un enfoque diferente al del mundo para ser comprensivos, no rencorosos. Un amigo solía decirme que la regla de oro al momento de lidiar con personas o situaciones difíciles era: No te conviertas en lo que odias. No hablaba de odiar a la persona misma, sino sus acciones y actitudes malignas, mezquinas y pecaminosas. No vencemos al Diablo con maniobras deshonestas. Vencemos a la maldad al hacer lo que es justo, llenando nuestros corazones y vidas con bondad.

En este mundo, donde existe tanta maldad, tanta gente con odio que lo que quiere es venganza, nosotros no nos podemos sumar a ellos llenándonos de rencor y queriendo hacer el mal con los que nos hacen mal; usted y yo somos la diferencia porque tenemos a Jesús y ese es nuestro mayor ejemplo. Es triste lo que estoy viendo en este tiempo, donde ministros contra ministros no se llevan porque uno pertenece a movimientos diferentes o concilios diferentes. Dios no viene a buscar nombres, sino personas llenas de amor y del Espíritu Santo. No hace mucho un amigo mío pastor pertenecía a un movimiento y el oraba a Dios porque ya no sentía estar en el que estaba, y llegó el momento de tomar la decisión de irse; cuando lo hizo, muchos de los pastores que decían ser sus amigos le dieron la espalda, y hasta le dejaron de hablar, no solamente a él sino a toda su familia; ¿en qué mundo estamos viviendo?, nos creemos que nuestro movimiento o concilio es mejor que el de los demás; qué falsedad tan grande. Ahora lo tratan como un pecador, haciéndole mal, porque cuando ya tú le dejas de hablar y lo tratas indiferente, quiero decirte que eso es hacer mal. ¿Dónde está el amor que predicamos desde el altar? He visto cómo ministros y personas se gozan de que otras iglesias no crezcan; eso también es hacer el mal, porque están llenos de deseos malos para otros. Cómo podemos decir que amamos al prójimo cuando deseas lo malo para otro. No importa lo que nos hayan hecho, aprendamos a perdonar y amar. Cuantas personas en la iglesia me han hecho mal y yo les he pagado con bien, y ahora no están, porque el enemigo no soporta que tú ames y perdones, lo que quiere es verte lleno de rencor, amargura, odio, orgullo y que tengas el espíritu de venganza. Dios nos llamó a amar como Él nos amó.

Amar al que nos hace daño es una ordenanza del Señor, pero nuestro corazón tiene que estar sano, libre de todo rencor y de todo pasado; esto permitirá que el Espíritu Santo nos llene del amor de Cristo para poder ver a nuestros enemigos como los ve Jesús. Demos amor y demostrémoslo orando por todos lo que se han levantado contra nosotros haciéndonos la vida imposible y difícil; porque la mayor fuerza que debilita el mal es el amor.

Oración: *Santo Dios, bendíceme con un carácter que resista a los que son cínicos y vengativos hacia mí. Ayúdame a respónderles de una manera que refleje el carácter y señorío de Cristo. En el nombre de Jesús, amén.*

Día 35

"Yo me alegré con los que me decían: A la casa de Jehová iremos" (Salmos 122:1).

Asistir a la casa de Dios para unos puede ser una rutina, pero para otros una delicia; para el salmista era una delicia. Cada vez que voy para la casa de Dios voy con gozo porque sé que ahí son renovadas mis fuerzas; decía un amigo mío que siempre buscaba una excusa para ir a la iglesia; mientras otros buscan una para no ir, el buscaba una para ir. La actitud con que una persona va a la casa de Dios determina si va a recibir bendición o no. Preparemos nuestro corazón antes de ir al templo. Tengamos como meta encontrarnos con Dios allí. No vayamos al templo sólo para ver a nuestros hermanos, lo cual es también importante. Primero, nuestro deseo mayor debe ser tener un tiempo especial con Dios, tiempo para alabarle y para adorarle en espíritu y en verdad. Propongámonos aprender algo que podamos aplicar a nuestra vida para hacerla conformarse más al modelo de nuestro Señor Jesucristo.

Una hermana nueva en los caminos del Señor tuvo hoy en la iglesia la experiencia de ser llena del Espíritu Santo; comenzó a brincar, luego se sentó y comenzó a experimentar un gozo que ella no podía explicar, allí en su silla estaba temblando todo su cuerpo, lloraba y me decía que estaba pidiéndole a Dios que la llenara porque se sentía vacía y no sentía nada, pues Dios la escuchó y la llenó de Él. Estaba embriagada, no se podía sostener por ella misma. Yo me gozo cuando esto sucede, porque sé lo que está experimentado, y cuando estamos así no queremos irnos de la iglesia.

Cuando llegamos al templo con deseos de encontrarnos con Dios, Él nos hablará. Posiblemente nos hablará por medio de las palabras de un himno, del testimonio de un hermano, o por medio de la oración de otro. Hablará directamente a nuestro corazón en comunión quieta delante de Él, o por su Palabra explicada. Nuestra vida será cambiada porque eso es lo que Dios desea.

No cometas el error de muchos que piensan que no es necesario congregarse; tanto lo es que así lo enseña la Escritura sagrada, ¿cómo orarán por ti un grupo de hermanos si no asistes para pedir por tu necesidad, o cómo vas a orar por los demás si no tienes idea de lo que necesitan? ¿Por qué no entender que es un privilegio la adoración en conjunto? A veces pienso en todos aquellos hermanos que quisieran congregarse y no pueden, algunos están presos, otros sufren persecución, otros están postrados en cama con enfermedades graves y terminales, otros carecen de medios físicos o económicos, en fin, y tú que puedes, ¿por qué no lo haces? Ruega a Dios que te dé ese gozo en tu corazón y como el salmista puedas decir: *Yo me alegré con los que me decían, a la casa de Jehová iremos* (Salmos 122:1)

Día 36

"Perseverad en la oración, velando en ella con acción de gracias" (Colosenses 4:2)

Las iglesias de nuestros tiempos disfrutan con salidas al campo, conciertos, comidas fraternales o cualquier actividad, pero menos de la mitad de los miembros asisten a las reuniones de oración, lo cual demuestra la temperatura espiritual del cristianismo, el cual prefiere el ocio y las relaciones, lo cual es bueno y necesario, pero no debería estar por encima de la oración. Y como Pablo dice a los Colosenses, es el momento de perseverar en la oración, de no abandonarla, de ser agradecidos, de presentar a los enfermos, de rogar por aquellos quienes predican en las iglesias, por pastores que deben guiar a sus ovejas al redil celestial y por aquellos que predican el evangelio para que sea Dios quienes les guíe en su predicación. No nos cansemos de orar, perseveremos en la oración.

El uso más alto que le podemos dar a nuestra habilidad de hablar es orar y alabar. Pablo no se avergonzó cuando pidió oración por él y sus amigos. Si un gran apóstol e hijo de Dios como Pablo necesitaba que le ayuden en oración, cuanto más nosotros lo necesitamos. La oración es nuestro combustible, si no le echas gasolina a tu carro no prende, así mismo es en lo espiritual, si no oramos nos apagamos. No sé cuántos de ustedes son agradecidos a Dios por todas las bendiciones que nos ha dado, y darle gracias por donde nos sacó, y que por Él estamos de pie. Yo le doy gracias a Dios porque me sacó de un hoyo profundo, donde me estaba consumiendo, donde habían pedazos rotos, de donde creía que no podía salir, pero llegó Dios a mi vida y me reparó, y no solamente eso, sino que me ha llevado a lugares donde nunca me imaginé estar; por eso oro por mi familia, amigos, ministros, ministerios, para que ellos tengan un encuentro con Dios verdadero y puedan sentir ese primer amor y esa pasión por Dios.

Por eso persevero en la oración; hay personas con llamados descarriados, ministerios abandonados, familias destruidas, amigos en depresión que necesitan personas que sean perseverantes en la oración. Porque sé de donde Dios me sacó y soy agradecida de todo lo que me ha bendecido es que mi oración no puede menguar. Cuando eres agradecido, los cielos siempre estarán abiertos para ti, la bendición siempre te va a alcanzar, no tienes que ir tras ella.

He visto personas que Dios las ha bendecido, tanto económicamente como en salud, y se olvidan de Dios, no son agradecidos, son de los que quieren las bendiciones y a Dios lo tienen en el último lugar, y las iglesias están llenas de personas así, pero nosotros como pastores y ministros tenemos que perseverar en la oración y seguir enseñándoles la importancia de la oración y de ser agradecidos. Tengo un hijo que no le sirve al Señor y en estos últimos meses Dios lo ha bendecido tanto y me llama muy feliz por todo lo que está viviendo, y le digo, acuérdate siempre de algo, que por todo lo que estás viviendo siempre tienes que darle gracias a Dios, porque a Él le debes todo lo que tienes; le enseño que tiene que ser agradecido con Dios primeramente, porque sin Él no somos nada, y que las oraciones de una madre Dios las escucha, porque estaba pasando por momentos difíciles en su vida económica y en su familia, y Dios está poniendo poco a poco su vida en orden, que le falta dar su corazón a Jesús, pero eso es algo que yo veo y lo creo, y será de bendición y su testimonio traerá jóvenes a los pies de Cristo en el nombre de Jesús. Ya hay un adelanto, y es que me dice que él está orando por las noches, ¡cómo no voy a ser agradecida de Dios!

Sigan perseverando en la oración y sigan siendo agradecidos, que pronto verán su generación a los pies de Jesús; tienes que comenzar a ver lo que ya es en las manos de Dios; tienes que creer que a tus hijos Dios los va usar grandemente, que serán de bendición, comienza a declarar la palabra de Dios sobre ellos, que cadenas son rotas y que son libres por el poder del Espíritu Santo. Yo veo una generación de hijos de pastores siendo usados por Dios poderosamente, restaurados, apasionados y con una unción como nunca antes, en el nombre de Jesús. Yo soy hija de pastores y sé que mis padres perseveraban en la oración por mí, para que mis ojos fueran abiertos y toda cadena fuera rota y fuera libre; hoy en día soy pastora en Puerto Rico, en el pueblo de Fajardo, y así como vi a mis padres orar por mí, así lo hago por mis hijos. Esto es para valientes, yo no pienso cederle mis hijos al enemigo, yo los arrebato para el Reino de Dios, y aunque mis ojos no lo estén viendo, sigo creyendo y sigo orando y sigo dándole gracias a Dios por lo que Él está haciendo. ¡No te rindas, sigue creyendo!

DÍA 37

"Bendice, alma mía, a Jehová, y bendiga todo mi ser su santo nombre. Bendice, alma mía, a Jehová, y no olvides ninguno de sus beneficios" (Salmos 103:1,2).

Este Salmo comienza con dos versículos poderosos. David llama a su alma a despertar y exhorta a todo su ser a alabar a Dios. ¿Cuántas veces alabamos a Dios solo con nuestros labios? Le cantamos con nuestra boca mientras nuestra mente está en otro lugar. ¡No debe ser así! La verdadera alabanza surge desde lo más profundo de nuestro ser y despierta nuestro espíritu, nuestro cuerpo y nuestra mente.

No olvides ninguno de sus beneficios. Cuando nos detenemos a recordar y enumerar conscientemente todas las bendiciones que Dios nos ha dado, nuestro corazón responde con adoración y gratitud por todas sus bondades. No seamos como los que solo se acuerdan de Dios cuando necesitan algo. Seamos hijos agradecidos, con corazones atentos y sensibles al mover de Dios en nuestro día a día. Si hay algo que yo disfruto es cuando alabo y adoro a Dios, me elevo a las alturas y es una manera de ser agradecida con mi Padre. La alabanza produce intimidad, nuestra alabanza levanta nuestro espíritu angustiado, la alabanza libera la fuerza y el poder de Dios, la alabanza apasiona, trae fuerzas. La alabanza trae la gloria de Dios; donde hay perfecta alabanza hay gloria de Dios. En el templo de David había algo glorioso y maravilloso; esa misma gloria debe estar en nuestra iglesia hoy.

Nosotros en la iglesia llevamos experimentando una gloria mayor en los cultos, donde gente están siendo liberadas sin imponer manos; hemos estado en otra dimensión. Esta pandemia lo que ha traído a las iglesias es estar frías, esperando que este virus se vaya, y se ha caído en un descuido espiritual; yo me niego a eso, a que la iglesia caiga, por eso me levanto de madrugada a orar, a gemir fuerte por esto, y Dios está derramado algo glorioso sobre nuestros cultos. Primero la gente no quería llegar a la iglesia por miedo al virus, viviendo con miedo, y los cultos pesados, que si se caí un alfiler se escuchaba, y sí nos tenemos que cuidar, es algo muy claro, pero este virus no puede apagar de mí el fuego de Dios, no puede poner en mí el no querer alabar; mi alabanza tiene que ser más fuerte y poderosa. Pastor, no permitas que este desánimo se apodere de la iglesia, comienza a guerrear, orar y alabar, y comenzarás a ver cómo todo cambia; es lo que estoy viendo en la iglesia que pastoreo, un mover hermoso donde se acaba el culto y nadie se quiere ir, quieren seguir alabando y adorando. Y grítalo, ¡Alma mía, alaba a Jehová!

DÍA 38

"Y Moisés respondió: Si tu presencia no ha de ir conmigo, no nos saques de aquí" (Éxodo 33:15).

Uno de los problemas más grandes en las iglesias hoy en día es que hay muchos que saben de Dios, pero muy pocos lo conocen íntimamente a Dios. Qué triste será en la resurrección conocer a Dios cara a cara y no haberlo conocido de corazón a corazón. No hay nada que le traerá descanso a tu agitada alma como el conocimiento íntimo de Dios. Si tú no conoces a Dios íntimamente, no serás un creyente (cristiano) estable. Serás tal como el pueblo de Israel. Tu vida será una vida de aire caliente y aire frio. Conocer a Dios no es únicamente una buena cosa, es una necesidad.

Cuando alguien toca a la puerta de tu casa y te llama, si tú no le reconoces la voz, no abres; asimismo es en lo espiritual, cuando no conocemos a Dios porque no hemos estado en intimidad con Él, cuando te llama su voz no la reconoces. Es triste ver iglesias en esta condición y ministros apagados predicando sin ninguna unción porque están desconectados de la presencia de Dios, y así queremos tener una iglesia gloriosa y llena del poder de Dios. No vamos para ningún lado en esta condición, es tiempo de buscar su presencia y meternos de llenos con Él; si algo oro es que seamos despertados y no seamos como el pueblo de Israel que sabía lo que Dios hacía, pero no lo conocían. La esencia nuestra como personas no son los amigos ni las relaciones sentimentales, solo la presencia de Dios, porque si Él camina con nosotros, ¿quién contra nosotros? Y es que cuando Dios camina con nosotros ni tiempo queda de andar viendo a los hermanos que hacen mal, porque nuestra vida no gira alrededor de esto. Por eso decía el salmista: *"Qué me maldigan los hombres, pero bendíceme tú"*. Si Dios nos está bendiciendo, ni siquiera pondremos atención al no respaldo de los hombres.

Conozco a una persona que se fue de su iglesia porque su pastor había caído en adulterio y otras cosas, y llegó a mi iglesia; cuando comienza a contar lo que estaba sucediendo en su iglesia y lo que su pastor había caído, pues no me sorprendí, porque ya yo sabía que esa conducta en esa iglesia es normal pues conozco personas que perseveran ahí; bueno, mi esposo y yo comenzamos a restaurarlo a él y su familia pues estaban aparentemente destruidos. Pero en cada culto querían estar profetizando a los hermanos de la iglesia con profecías inventadas por ellos y que no iban de acuerdo con la palabra de Dios, así que se les comenzó a corregir, pero a ellos no les gustaba. El Espíritu Santo es ordenado, y ellos llevaban un desorden y confusión en sus vidas, porque de donde ellos habían salido tienen por costumbre los hermanos imponer manos unos a otros y darse profecías unos a otros, y donde el pecado no es corregido ya que su pastor no corrige el pecado porque él estaba en adulterio, y allí en aquel lugar lo que ellos creían que era la presencia de Dios no era; lo que en aquel lugar hay son personas en pecado de adulterio y fornicación infectando a otros, porque cuando la presencia de Dios está todo yugo es destruido a causa de la unción. Pero ellos no conocían la presencia de Dios, estaban muy lejos de eso; puedes orar, ayunar y no conocer a Dios, tanto así que ellos se fueron y volvieron al lugar donde ellos creían que había la verdadera presencia de Dios. Siguen siendo creyentes que saben de Dios, pero no lo conocen, no tienen paz, viven en conflicto todo el tiempo, diciendo que el diablo no le quita el guante de la cara, viven empujando el botón de pánico todo el tiempo. Conocer íntimamente a Dios, es tener descanso (paz). Dios dice que Él le dará descanso a aquellos que lo conozcan íntimamente.

DÍA 39

"No os apartéis en pos de vanidades que no aprovechan ni libran, porque son vanidades"
(1 Samuel 12:21).

Samuel no tenía a menos el pecado de Israel. Sin embargo, no quería que ellos se quedaran en el pecado del pasado, sino que siguieran avanzando con Jehová en el presente. Samuel exhorta a Israel a caminar recto delante de Dios. En el momento presente todo lo que podemos hacer es no apartarnos de Jehová, sino servirle con todo nuestro corazón. A Satanás le encanta cuando vivimos en el pasado o en el futuro, cuando hacemos todo menos servir a Jehová. En otras palabras, no vayan a desviarse a la idolatría, a darle la gloria a otro que no es Dios; no se vayan a apartar porque Jehová a querido hacerlos pueblo suyo; el propósito de Dios es hacerte bien, es llevarte adelante, es darte descanso, darle paz a su corazón.

1 Crónicas 28:9 dice: *"Hijo mío, conoce al Dios de tu padre y sírvele con corazón completo".* Quien esté dispuesto a servir a Dios nunca podrá pensar en sí mismo o en su futuro, sino en Cristo. Servirlo quiere decir sacrificar pasiones, deseos y el amor por las cosas pasajeras de este mundo. Nuestra vida debe que ser recta delante de Dios, servirle de todo corazón. Si te quedas pensando en el pasado jamás podrás ver lo que está delante de ti de parte de Dios. Cuantas personas por estar pensando en el pasado hoy en día no le sirven al Señor, están apartados, sus mentes están atadas por el enemigo, y por lo tanto no han podido avanzar. Si algo yo he aprendido es avanzar y darle gloria a Dios; estuve muchos años atada y estancada hasta que decidí darle mi corazón a Dios; desde ese día le sirvo con todo mi corazón y le doy gracias por de donde me saco y por darme la paz que yo necesitaba. En la noche de hoy, en el culto de oración, estaba orando en el altar y de momento cayó sobre mí una intersección fuerte y no podía parar de llorar; comencé a sentir un peso fuerte por la iglesia, y solamente podía decir "iglesia despierta"; fue tan fuerte la presencia sobre mí como nunca, que le pedía a

Dios que no me sacara de ahí. Por eso y mucho más le pido que no pase un día sin estar en su presencia. Dios hablaba a su iglesia que despertara, no solamente la que pastoreo, sino en el mundo entero; es triste ver como hay muchas iglesias apagadas que ya ni se habla del Espíritu Santo, lo tienen encajonado no le dan libertad; dejemos que tome el control de todo, porque sin duda se moverá con poder y gloria.

Pastores, comiencen a orar para que haya un despertar, para que no se desvíen. Dejemos de vivir en el pasado, diciendo *yo me acuerdo cuando se daban los cultos gloriosos, cuando el Espíritu Santo se movía, cuando los enfermos se sanaban, cuando había libertad*, y yo les pregunto ¿no es el mismo Dios? Dejemos de vivir glorias pasadas, cuando Dios tiene cosas nuevas todos los días. La iglesia tiene que caminar recta delante de Dios para que puedan avanzar, dejemos de darle gloria al hombre, y comenzamos a darle la gloria a Dios, para que podamos ver el propósito de Dios en la iglesia y en nuestras vidas. Dejemos de pasarle la mano al pecado para que la gente no se vaya, porque le tendrás que rendir cuentas a Dios, ora para que todo pecado salga a la luz, busquemos a Dios de todo corazón y honremos su nombre. Palabra fuerte que muchos no quieren oír, pero como sé de donde Dios me sacó, quiero que los demás salgan también de donde el enemigo los tiene para que sean libres y comiencen a buscar a Dios con todo su corazón y se pueda cumplir el propósito de Dios en sus vidas. Ora para que se levante una iglesia de oración poderosa; en una iglesia que ora suceden cosas sobrenaturales, una iglesia que ora es más poderosa que un ejército, en una iglesia que ora se desatan los milagros y se evangeliza.

Podemos orar, creer y recibir, o podemos orar, dudar y no recibir. Pero el poder de Dios opera en y a través de una iglesia que ora. La bendición de una iglesia que ora es que se transforma en una iglesia reavivada. Nos apresuramos cuando es hora de congregarnos, intentando no retrasarnos. Al reavivarnos nos apresuraremos. Cuando nos reavivamos nuestras voces cantarán bien alto y en armonía loores a Dios. Nos olvidaremos las voces desafinadas y nos concentraremos en el Señor y le glorificaremos tanto con cantos como con oraciones. Una iglesia que ora unida es una iglesia reavivada. Pero sobre todo la iglesia que ora es una iglesia espiritual, no es carnal. No dejemos ni un día sin pasar tiempo con Dios. Sin oración no hay iglesia.

Día 40

"Cuando llegó el día de Pentecostés, estaban todos unánimes juntos. Y de repente vino del cielo un estruendo como de un viento recio que soplaba, el cual llenó toda la casa donde estaban sentados" (Hechos 2:1,2).

De forma repentina viene del cielo lo que ellos perciben como el ruido de una ráfaga de viento que llena todo el lugar donde se encontraban. Este evento sobrenatural marcará un antes y un después para la iglesia que se reúne allí. Este punto nos habla que sus oídos espirituales fueron abiertos para escuchar lo que sucedía sobrenaturalmente aquel día. Cuando llegó el día de Pentecostés, estaban todos unánimes juntos.

Todos se refiere a los discípulos de Jesús, no a todas las personas del mundo. Unánimes juntos significa que estaban todos con un mismo objetivo en mente, una misma misión. Esa palabra describe la unidad que produce acción en equipo. Usted puede y debe de ser lleno del Espíritu Santo. Si llegamos a la casa de Dios unánimes, en un mismo espíritu, todos fueran llenos del Espíritu Santo, pero lamentablemente algunos llegan a la iglesia pensando en qué van a cocinar cuando regresen, otros dónde van a comer, otros en los problemas, en el trabajo, en deudas, etc., es por lo que unos reciben y son llenos y otros no. Nada puede ser más importante que ser llenos. Si usted no ha sido bautizado por el Espíritu Santo, ore hoy a Dios y espere en su soberanía. Si usted ya fue bautizado alguna vez, hoy puede ser lleno de nuevo.

Ministros, echemos hacia un lado tantas actividades, y no digo que sea malo, todo lo contrario, todos lo hacemos y es importante, pero eso no puede ocupar más que los cultos llenos del Espíritu Santo. Veo que muchas iglesias han quitados los días de culto por actividades; si ustedes quieren una iglesia llena del fuego de Dios pues démosle la importancia al Espíritu Santo más que otra cosa. No podemos estar con mentes divididas, esperando que Dios se mueva, dejemos la vagancia y comenzamos a llevar una iglesia que ame y anhele más de Dios. En muchas iglesias se debe de volver a los ayunos, la oración, al estudio de la Palabra, para que puedan volver al fuego de Dios. No esperemos resultados si no lo buscamos; esto es como querer prender un carro sin gasolina. En este día termino mis 40 días de ayuno y he visto cómo Dios se está moviendo gloriosamente en la iglesia y en mi vida más que nunca, y es que el que busca encuentra, y no me detengo ahí, porque en Dios hay más. Quiero que la iglesia y mi vida anhelen más cada día. En estos días experimenté esa hambre de más por Dios; he experimentado tanto amor de Dios hacia a mí, me he sentido mimada por Él, y es que yo soy la niña de sus ojos. Pastores, llevemos a la iglesia a buscar el rostro del Señor, como nunca necesitamos estar todos juntos.

Los ciento veinte perseveraron en la oración y la alabanza por diez días después de la ascensión de Jesús, hasta el día de Pentecostés. ¿Hace cuanto la iglesia que pastoreas no ha hablado en lenguas, no ha habido manifestaciones, ni milagros, bautizados, ni han sentido el poder de Dios? Debemos revisar lo que está sucediendo y apretar el botón de emergencia. Si eres de los que ya no te importa que estas cosas sucedan, te diré que estás muerto y necesitas resucitar, primero tú y luego la iglesia. No es lo mismo decir "el culto estuvo bueno", a decir: "¡El Espíritu Santo nos visitó!".

RECETAS VALIOSAS

Todo debe ser un equilibrio

Aquí les dejo una interesante información de la nutrióloga Hadaza Ahinoam Quiñones Guerrero.

Le llamé para platicarle sobre el ayuno bíblico de Daniel, el cual estábamos realizando; enseguida me dio testimonios de que ella en ocasiones había participado en este ayuno y a ciertos grupos de personas también ella les apoyaba bastante en cómo balancear sus dietas durante este ayuno.

Aunque entendía que Dios siempre está en control, me platicaba sobre lo necesario de usar la prudencia, separar los horarios para comidas y sus porciones, ya que, por ejemplo, hay personas que puedan comer almendras, pero una bolsa se las quieren comer en dos días, y no sería lo correcto; hay otras personas que se comen una manzana y está bien, pero hay otras que se les sube la glucosa y luego se les baja de golpe, lo cual puede no resultarle nada favorable, y es por eso que todo el que participe en el ayuno debe orientarse con sabiduría.

Cuando tenemos este tipo de ayuno, debemos aprender a hacer combinaciones para lograr una proteína de alta calidad. Ejemplo: la Vitamina B-12 no se encuentra en nada vegetal, sólo viene en los alimentos de origen animal. Si estamos veintiún días, lo más recomendable es tomar vitaminas; pienso que sería lo ideal por si algún hermano por alguna condición lo necesita, teniendo claro que siempre es muy importante consultar con algún experto o médico de cabecera por el bien de su salud.

También la nutrióloga reconoce lo importante que es la parte espiritual en muchas de las personas que ella ha tenido la oportunidad de ayudar.

Pero ella ha podido ver que en muchos de ellos la necesidad mayor la tienen en su mente; es ahí el campo de la batalla. Estos no pueden ver el cambio porque en sí lo que tienen es necesidad de Dios. Puedes ser una mujer bonita, tener un buen trabajo, una familia muy buena y todo, pero si no tienes a Jesús en tu corazón siempre vas a tener una necesidad, y si este es el caso, tienes que buscar de Dios. El único que puede tener el control de nuestras vidas.

Así hay mucha gente que logran de todo y no buscan del Señor, y es lo que necesitamos para estar bien. Hoy lo que estoy viendo a mi alrededor es un despertar espiritual; viene un avivamiento como nunca y yo lo creo, y cuando tú lo colocas en primer lugar, lo verás.

Les comparto que puedo ver más testimonios de personas que me comunican, diciendo, *ya me hacías falta, tenía muchas ganas de verte*, me dicen, *me cae muy bien la vibra*, pero yo sé que es Dios, y muchos de ellos se acercan y se llevan algo diferente, porque yo estoy ahí y oro por ellos.

Todo es un balance en la vida, no podemos ver sólo lo espiritual y descuidar el cuerpo, o cuidar el cuerpo y descuidar lo espiritual; somos cuerpo, alma y espíritu. Y es nuestro deber hacer un balance en todo y mantener una buena imagen por dentro y por fuera.

Selecciona los alimentos más naturales y menos procesados

¡Qué les puedo decir sobre la nutrióloga Hadaza! La conocí en Baja California Sur, San José de los Cabos, en México, juntamente con su esposo, Geovany Ojeda Cota. Son muy jóvenes, pero muy talentosos, profesionales, emprendedores y luchadores en la vida, y sobre todo tienen a Jesús y son sus ministros ungidos; sirven a la comunidad con mucho amor, dando lo mejor al ser humano.

En los días que estuvimos allá, ella nos aconsejaba sobre la importancia de cuidar nuestra salud; no conocía bien sobre su profesión, hasta que por su testimonio nos habló acerca de esta, y ha sido de mucha bendición para mi familia.

Parte de sus familiares los conocí, y en especial a sus padres tuvimos el privilegio de conocerlos desde antes, y ellos se han hecho nuestros amigos, los pastores David Quiñones y Ester Guerrero de Quiñones; también a su congregación en los Cabos y a compañeros de ministerios en áreas cercanas y otras ciudades, como en La Paz, México; en fin, gente muy linda, la cual hemos apreciado mucho y allí la familia se nos ha hecho grande, y sin pasar por alto sus otros hijos de la familia pastoral; su hijo Hiran, juntamente con su esposa Perla, con sus hijos muy hermosos, y a su hija Hogla, una danzora ungida, una jovencita muy especial para nuestra familia. En fin, han sido una familia de mucha bendición; desde que los conocimos, Dios nos ha dado el privilegio de compartir en familia y ministrar su Palabra de poder, igualmente el Señor me permitió llevar el lanzamiento de mi primer libro *Reinas Guerreras Mujeres Ungidas*, el cual cada dama en ese lugar lo hizo suyo, abrazándolo con sentido de pertenencia a ser esa mujer que lucha por sus sueños y conquista. Mi esposo, mi familia y yo estamos muy agradecidos con cada uno de ellos. ¡Les bendecimos!

Aquí les dejo lo que podría ser el menú para la alimentación de un día. Y una porción bíblica para que te deleites: *Encomienda a Jehová tu camino, y confía en él; y él hará. Exhibirá tu justicia como la luz, y tu derecho como el mediodía* (Salmo 37:5,6).

Esto no se trata de lo que comes, o lo de afuera, sino de tu paz y relación con Dios, que es desde adentro hacia fuera, toda una combinación.

Con ustedes las recomendaciones de la nutrióloga Hadaza Ahinoam Quiñones Guerrero.

Selecciona los alimentos

Nuestro cuerpo requiere de gran cuidado en esta tierra, necesitamos escuchar y prestar atención a todo lo que seleccionamos como "saludable"; no hay alimentos malos, el error está cuando abusamos de las cantidades que requerimos.

Es importante:
- Combinar cereales y leguminosas (frijol, lentejas, garbanzos) para crear una proteína de alta calidad.

- Agregar verduras a todas tus comidas.
- Incluir oleaginosas: cacahuates, almendras, nueces, pistaches... Son ricas en proteína vegetal y grasas saludables.
- Evitar compensar tu hambre con exceso de carbohidratos, muchas veces la podemos confundir con sed, siempre hay opciones más saludables.

Ejemplo de menú de un día

Desayuno

Papa con verduras:

1 papa picada en cuadritos con espinacas, champiñones (preparar con 2 cucharaditas de aceite de oliva).

1/2 taza de frijoles.

Acompañar con agua de Jamaica con limón.

Colación

2 tortitas de arroz inflado con crema de cacahuate.

Comida

Ensalada de garbanzos:

Utilizar 1 taza de garbanzos cocidos.

Agregar 1 pieza de aguacate, cebollín, tomate cherry.

Preparar vinagreta con aceite de oliva, limón, sal y pimienta al gusto.

Colación

1 manzana picada con 10 almendras.

Cena

Smoothie de fresas:

1 taza de leche de coco.

½ taza de fresas congeladas.

Agregar hielo y miel (opcional).

Postre

Galletas de avena:

- 2 plátanos maduros.
- 1 taza de avena en hojuelas.
- ½ cucharadita de canela.
- ½ cucharadita de vainilla.
- Endulzar con azúcar de coco o con sustituto de azúcar (gotas que endulzan).

Preparación:

- Precalentar horno.
- Aplastar el plátano hasta que quede una masa homogénea, agregar el resto de los ingredientes.
- Crear la forma de las galletas y ponerlas en una charola de horno.
- Hornear durante 25 minutos a temperatura de 200 °C/390°F.

Hoy nuevamente le agradezco a la nutrióloga Hadaza Ahinoam Quiñones Guerrero por haberse tomado el tiempo de compartir con nosotras esta participación, la cual será de mucha bendición a muchas personas que la lean.

Mi Haddy, te agradezco el esfuerzo y compromiso como princesa e hija de Dios y como profesional nutricionista, porque que luchas para que la humanidad adquiera el hábito de alimentarse adecuadamente (cuidando el templo del Espíritu Santo) y tenga una vida saludable para disminuir riesgos de enfermedades. Muchas gracias, mi nutricionista. Te bendigo.

A continuación, también les dejo un exquisito menú para la alimentación de nuestra alma. Con una reina guerrera, una mujer ungida, la ministro del Señor Marta Domínguez, a la cual le agradecemos sus oraciones a nuestro favor, ya que a través de este viaje pudimos alcanzar grandes victorias y hoy es la victoria de todas; sus oraciones hacia nosotras las hemos presenciado, fortaleciéndonos, y estamos muy agradecidas por ellas.

Menú del día para tu corazón
Sobre toda cosa guardada guarda tu corazón porque de él mana la vida (Proverbios 4:23).

Desayuno
Juan 6:47,48. *De cierto, de cierto os digo: El que cree en mí, tiene vida eterna.*

Yo soy el pan de vida.

Merienda
Levítico 19:25. *Mas en el quinto año comeréis de su fruto, para que os aumente su rendimiento; yo soy el SEÑOR vuestro Dios.*

Comida
Isaías 55:2. *Escuchadme atentamente, y comed lo que es bueno, y se deleitará vuestra alma en la abundancia.*

Merienda
Apocalipsis 2:7. *El que tiene oído, oiga lo que el Espíritu dice a las iglesias. Al vencedor le daré a comer del árbol de la vida, que está en el paraíso de Dios.*

Cena
Apocalipsis 3:20. *He aquí, yo estoy a la puerta y llamo; si alguno oye mi voz y abre la puerta, entraré a él, y cenaré con él y él conmigo.*

Postre
1 Samuel 30:12. *Le dieron también un pedazo de masa de higos secos y dos racimos de pasas. Y luego que comió, volvió en él su espíritu; porque no había comido pan ni bebido agua en tres días y tres noches.*

> **Jugo para desintoxicar el corazón**
> **1 Juan 1:7.** *Pero si andamos en luz, como él está en luz, tenemos comunión unos con otros, y la sangre de Jesucristo su Hijo nos limpia de todo pecado.*

Anota los resultados de tu corazón:

_____
_____
_____
_____
_____
_____
_____
_____
_____
_____

Hoy le agradecemos a la ministro Marta Domínguez por su esfuerzo y constancia en planificar y enseñar a las personas los principios de la nutrición espiritual, con estos consejos para alimentarnos adecuadamente, invitándonos a tener un corazón sano, a permanecer en la oración y la Palabra de nuestro Dios, para lograr así la meta de envolvernos en su presencia, manteniéndonos sanos espiritualmente. Bendigo la vida de la Pastora Marta; un abrazo para ella, a su esposo Ado y sus dos hijas, mi pequeña Génesis y mi hermosa Lis; en fin, su familia es muy especial para nuestra familia y congregación.

Y como ella dice: Mujer, tú eres hermosa, joya valiosa en las manos de tu Creador, come y bebe.

Alimenta y Nutre tu espíritu a través de su Palabra; cuando nutres tu espíritu, Dios diseña una belleza interior y Él mismo se encarga de resaltar esa belleza y sacarla al exterior. Mujer, que su perfecto amor te satisfaga en todo tiempo.

¡Dios te bendiga, hermosa mujer!

Una receta judía

Aprecie esta receta judía de pan, para conmemorar y honrar a Israel en celebración de Rosh Hashanah.

JALÁ AGULÁ (PAN CIRCULAR) DULCE

Ingredientes (salen dos):

½ kg de harina 0000

100 gr. aceite neutro

100 gr azúcar

2 cdas. Esencia de vainilla

25 g levadura fresca

Agua tibia cantidad necesaria (aprox. 200 cm cúbicos)

2 huevos

Huevo para pintar

Semillas de sésamo o amapola para espolvorear

Procedimiento: Disolver la levadura con la cucharadita de azúcar en parte del agua tibia. En un recipiente, integrar la harina, el azúcar, la sal, el aceite y los huevos.

Agregar de a poco la levadura disuelta y el resto del agua. Trabajar bien la masa hasta lograr un bollo tierno. Colocar en un bol aceitado y dejar reposar tapado hasta que duplique el tamaño. Una vez que haya levado, dividir la masa en dos bollos. Estirar cada bollo en una tira bien larga que se enrolla sobre sí misma, como formando un caracol.

Esta puede ser una receta para tener un año dulce; en la tradición judía, los sabios enseñan a dar bendiciones en los buenos momentos a través de los alimentos, que sirven de expresión de los deseos que tenemos. El festejo de Rosh Hashaná se inicia con la bendición del pan, que en esta festividad se hornea con forma de círculo para recordar el ciclo que representa el comienzo de un nuevo año, y hoy recordemos una de las recetas que hacen los judíos, a los cuales bendecimos.

Recetas valiosas para todas las edades

Busca tu receta en la Palabra de Dios, donde encontrarás muchas recetas valiosas, y anótalas:

_____
_____
_____
_____
_____
_____
_____

Te invito a orar; recuerda que Dios siempre cumple lo que promete y podemos confiar en su fidelidad. Si Él dice que hará algo, sabemos que lo cumplirá, es nuestro Proveedor en abundancia para que podamos cubrir todas nuestras necesidades. No nos promete conceder todo lo que queramos, pero sí nos dará lo que es realmente necesario para vivir. *Dios no es hombre, para que mienta, ni hijo de hombre para que se arrepienta* (Números 23:19).

Mujer, Dios es quien da la orden de bendecir, recíbela.

> **Receta para tu hidratación y rejuvenecimiento**
> *Pastora Yolanda Ortiz Modesti*
>
> 1 porción de **fe**.
>
> 1 porción de **esperanza**.
>
> 2 porciones de **amor**.
>
> Une estos tres ingredientes; el mayor de ellos es el **amor**; éste te hará hidratar y rejuvenecer.
>
> *Y ahora permanecen la fe, la esperanza y el amor, estos tres; pero el mayor de ellos es el amor* (1 Corintios 13:13).
>
> Recuerden: vale repetirlo y es completamente gratuito.

Declaraciones de bienestar para tu vida
Pastora Yolanda Ortiz Modesti

Bienestar en Mateo 5:1-12

Un día Jesús viendo la multitud, subió al monte; y sentándose, vinieron a él sus discípulos. Y abriendo su boca les enseñaba (y hoy también sigue enseñando), *diciendo: Bienaventurados los pobres en espíritu* (y rugen), *porque de ellos es el reino de los cielos. Bienaventurados los que lloran* (y rugen), *porque ellos recibirán consolación. Bienaventurados los mansos* (y rugen), *porque ellos recibirán la tierra por heredad. Bienaventurados los que tienen hambre y sed de justicia* (y rugen), *porque ellos serán saciados. Bienaventurados los misericordiosos* (y rugen), *porque ellos alcanzarán misericordia. Bienaventurados los de limpio corazón* (y rugen), *porque ellos verán a Dios. Bienaventurados los pacificadores* (y rugen), *porque ellos serán llamados hijos de Dios. Bienaventurados los que padecen persecución por causa de la justicia* (y rugen), *porque de ellos es el reino de los cielos. Bienaventurados sois cuando por mi causa os vituperen y os persigan, y digan toda clase de mal contra vosotros, mintiendo. Gozaos y alegraos* (rugen y rugen), *porque vuestro galardón es grande en los cielos; porque así persiguieron a los profetas que fueron antes de vosotros.* ¡Ruge, ruge y ruge, como una leona Mujer!

Bienestar en el Salmo 91

El que habita al abrigo del Altísimo
Morará bajo la sombra del Omnipotente.
Diré yo a Jehová: Esperanza mía, y castillo mío;
Mi Dios, en quien confiaré.
Él te librará del lazo del cazador,
De la peste destructora.
Con sus plumas te cubrirá,
Y debajo de sus alas estarás seguro;
Escudo y adarga es su verdad.
No temerás el terror nocturno,
Ni saeta que vuele de día,
Ni pestilencia que ande en oscuridad,
Ni mortandad que en medio del día destruya.
Caerán a tu lado mil,
Y diez mil a tu diestra;
Mas a ti no llegará.
Ciertamente con tus ojos mirarás
Y verás la recompensa de los impíos.
Porque has puesto a Jehová, que es mi esperanza,
Al Altísimo por tu habitación,
No te sobrevendrá mal,
Ni plaga tocará tu morada.
Pues a sus ángeles mandará acerca de ti,
Que te guarden en todos tus caminos.
En las manos te llevarán,
Para que tu pie no tropiece en piedra.
Sobre el león y el áspid pisarás;
Hollarás al cachorro del león y al dragón.
Por cuanto en mí ha puesto su amor, yo también lo libraré;
Le pondré en alto, por cuanto ha conocido mi nombre.
Me invocará, y yo le responderé;

*Con él estaré yo en la angustia;
Lo libraré y le glorificaré.
Lo saciaré de larga vida,
Y le mostraré mi salvación.*

Bienestar en el Salmo 23

*Jehová es mi pastor; nada me faltará.
En lugares de delicados pastos me hará descansar;
Junto a aguas de reposo me pastoreará.
Confortará mi alma;
Me guiará por sendas de justicia por amor de su nombre.
Aunque ande en valle de sombra de muerte,
No temeré mal alguno, porque tú estarás conmigo;
Tu vara y tu cayado me infundirán aliento.
Aderezas mesa delante de mí en presencia de mis angustiadores;
Unges mi cabeza con aceite; mi copa está rebosando.
Ciertamente el bien y la misericordia me seguirán todos los días de mi vida,
Y en la casa de Jehová moraré por largos días.*

Bienestar en el Salmo 27

*Jehová es mi luz y mi salvación; ¿de quién temeré?
Jehová es la fortaleza de mi vida; ¿de quién he de atemorizarme?
Cuando se juntaron contra mí los malignos, mis angustiadores y mis enemigos,
Para comer mis carnes, ellos tropezaron y cayeron.
Aunque un ejército acampe contra mí,
No temerá mi corazón;
Aunque contra mí se levante guerra,*

Yo estaré confiado.
Una cosa he demandado a Jehová, ésta buscaré;
Que esté yo en la casa de Jehová todos los días de mi vida,
Para contemplar la hermosura de Jehová, y para inquirir en su templo.
Porque él me esconderá en su tabernáculo en el día del mal;
Me ocultará en lo reservado de su morada;
Sobre una roca me pondrá en alto.
Luego levantará mi cabeza sobre mis enemigos que me rodean,
Y yo sacrificaré en su tabernáculo sacrificios de júbilo;
Cantaré y entonaré alabanzas a Jehová.
Oye, oh Jehová, mi voz con que a ti clamo;
Ten misericordia de mí, y respóndeme.
Mi corazón ha dicho de ti: Buscad mi rostro.
Tu rostro buscaré, oh Jehová;
No escondas tu rostro de mí.
No apartes con ira a tu siervo;
Mi ayuda has sido.
No me dejes ni me desampares, Dios de mi salvación.
Aunque mi padre y mi madre me dejaran,
Con todo, Jehová me recogerá.
Enséñame, oh Jehová, tu camino,
Y guíame por senda de rectitud
A causa de mis enemigos.
No me entregues a la voluntad de mis enemigos;
Porque se han levantado contra mí testigos falsos, y los que respiran crueldad.
Hubiera yo desmayado, si no creyese que veré la bondad de Jehová
En la tierra de los vivientes.
Aguarda a Jehová;
Esfuérzate, y aliéntese tu corazón;
Sí, espera a Jehová.

Palabras finales
Pastora Mercedes Pérez

No puedo cerrar este libro sin darle las gracias primero a mi Dios, por las fuerzas que me ha dado. Gracias a mi esposo y mis hijos, por el apoyo en todo lo que Dios pone en mis manos; gracias por creer.

Gracias a todos los que estuvieron orando y ayunando conmigo, a esos Aarón y Ur que Dios envió para ayudar a levantarme las manos, los hijos e hijas de la iglesia MICAR; en especial le doy gracias al pastor José Meléndez, por tomar su tiempo creando el arte de la portada de este libro y todos los detalles para con él; a su esposa Jennifer Meléndez, por estar ahí apoyando este gran proyecto que Dios ha puesto en mis manos.

Gracias, Cesar y Lorena Quiñones, Javier y Jazmín Ortiz, Fernando y Damary Cruz, José y Aynirette Rosado, Héctor y Celsy Algarín, Justino y Olga Lebrón; gracias al profeta Paul Ayala y su amada esposa Glory Ayala; a todas las damas del ministerio de damas Ester; a los caballeros del ministerio los Embajadores del Reino. Gracias a los pastores Inciarte, de Venezuela, y a su hermosa familia.

Son tantos que no podría terminar de mencionar, pero gracias a todos por sus oraciones, por su apoyo. ¡Qué Dios les bendiga siempre!

Recuerden, VAMOS POR MÁS... este es solo el comienzo de lo que Dios va a hacer.

Este libro se terminó de escribir el día 2 de octubre de 2020, durante el congreso de damas *Metamorfosis 6 Ruge*. He tenido que rugir para llegar hasta este momento. Pero qué lindo cuando Dios te da la victoria.

¡VAMOS POR MÁS!

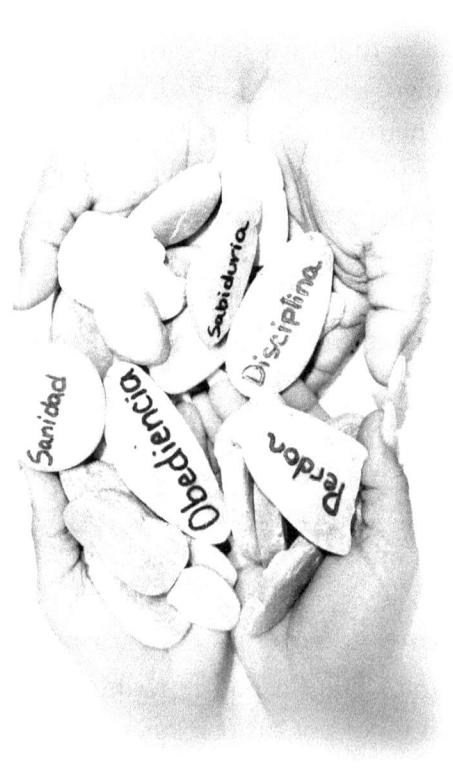

La obediencia trae bendición

Pastora Yolanda

Llegó el momento de obedecer aquellas instrucciones que Dios me dio de tomar aquellos días de ayuno, para luego compartirlos con las damas de la congregación. El 20 de octubre de 2020 se les convocó a una orientación sobre este *Ayuno de Daniel*, y no sólo para ellas, sino que muchas mujeres de distintos lugares nos unimos al propósito de Dios de separarnos para Él en ayuno y oración.

Somos un ejército de mujeres totalmente enfocadas en el alimento espiritual, su Palabra.

Hablamos sobre el ayuno, el enfoque y los alimentos, y así en el mes de noviembre de este mismo año 2020, a través de *Zoom*, cada mañana nuestro acuerdo fue ser determinantes para conquistar nuestros próximos 21 días de ayuno; y juntas emprendimos este viaje de ver y gustar la gloria de Dios, *cuando una mujer se decide*.

Bendigo la vida de cada una y le doy toda la gloria a Dios por darme una asignación y cumplirla, porque solo con su fuerza se pudo lograr. Tú que estás leyendo este libro también eres parte; aquí nos reunió el Espíritu Santo para cosas grandes. Y serán bendecidas todas aquellas que tienen hambre y sed de Papá Dios, porque serán saciadas (Mateo 5:6).

Ahora te toca a ti, mujer, ¡DECÍDETE!